**정치는 감정에 따라 움직인다**

## 일러두기

1. 이 책은 다음의 책을 완역한 것이다. 吉田徹,《感情の政治学》, 東京: 講談社, 2014.

2. 인용 문헌이나 참고문헌 중 다른 외국어 문헌에서 번역된 경우, 일본어 번역본 출처를 외국 문헌 번역본으로 바꿨고, 한국어 번역본이 있을 경우 이도 함께 표기했다.

3. 본문에서 외국 문헌을 인용할 경우 최대한 원문과 대조하여 교정했으나 입수할 수 없는 경우에는 일본어 번역본을 그대로 따랐다.

4. 주요 개념어의 경우 일본에서 사용하는 번역어와 한국에서 사용하는 번역어가 상당히 다르다. 본문에서는 가급적 한국에서 통용되는 번역어로 바꿨으나, 옮긴이의 개입으로 저자의 원래 의도가 희석될 위험이 있을 경우에는 일본의 번역어를 그대로 사용하기도 했다. 단, 이런 경우에도 해당 단어 혹은 표현 뒤의 '[ ]' 안에 한국에서 통용되는 번역어를 병기했다.

5. (위 경우를 제외하고) 본문에 있는 '[ ]' 안의 내용은 별다른 언급이 없는 한 옮긴이가 독자들의 이해를 돕기 위해 원문에 없던 내용이나 표현을 덧붙인 것이다.

6. 본문에서 저자가 문장이나 단어 위에 방점을 찍어 강조한 부분은 볼드체로 표기했다.

7. 본문에서 저자가 외국어를 가타가나로 표기한 경우 모두 한국어로 바꾸고 괄호 안에 외국어를 표기했다. 또 문장이나 단어 위에 가타가나로 외국어를 표기한 경우에도 모두 한국어로 바꾸되 괄호 안에 외국어를 표기하고 *표를 곁들이기도 했고, 굳이 필요하지 않다고 생각되는 경우에는 생략했다.

8. 저자는 본문의 괄호 안에 출처를 명기했는데, 일본의 번역문을 명기한 경우 원래의 출처와 저자로 표기했다.

9. 단행본·정기간행물 등에는 겹화살괄호(《 》)를, 논문·논설·기고문·신문명·작품명 등에는 홑화살괄호(〈 〉)를 사용했다.

# 정치는 감정에 따라 움직인다

이성의
정치를
뒤집는
감정의
정치학

요시다 도오루 지음

김상운 옮김

바다출판사

차례

**서론**  6

**1장**  정치의 조건  21

**2장**  **되기**: 사람은 어떻게 정치와 관련을 맺는가  83

**3장**  **사이**: 관계성의 정치로 신자유주의의 정치를 대체하기  129

**4장**  **무리**: 무리 지어 행동한다는 것  171

**5장**  **공포**: 공포는 어디에서 오는가  211

**6장**  **믿음**: 정치에서 신뢰는 왜 필요해지는가  255


**저자 후기**  300
**옮긴이 후기**  305
**참고문헌**  310
**찾아보기**  323

## 당신이 행사하는 한 표의 행방

이 책에서 묻는 것은 사람이 왜 정치에, 더 넓게는 왜 공적 활동에 관여하게 되느냐는 것이다.

생각해 보자. 가령 정치에 참여하는 것은 그다지 자연스러운 일이 아니다. 선거만 하더라도 자신이 투표하러 가기 전에 선거 결과의 대세는 정해져 있으며, 그 결과가 자신의 한 표로 좌우되는 것도 아니다. 더욱이 한 표를 던졌다고 한들, 그것이 어떤 형태로 현실의 정책에 반영되는지도 모른다.

그런데도 사람들은 정치에 참여한다. 그것은 투표소로 걸음을 옮긴다거나 남과 의견을 다툰다는 것이며, 시위에 참여하는 것이기도 하며, 정치가에게 기대를 거는 것이기도 하다. 이렇듯 사람들은 다양한 형태로 정치라는 행위에 가담한다.

그렇다면 주체적이고 능동적인 시민이 생겨나면 정치는 활발해질까? 사실은 그렇게 간단하지 않다. 정말로 물어야 할 것은 사람들이 왜 주체적이고 능동적으로 정치에 관여하고자 하느냐, 그 의사[의지]는 어디서 오느냐는 데에 있다. 넓은 의미에서 정치에 관심을 갖고 참여하려면 자기네 국가의 정치제도나 통치기구가 어떻게 구성되어 있으며 어떻게 능동적으로 관계 맺을 수 있느냐라는 지식과 경험을 갖고 있어야만 한다. 그러나 지식을 가졌다고 해서 사람들이 정치에 참여하는 것은 아니다.

실제로 필요한 것은 지식과 경험을 정치를 위해 사용하고 싶다는 의사를 길러 내고 그런 의사를 이끌어 내는 정치와 공동체에 대한 애착이다. 애착이라는 말이 적당하지 않다면, 신념, 심정, 생각, 정념 같은 말을 써도 좋다. 아무튼, 지식과 합리적 궁리만으로 정치 참여가 성취되는 것은 아니며, [역설적이게도 바로] 그런 까닭에 사람들은 아마 입에 거품을 물고 정치에 관해 논의하는 것이리라.

지금까지 정치에 관해 논하는 책의 대부분은 정치란 어떤 것이어야 하는가라는 "~해야 한다(규범)론"이나, 정치학에는 어떤 이론이 있는가라는 "생각"을 말하는 것, 혹은 정치라는 행위가 실제로 어떤 것인가라는 "서술"에 그 쪽수를 할애했다. [그러나] 이 책의 목적은 "정치란 무엇인가", 더구나 "정치는 무엇을 해야 하는가"를 밝혀내는 것이 아니다. 그와 반대로 "정치란 왜, 어떻게 발생하는가"를 현상으로 파악하고, 이를 원리적으로 설명하는 데 있다. 이렇게 말하는 것도, 이렇게 정치를 파악하지 않으면 설명할 수 없는 것이 많기 때문이다.

예를 들어 미디어나 저널리스트들은 선거가 있을 때마다 이 정당과 저 정당의 정책은 여기가 다르니 저기가 다르니 논하면서 이것에 능통하고 있는 것이 훌륭한 시민인 양 설명한다. 그러나 주권자가 정책에 능통하다고 해서, 자동적으로 '좋은' 정치가 생겨나는 것은 아니다. 이유를 설명해 보자.

일본에서는 55년 체제'가 붕괴되면서 무당파층이 주류가 됐다. 이와 더불어, 의리나 이데올로기로 투표하는 것이 아니라 스스로 정치에 관한 정보를 모으고 스스로 어디에 투표하고 싶은가를 합리적으로 생각해서 투표해야 한다는 사고방식이 정착했다. 그러나 유권자 개개인이 실현되기 원하는 정책에 한 표를 던지고 이를 모아 놓으면 각자가 바라는 정치를 할 수 있다고 할 정도로 민주정치가 간단하게 실현될 수 있는 것은 아니라는 점은 역사가 가르쳐 준 바이다.

가령 의회의 의석수는 한정되어 있기 때문에, 선거 제도의 차이가 있긴 해도 대표를 선출하는 과정에서 사표가 생겨나는 것은 불가피하다. 그 때문에 유권자가 자기의 한 표를 자기가 지지하는 후보에게 그대로 던진다고는 할 수 없으며, 가급적 '이길 것 같은' 후보자에게 투표하게 된다. 유권자가 선거구에서 후보자에게 한 표를 던질 때, 이런 고려가 작동하는 것을 막을 수 없다. 개개인의 의사가 각자가 바라는 것처럼 직선적으로(straightly) 정치에 반영된 적이 없다는 것은, 주민투표이든 직접민주주의이든 [그것이] 뭔가를 결정하기 위한 절차라면 본질적으로 매한가지다.

원래 현대처럼 여론 조사가 발달한 시대에서는 '국민주권의 발로'

---

1   [옮긴이] '55년 체제'란 일본에서 1955년에 성립된 체제를 가리킨다. 여당인 자유민주당 (자민당)과 야당인 일본사회당이라는 양대 정당 구조가 형성된 체제를 의미하는데, 사실 은 자민당 1당 독재 체제를 완곡하게 부르는 말이기도 하다. 일반적으로 1993년에 붕괴 되었다고 한다.

인 선거를 일부러 거치지 않더라도 정치의 추세가 결정된다. 따라서 유권자는 투표를 하러 발걸음을 옮길 유인을 갖지 못한다. 적어도 일본의 전후 국정선거에서는 한 표로 당락이 결정된 선거가 없다. 선거를 의무라고 파악하지 않으면, 사람들은 정치에 참여하려 들지도 않을 것이다.

즉, 유권자가 개인으로서 합리적으로 행동하면 더 좋은 해법이 나올 것이라고 보는 정치관에는 아무런 근거도 없다. 여기에는 오히려 사람들이 합리적이라고 하면 할수록, 정치가 자신이 바라는 것과는 다른 것이 되어 버린다고 하는, 커다란 역설이 존재한다고도 할 수 있을 것이다.

정치란 자기 이외의 타자의 존재를 전제로, 이런 사람들과 협력하거나 거래하거나, 이들에 반발하거나 이들을 강제하여, 공동체에 바람직하다고 생각되는 것을 끈질기게 실현해 가는 것이다. "자신에게 좋은 것"이 "타인에게 좋은 것", 즉 "공동체에 좋은 것"이라고는 할 수 없다. 이 메울 수 없는 차이를 어떻게든 메우려 하는 것이 정치라고 바꿔 말해도 좋다.

아주 간단하게 말하면, 당신이나 내가 '올바르게' 생각한다고 해서 정치에 참여하고 싶다고 생각하게 되는 것도 아니고, 설령 정치에 참여하더라도 그것만으로 정치가 '좋게' 되는 것도 아니다. 그렇기는커녕 정치라는 행위와 그것이 지닌 독특한 골치 아픔, 그 독자성이 있는 것이다.

이처럼 정치에서 당연한 것을 무시하고, 사람들이 "자신에게 좋은 것"만을 생각하면 "공동체에 좋은 것"이 실현되리라는 환상을 계속 유포하면 결론은 뻔하다. 사람들은 정치에 대해 무력감을 느끼고 침묵하고 [정치에서] 멀어지게 될 것이다.

무력감이나 침묵이 뒤덮고 있을 뿐이라면 아직은 좋다. 그러나 실상에 눈을 돌리면, 많은 사람들이 초조해 하거나 욕구불만(frustration*)을 품고 있으며, 이런 감정은 마그마처럼 지하에서 들끓고 있는 듯하며, 그 일부는 (저 옛날의 막스 베버가 싫어했던) '거리의 민주주의'가 되어 분출된다. 그것은 아마도 정치를 더는 이성으로 통치하는 게 불가능해졌음을 증명하는 것이리라. 그렇다면 이 이성의 왕국이 홀대해 왔던 것을 다시 한 번 되찾아야 한다.

## 민주정치라는 '신화'

만일 돈키호테가 합리적이었다면, 그가 순례 여행에 나서서 사회의 구태의연한 풍습을 깨뜨릴 수 있었을까? 합리적이지 않다는 것은 때로 용기의 원천이 되기도 한다. 미래가 어찌 될지 확실하게 알지 못한다면 우리는 완벽하게 합리적이 될 수도 없다. 판단을 내리거나 행동을 취하더라도 이런 판단이나 평가가 올바른가의 여부는 결과가 나온 뒤에야 판단할 수 있기 때문이다. 그리고 다른 사람들과 협동을 통해 어떤 목표를 이루어 가는 과정이 정치라면, 우리는 정치에 있어서 완벽하게 합리적일 수 없을 것이다.

루소나 콩트 등을 예외로 한다면, 근대의 인문사회과학은 인간의 감정을 충분하게 시야에 넣지 않은 채 발전되었다.[2] 감정이라고 말한

---

2    Martha Nusbaum, *Political Emotions*, Harvard University Press, 2013.

다고 해서, 거기에 마이너스 측면만 있다고 여길 필요는 없다. 이 책에서 전개되듯이, 인간의 '플러스' 감정이 뭔지를 상상하고, 그것에 빛을 쪼이고 그것을 높이 받들고 칭찬함으로써 더욱더 인간에 가까운 정치에 관한 말을 손에 넣을 수 있을 것이다. 우리는 개개인이 합리적이고 올바르게 생각해 행동한다면 세상이 좋아지리라는 사고에 너무도 익숙해져 있는 것이 아닐까? 이렇게 하지 말고, 자신이 생각한 대로는 되지 않는 타자를 전제로 자신의 생각이나 행동을 다시 짜려고 한다면, 우리는 타자에 대해 열린 존재로 변모되지 않을까?

아무리 골치 아프더라도, 정치 자체를 없앨 수는 없다. 만일 정치를 일부 사람들에게만 맡겨 둘 수 있다면, 그만큼 편한 일은 없을 것이다. 그러나 우리는 '민주정치'라는, 그 자체로 고도의 이상적인 의제(擬制)인 신화와 대결하는 것(국민 개개인의 희망이 완전히 반영된 정체 따위란 있을 수 없다) 말고는 지금으로서는 달리 할 수 있는 것이 없다.

그렇다면 우선 지금까지 당연하다고 여겨졌던 정치 참여 방식을 다시 한 번 반성한 다음에, 무엇이 사람들을 정치라는 행위로 향하게 하는가를 생각해 볼 필요가 있을 것이다. 이 책에서 파악하려는 것은 그런 정치의 원초적 형태이다.

21세기로 접어들 무렵부터, 인간의 비합리성을 지적하는 연구나 주장이 거듭 부각되었다. 물론 1960년대에 이미 이런 지적이 있었다는 것만 보더라도, 이제서야 갑작스레 나타난 것은 아니다. 그러나 그 배경에는 아마도 전후, 혹은 그보다 훨씬 더 멀리 나아가 20세기를 지탱해 왔던 '합리성'에 기초한 '진보'라는 관념 자체가 성립되지 않게 된 21세기에, 인간존재를 다시금 근저에서부터 정의하지 않는다면 어떤 사회 구상도 더는 있을 수 없다는 인식이 있었는지 모른다.

이마무라 히토시의 말을 빌린다면, "일본뿐만 아니라 전 세계의 사회과학은 근대이성을 실제보다 부풀려 이해한 탓에, 더욱이 그것을 무비판적으로 넓혀 왔기 때문에 근대이성으로 '정치적인 것'의 깊은 곳을 찔러 대는 것이 불가능"한 시대가 찾아온 것이다.[3]

　이런 상황을 감안한 뒤 이 '불가능'을 어떻게 '가능'하게 할 수 있는가, 이 책이 목표하는 것이 바로 이것이다.


## 프리드먼의 오류


다음 장인 1장에서 언급되듯이, 사회학자 만하임은 정치에는 인과관계가 확실하지 않으며, 늘 인간의 인위에 의해 움직인다고 파악했다. 정치에는 객관적인 인식이나 행동 따위가 성립하지 않으며, 실천을 끊임없이 동반한다.[4] 그렇다고 해서 정치를 단순히 벌거벗은 권력이 횡행하는 세계로 간주하는 것도 옳지 않다. 권력의 이런 모습을 비판하는 주체도 정치적 존재이기 때문이다.

　문제는 정치를 객관적으로 인식하려고 하거나 거기서 법칙을 찾아내려는 태도(만하임이 말한 '시민적 자유주의')가 정치의 실천적 측면을 은폐해 버린다는 데에 있다. 정치에는 잔여로서의 비합리적인 영역이 있을 수 있는데도 이를 인정하지 않았던 시대는 반-주지주의를 긍정적으로 파악한 파시즘에 의해 역습을 당했음을 상기해야 할 것

---

3　今村仁司, 〈理性と欲望の政治学〉, 《現代思想》, 1986년 8월 호, 128頁.

4　Karl Mannheim, *Ideologie und Utopie*, Cohen, 1929. [카를 만하임, 《이데올로기와 유토피아》, 임석진 옮김, 송호근 해제, 김영사, 2012.]

이다. 파스칼이 《사유》에서 지적했듯이, 이성을 배제하는 것은 옳지 않지만, 이와 마찬가지로 오로지 이성만 믿는 것도 광기이다.

나아가 이런 말도 인용해 보자. 시라이시 가즈후미의 비평소설《이 가슴에 깊숙이 박힌 화살을 빼 줘》(2009년)에는 다음과 같은 문장이 나온다.

앞에서 소개했던《플레이보이》지의 인터뷰에서 프리드먼은 이렇게 단언한다. ― 물욕에 기반하지 않은 사회가 있습니까? '상대가 당신의 이익보다 자신의 이익을 우선시하려 든다고 나는 믿고 있는데, 이 말은 절대로 틀리지 않다'고 말한 것은 제 친구인데요, 저도 분명히 그렇다고 생각합니다.

하지만 이 프리드먼의 신념은 어쩌면 틀렸다.

우선 이 사회는 물욕에 기반하고 있지 않다. 굳이 마더 테레사의 말을 상기할 것도 없이 나는 이렇게 믿는다. (중략)

인간은 자기의 이익을 타자의 이익보다 반드시 우선시한다는 원칙도, 중요한 경우에는 정반대되는 경우가 종종 있다. (중략)

요컨대 이 세계가 프리드먼처럼 합리적인 인간들로만 이루어져 있는 것은 아니다.[5]

---

5　白石一文,《この胸に深々と突き刺さる矢を抜け(上下)》, 講談社, 2009, 115-116頁. [옮긴이] 밀턴 프리드먼이 1973년에 《플레이보이》지와 했던 인터뷰를 가리키는데, 원문을 번역하면 다음과 같다. "탐욕 위에서 구조화되어 있지 않은 사회란 어떤 종류의 사회일까요? 제 친구 중 한 명이 말했듯이, 당신이 모든 다른 상대에게 절대적으로 의존할 수 있다는 것은 당신이 자신의 이익을 상대의 이익보다 우선시한다는 것입니다."

프리드먼이 의거한 신자유주의에는 프리드먼의 상당히 확고한 철학과 인생관이 고스란히 담겨 있다. 그렇긴 해도 시라이시가 정면에서 반박했듯이, 역시 그것은 잘못된 것이다. 그렇다면 "프리드먼처럼 합리적인 인간들"이 아닌 인간이란 도대체 어떤 인간들일까.

이 책에서 찾는 것은 간단히 말하면 "개개인이 '사회에 대한 안목'을 자기 내부에 가질 때에만 사회에서 올바른 결정이 이뤄질 수 있다"는 것이다. 즉 "자신의 이익을 주장하면서 서로를 밀쳐내는 것이 아니라 이 사회를, 이 세계를 '우리'가 어떻게 하고 있는가[할 것인가]라는 관점에서 자신의 의견을 표명하는" 인간을 찾는 것이다.[6] 만일 인간이 '사회에 대한 안목'을 갖는 것이 개인에게는 비합리라면, 거꾸로 그것은 사회적 합리성을 산출하는 것이다. 그리고 정치가 '우리'와 관련된 것이라고 하는 것보다 더 나은 정의를 찾아내지 못한다면, 정치에 있어서 감정이나 비합리성을 더욱 중시해도 좋을 것이다.

## 정치의 비합리성

마지막으로 또 다른 에피소드를 소개하고 싶다.

2007년 3월에 재정이 파탄 난 홋카이도의 유바리 시는 공공 서비스를 제공할 수 있는 수단이 한정된 데다가 인구도 격감했고 고령화도 진행됐다. 이 때문에 시장은 컴팩트시티화(=집약화)를 목표로 새로운 공영주택을 건설하고, 중심부에서 멀리 떨어진 주택에 거주하는

---

6    佐伯胖, 《「きめ方」の論理》, 東京大学出版会, 1980, 308頁.

노인들을 이곳으로 이주시키려고 직접 설득하러 돌아다녔다. 그러나 결국 이런 거주구의 집약화는 당초 생각했던 것만큼 실현되지는 않았다. 편리함이나 쾌적함보다는 환경을 바꾸는 게 더 힘들기 때문에 현재 상태를 유지하고 싶다고 반응하는 것에 대해서는 이해할 수 있다. 재미있는 이유를 제시한 의견도 있었는데, 매일 목욕탕에서 동네 사람들과 만날 기회가 없어지는 게 싫기 때문이라는 것이다.

유바리는 탄광촌이었다. 일을 마친 노동자와 그 가족들이 대부분 남녀 혼욕으로 들어가는 '탄광 목욕탕'은 지금도 그곳 사람들의 생활 습관 중 하나이며, 이들이 사교를 하고 결속을 맺게 되는 기초적 단위이기도 하다. 이런 행동 습관이나 애착은, 도시 기능의 합리성에 입각해 보면, 매우 비효율적일지도 모른다. 그러나 이런 사람들의 연결이나 감정의 차원을 무시하면, 공공정책은 성공리에 실현되지 않는다. 2011년 동일본대지진을 겪고 주민이동을 포함한 [지역] 재건이 지지부진한 도호쿠 지방도 이와 마찬가지의 사정에 처한 것이 아닐까?

지금부터 논의를 전개하듯이, 사람들의 비합리성에 초점을 맞춰 비합리성이 어떻게 정치라는 회로와 연결되어 있는지를 밝히는 것은 간단하지 않다. 거듭 말하지만, 정치철학이나 사상사의 일부를 빼면, 정치학의 일반적 패러다임은 인간을 원칙적으로 합리적이라고 파악한 후 이에 기초해 모델이나 가설을 세웠기 때문이다. 그러나 정치와 맺는 관계(relation)는 눈을 부릅뜨고 볼수록 다분히 비합리(irrational)인 것을 담고 있다.

## 이 책의 구성

정치에서 어려운 것은 옳은 것을 말한다고 해서, 혹은 옳은 것을 정책으로 채택한다고 해서 그대로 올바른 결과가 생겨난다고는 할 수 없다는 것이다. 왜냐하면 이것이 옳다, 저것은 옳지 않다고 하는 것 자체가 다름 아닌 정치적 행위이며, 이렇게 옳다 그르다고 말하면 또다시 새롭게 찬성이나 반대의 목소리가 일어나기 때문이다. 즉, 정치라는 행위 자체는 정치성과 무관하게 이뤄질 수 없을뿐더러 끊임없이 자기 언급적인 성격을 갖고 있다. 바꿔 말하면, 정치를 분석하거나 논할 경우 특권적인 '외부' 따위란 없다는 얘기다. 이런 까닭에 정치를 논한다는 것은 정치라는 행위를 분석하는 정치학이라는 학문 자체에 대해 물음을 제기하는 것으로 이어진다.

이 책의 각 장은 정치가 지닌 비합리성 혹은 사람들 사이의 관계성 때문에 생겨나는 정치의 측면을 밝힌다. 1장은 사람들이 정치에 연루되는 데 있어서 '감정'이 어떻게 작용하는지, 또 이로부터 어떤 정치가 생겨나게 되는지를 설명한다. 1장의 요지는 정치를 합리성만으로 파악할 수 없다는 것이며, 정치를 합리성에만 입각해 볼 경우에는 사실상 볼 수 없는 것이 많이 나온다는 것이다. 2장에서는 한걸음 더 나아가, 사람들이 어떤 체험이나 경험을 통해 정치적인 의식을 갖게 되는가, 즉 정치적 각성이란 무엇인가에 관해 여러 가지 현상이나 논의를 살피면서 확인한다. 여기서는 사적 공간에서 생성되는 정치적 의식의 싹이 가까운 타자를 통해 공적인 정치 참여 의식으로 전화되는 과정을 지적한다.

사람들의 정치의식의 생성을 확인한 다음에는, 사람들이 정치에

16

어떻게, 왜 참여하는가에 관해 고찰한다(3장). 여기서의 열쇳말은 '관계성'이다. 애초부터 인간은 자신을 위해서만 행동하는 것이 아니다. 왜냐하면 인간의 행동은 반드시 자신이 타자와 맺는 관계 속에서야 의미를 갖기 때문이다. 따라서 이어지는 4장에서는 사람들이 함께 행동한다는 것이 무엇인지를 해설한다(4장). 여기서 검토되는 테제는 사람들이 무리를 져 행동할 때 정치의 목적과 수단이 뒤얽히고 큰 위력을 발휘하게 된다는 것이다.

　무엇보다도 정치가 언제나 좋은 것만 가져다준다고는 할 수 없다. 이런 측면과 관련해서 사람들의 공포가 정치에 어떻게 작용하는가에 대해 관찰하기도 한다(5장). 실제로 정치에서 '공포'는 마이너스가 아니라 경우에 따라서는 플러스로 작용한다고 논증할 것이다. 그리고 마지막 6장에서는, 궁극적으로 정치, 특히 민주주의에서 타인에 대한 신뢰가 얼마나 중요한지를 역설한다. 정치와 신뢰는 얼핏 보면 서로 동떨어져 있으나 [가만 보면] 매우 긴밀하게 연결되어 있기 때문이다. 더욱이 정치와 신뢰를 얼마나 나누기 어렵게 만들 것인가가 정치를 우리 것으로 삼으려 할 때 중요한 열쇠가 되기 때문이다.

　이처럼 이 책에서는 정치, 감정, 관계성 등을 열쇳말로 삼는다. 그러나 이것들을 체계적인 고찰 대상으로 삼는 대신, 개별적인 관점에서 더 깊이 논하는 방식을 취한다. 1장은 내용을 넓게 조감해 보여 주는 지도이고, 각 장은 독립된 화두(topic)를 다루고 있다. 그러므로 독자는 관심이 있는 곳부터 골라 읽어도 상관없다. 이런 방식을 취한 까닭은, 뭔가 밝히고 싶은 사항이 있기에 이를 순서대로 검증하겠다는 형식이 아니라 정치와 맺는 관계라는 비합리의 단면들을 잘라내서 소개하는 편이 정치의 '생성적'인 측면을 더 잘 표현할 수 있다고 생각했기 때문이다. 나아가 이 책에서는 사회를 분석하는 기법 자체가 어떻게 변천되어 왔는지를 고전이나 영화 등을 보조 수단으로 삼아 한눈에 볼 수 있도록 주제를 지식사회학적 형태로 전개한다.

곧바로 덧붙이자면, 이 책의 목적은 '이성(reason)'이나 '합리성(rationality)'이 어떤 것이고 어떻게 정의할 수 있는가를 고찰하는 것이 아니다. 정치는 오히려 '이유/동기(cause)'의 총체로서 파악된다. 즉, '이성'이나 '합리성'이라는 사정거리로는 파악될 수 없는 정치의 측면을 집중적으로 관찰함으로써 이런 측면들을 부각시키는 것이 이 책의 표적인 셈이다. 이 책에서 말하는 '이성'은 데이비드 흄이 말한 "원인과 결과의 관계를 발견하는" 힘이라고 정의해 두는 것으로 충분하다(흄, 《인성론》, 제2편 제3부 3절). 그리고 '합리성'이란 개인의 선호를 서열화하고 또 이렇게 서열화된 선호를 실현하기 위한 수단을 합목적적으로 선택하는 것이라고 치자. 니체는 《비극의 탄생》에서 그리스 비극의 대립된 두 신을 그려 냈다. 디오니소스는 충동과 광란, 일탈과 잔혹을 상징하는 신이며, 이와 대비되는 아폴론은 질서와 조형미, 이성을 상징하는 신이다.

니체는 고대 그리스의 경우 이런 두 가지 원리가 이 두 신의 투쟁에 의해 조화를 이루고 유지됐다고 한다. 그러나 '철학'이 도래함으로써 '비극'은 숨통이 끊어졌으며, 이후에는 정동보다 형식이, 음악보다 미술이 우월하다고 여겨졌으며, 이성 아래서의 '진리'가 추구됨으로써 도덕을 우위에 두고 원한에 사로잡힌 시대가 도래했다고 말하기도 한다.

이 책의 주장이 반시대적인 내용도 포함하고 있을지 모르겠다. 그러나 이런 주장을 함으로써 역사를 조금이나마 디오니소스 밑으로 돌려보낼 수 있다면, 정치가 더욱 논쟁적이게 될 것이며 정치에 참여하는 주체가 더 다양한 형태로 늘게 될 것임이 틀림없다고 확신한다.

1장
——

정치의
조건

## 하토야마 유키오와 로버트 맥나마라

2009년에 정권교체를 실현했으나 이듬해에 물러날 수밖에 없었던 하토야마 유키오(鳩山由紀夫) 전 총리는 나중에 어떤 인터뷰에서 다음과 같이 회고했다.

'정치를 과학화하자'라는 슬로건을 내걸고 정계에 입문했습니다.

실제의 정치는 과학과는 무관한 '요령'에 의해 정해졌습니다. (중략) 확률이나 통계학 등의 과학적 기법을 사용하면 다양한 선택지로부터 실현 가능성이 큰 합리적인 해답을 찾을 수 있습니다. 이런 것들이 더욱더 정치에 적용되어야 합니다.[1]

---

1   〈아사히신문〉 2013년 4월 17일 자 조간. [옮긴이] 본문에서 '요령'으로 옮긴 것은 하라게이[腹芸]로 대체로 '배짱' 정도의 의미이지만, 여기서는 과학과의 대비를 감안해 '요령',

하토야마는 미국에서 '오퍼레이션즈 리서치(OR)'로 박사학위를 받은 연구자이며, 이 인터뷰에는 그의 이런 이력이 반영되어 있다. OR은 원래 전쟁을 얼마나 효율적으로 수행할 수 있는지를 연구하는 학문이다. 목적에 따라서 합리적인 의사결정이나 자원 배분을 얼마나 효율적으로 할 수 있는지를 계산하는 것이다.

이 인터뷰에서 하토야마는 정치가 전혀 과학적이지 않고 '요령'에 의해 정해지는 것이 일본 정치의 문제라고 호소한다. 그러나 정말 그럴까? 문제는 오히려 인간의 행동과 의지를 자유롭게 조작(operation)할 수 있을 것이라고 여기는 그런 의식에 있다고 봐야 하지 않을까? OR의 틀에서 파악되는 것처럼, 인간이 하는 정치라는 행위는 이성적이고 합리적인 것이 될 수 있을까? 정치가 과학적이라는 게 과연 바람직한 것일까. 설령 정치가 과학적일 수 있다 해도 그것은 인간의 비합리를 토대로 해야 하지 않을까? 이 책에서 전개되고 묻는 것은 정치와 인간이 어떤 관계에 있으며 어떻게 논해야 하는가이다. 그리고 정치와 인간의 관계를 골똘히 생각해 보면 하토야마 유키오 등이 내뱉는 말이 얼마나 빈곤하고 일면적인가를 알 수 있을 것이다.

약간 에둘러 가는 것이지만, OR에서 시작해서 이것의 한계를 지적해 보자. 전후에 OR의 발전에 공헌한 인물로 로버트 맥나마라(Robert Strange McNamara)가 있다. 저널리스트인 핼버스탬(Halberstam)의 말을 빌리면, 맥나마라는 이 당시의 미국이 낳은 '최고 엘리트(the best and brightest)'였다. 1960년대 케네디 정권에서 국방부 장관을 역임하고 쿠바 위기 때 앞장서 대처한 것으로 훗날 이름이 알려졌지만, 이때만

---

'감' 정도로 옮긴다.

해도 포드사의 간부였다. 원래 경영학과 경제학 학위를 갖고 있기도 해서 그는 사양길에 접어들었던 포드사를 신형 세단 '팔콘'으로 다시 일으켜 세웠고, 포드사의 일가족이 아닌 사람들 중 사상 처음으로 회장에 취임했다. '팔콘'은 안전성을 중시하여 3점식 안전벨트를 갖추고 충격 시 부상을 줄이기 위해 핸들 모양을 바꿨던 점이 특히 새로웠다.

맥나마라는 제2차 대전 당시 일본 본토에 대한 공습을 지휘한 르메이 사령관 아래서 일한 적이 있고, 그 후 베트남 전쟁 시기에는 전쟁을 얼마나 효율적으로 수행할 수 있는가, 즉 어떻게 하면 최소한의 희생으로 최대한의 살상을 낼 수 있는가에 관한 작전을 고안했다. 그는 국방부 장관에서 퇴임한 후, 세계은행 총재로 취임한다. 이번에는 사람들의 목숨을 얼마나 합리적으로 도울 수 있는가에 심혈을 기울인다.

이런 그의 경력은 다큐멘터리 〈포그 오브 워(*The Fog of War: Eleven Lessons from the Life of Robert S. McNamara*)〉(2003년)에 자세히 나온다. 그런데 여기서 지적하고 싶은 것은 어떤 목적을 얼마나 합리적으로 달성할 수 있는가라는 OR의 사고가 그의 경력을 관통하고 있다는 점이다.

그러나 OR의 사고를 정치에 적용하는 것은 사실상 상당히 부적절하다. 왜냐하면 정치란 무엇보다도 그것이 달성해야 할 목적에 누가 참여하는가에 따라 '올바름'이 끊임없이 재정의되며, 자기 언급적인 것이기 때문이다. 목적에서부터 역산(逆算)하여 수단이 정해지는 것이 아니라, 수단에 따라 목적이 항상 바뀌는 것이라고 달리 말해도 좋다. 어떤 목적을 달성하려 하고 그에 따라 어떤 수단을 사용하려

한 경우, 그 수단을 사용하는 것 자체에 관해 시비가 생겨나며, 그리고 그 시비 여하에 따라 목적의 타당성 자체에 관해서도 논란이 일어난다.

예를 들어 하토야마 정권이 퇴진하게 된 계기인 오키나와 미군기지 이전이라는 목적이 있었다면, 이를 위해서는 주민의 합의를 얻어야 할 뿐 아니라 또 다른 당사자인 미국의 양해도 있어야 한다. 이것이 없으면 미군기지 이전이라는 목적은 달성할 수 없다. 이것은 정치에 관여하는 인간이 다양하고, 다양하기 때문에 또한 정치가 존재해야 한다는 이율배반을 정치가 본래적으로 짊어지고 있기 때문이다. 목적이 올바른지 여부가 확정되지 않으면, 목적 달성을 위해 이용해야 할 수단이 정해지지 않으며, 수단에 관한 합의가 없으면 목적은 달성되지 않는다. 목적과 수단의 관계가 확정적으로 이뤄지지 않으면, 둘 사이의 주종관계는 정해질 리가 없다. 그러나 목적이 제시되면, 이번에는 수단의 올바름이 문제가 되고, 수단이 선택되면 목적의 올바름이 문제가 되는 과정을 정치는 지겨울 정도로 경험할 수밖에 없었다.

가령 전시(戰時)라면 적국 사람에게 살상을 입히는 것이 목적이고, 평화라면 기아를 없애는 것이 목적이라는 것에 대해서는 그다지 이의가 제기되지 않을 수 있다. 그러나 그것은 수단과 목적이 고정적 관계에 있으며, 어떤 자원을 투하하면 좋은가를 예견할 수 있는 정책 현장에 한정된다. 하지만 정치는 수단과 목적이 서로 연관되고, 그것에 따라 손 안에 있는 자원을 변화시켜 가는 끝없는 과정이다. 정치는 합리성의 상 아래에 놓여 있는 것이 아니다.

정치란 합리적으로 계산되는 것, '비용'이나 '손익'으로 측정되는 것이 아니라, 감성이나 상징에 의해 지배되는 행위이기도 하다. 왜냐하면 타인이 개재해 있는 것이 정치 자체의 조건이기 때문이다. 이것을 아래에서 살펴보자.

## 이성/감정의 대립

정치의 모든 영역이 비합리로 가득 채워져야 한다고 말할 생각은 없다. 지금부터 해설해 갈 정치의 영역도 '정치 참여'를 중심으로 하는 한정적인 것이다. 그러나 지금부터 살펴보겠지만, 이성이나 판단 같은 흔히 '합리성'의 범주로 묶이는 인간존재와, 감정이나 정서, 정동 등의 말로 표현되는 '비합리성'은 대립되는 것이 아니라 연장선상에 놓여야 할 것이다. 이성과 감정은 그 기능이 다르긴 하지만, 인간은 이 둘을 나누기 힘들 정도로 갖고 있는 일체적(一體的)인 것이기 때문이다.

노벨 경제학상을 받은 학자 대니얼 카너먼의《빠른 생각, 느린 생각》에서는 인간의 감정이나 직감에 기초한 능력은 '시스템 1', 반대로 의식이나 숙고에 기초한 능력은 '시스템 2'로 명명된다. 그리고 '시스템 1'에는 속력도 있고 관성력도 있기 때문에, 인간은 완전히 합리적 존재('에코노미쿠스')가 될 수 없고, 감정이나 직감을 중시하는 '휴먼(human)'에 가깝다는 것을 검증하고 있다.[2] "휴먼, 즉 보통의 인간

---

2    Daniel Kahneman, *Thinking, Fast and Slow*, Farrar, Straus and Giroux, 2011. [カーネマン, ダニエル,《ファスト&スロー(上下)》, 村井章子 訳, 早川書房, 2012. 대니얼 카너먼,《생각에 관한 생각》, 이진원 옮김, 김영사, 2012.]

은 … 자신이 본 것이 전부라고 생각하기 때문에, 에코노미쿠스처럼 수미일관된 논리적인 세계관을 가질 수 없다. 휴먼은 때로는 관대해지며, 자신이 속한 집단에 대체로 기꺼이 협력한다. 내년의 일은 거의 예상할 수 없고, 그런 건 고사하고 내일의 일조차도 내다볼 수 없다"[3]는 것이다.

카너먼의 입론으로 대표되듯이, 최근 들어 인간은 상황을 합리적으로 인지할 수도 없고, 그 때문에 합리적으로 행동할 수 없다는 인간 해석 방식이 급속히 퍼지고 있다. 그동안에도 인간이 직감과 이성이라는 두 종류의 정보 처리 경로를 갖고 있다는 것('이중과정이론') 등이 사회심리학에서 지적되었다. 사람은 논리와 무관하지 않다. 그러나 인간은 논리에 따라 행동하면서도 그 대응 방식을 맥락에 따라 자유자재로 변화시킨다고 파악되었던 것이다.

현대정치학에서도 뇌신경과학 등의 지식을 살려서 인간의 일반적인 인지·행동 패턴을 전제로 정치관을 구축해야 한다는 지적이 나오기 시작했다.[4] 이런 연구는 사람들의 '좋다·싫다'의 감정이나 후보자나 정당 등에 대한 '인지/지각'이 실제의 정치적 행동(투표나 지지)과 어떻게 관련되는지를 탐구했다. 좋아한다고 생각하고 지지하는 정치가나 정당에 논리상의 과오가 있었다 해도 이런 잘못은 인식되지 않는 반면, 거꾸로 싫어하는 정치가나 정당에 대해서는 필요 이상으로 논리성을 요구하는 행동이 있다는 것 등이 밝혀졌다.

---

3   위의 책, 일본어판 下, 56頁.

4   蒲島郁夫·井手弘子, "政治学とニューロ·サイエンス", 《レヴァイアサン》, vol. 40, 2007.
    ; 加藤淳子·井手弘子·神作憲司, "ニューロポリティックス(神経政治学)は政治的行動の理
    解に寄与するか", 《レヴァイアサン》, vol. 44, 2009.

이런 것들도 인간을 합리적 존재('에코노미쿠스')로서가 아니라 오히려 인식적 존재('휴먼')로 재파악하고, 좋다·싫다의 감정이 다양한 판단의 근거가 된다고 강조하는 것이다.

이런 지적은 "인간은 어차피 감정의 생명체이다"와 같은 논의로 해소될 얘기가 아니다. 오히려 그와 반대로 이른바 합리성이라고 말해지는 것이 제한적인 형태로 작용한다는 것('제한된 합리성')을 전제로 감정과 합리성이 연속되어 있다고 지적하는 것이다. 감정과 이성은 대립하는 것이 아니라 감정만으로, 혹은 이성만으로 사물을 판단한다는 생각 자체가 잘못이라는 것이다.

원래 어떤 인간이 어떤 목적을 달성하려 한 경우, 그 목적이 그 사람에게 가치 있다고 믿게 만드는 '세계관'이나 '신앙'이 없다면, 그것은 목적이 되지도 않는다. "모든 가치 신앙은 환원될 수 없고 의미될 수 없는 것이 없으면 성립하지 않으며, 그것이 성립함으로써 비로소 합리성의 형태가 나오기" 때문이다.[5] 간단하게 말하면, 인간은 이성으로 환원될 수 없는 목적을 설정하지 않으면, 합리적인 행동을 취할 수 없다. 정념이 들어설 자리가 아예 없는 맥나마라는 그래서 먼저는 사람을 죽이는 일을 하고 그런 후에는 살리는 일을 하는 등, 이 두 가지를 모순 없이, 갈등 없이 행할 수 있었던 것이다. 어떤 정책이 올바른가를 논하는 것은 아무 쓸모없는 것이 아니다. 어떤 정책을 선택해야 할지 결정하려면 우선 가치 체계가 없으면 안 된다.

---

5 Philippe Braud, *L'Émotion en Politique*, Les Presses de Sciences Po, 1996, p. 170.

## 스팍 박사와 커크 선장

사회과학은 사회에서 인간의 행동을 설명하는 것을 목적으로 하는 학문이다. 따라서 정치학을 넓은 의미에서 정치와 관련된 인간 행동을 설명하는 과학으로 여기는 것에 큰 이견은 없을 것이다.

과학(science*)이라는 말은 원래 라틴어 '지혜'(scientia*)에서 파생됐다. 앞서 봤듯이 정치와 관련된 범위와 방법이 상상 이상으로 넓고 다양하다면, 이때 도움이 되는 것은 인간들이 지닌 '지혜'로서의 '과학'이다. 아무리 어려운 문제라도, 인간이 사려 깊이 생각하고 집단적인 지혜를 사용해 합리적 판단을 내릴 수 있다면, 많은 문제에 대해 틀림없이 적절한 '해답'을 찾아낼 수 있을 것이라는 게 어쩌면 인류의 보편적인 확신일 것이다. 즉, 아무리 커다란 문제라도, 그것을 합리적으로 생각하고 파악할 수 있다면 합리적인 대답이 도출되고 문제는 해결될 것이라는 전제이다. 여기서 말하는 '합리성'이란 어떤 특정한 수단을 사용하면 특정한 목표는 적잖이 달성될 수 있을 것이라는 합목적적인 태도나 의식이다. 간단히 말하면, 사람의 '사고'가 있어야 비로소 '행동'이 이끌어진다고 하는 태도나 의식인 것이다.[6]

문제는 이런 '과학적 사고'와 정치라는 행위를 무매개적으로 연결시키면 대답이 끌려나올 정도로 정치가 간단하지 않다는 데 있다. 그 이유는 무엇일까? 알기 쉽게 말하기 위해 스팍 박사와 커크 선장을 실마리로 살펴보자.

---

6   Arthur Lupia, Mathew D. McCubbins, Samuel L. Popkin, "Beyond Rationality: Reason and the Study of Politics", in Arthur Lupia et al., *Elements of Reason*, Cambridge University Press, 2000.

우주선 엔터프라이즈호를 무대로 한 〈스타트렉〉 시리즈의 아이콘이 스팍 박사다. 그는 발칸인과 지구인 사이의 허브인데, 그의 역할은 인간의 판단 근거가 비논리성을 띠고 있다고 예를 나열하면서 말하는 것이다. 그러나 각 에피소드에서는 이지적(理知的)이고 합리성의 혼과도 같은 스팍 박사의 지적이 반드시 올바른 결과를 가져오는 것은 아니며, 오히려 직감과 정에 따라 행동하는 유형[直情型]이고 열혈한인 커크 선장의 직감적인 판단이 올바르다는 식으로 묘사된다.

시리즈에는 엔터프라이즈호가 어떤 수수께끼 같은 생명체에 납치될 뻔했다는 에피소드가 있다(오리지널 시리즈 48화 〈단세포 물체와의 충돌〉). 여기서 커크 선장은 스팍 박사에게 의견을 구하지만, [선장의] 질문에 스팍은 "수수께끼 생명체의 해악을 판단할 만큼의 정보가 아직 없어 의견을 말할 수 없다"고 대답한다. 분명히 생명체가 어떤 영향을 끼칠지, 인간에게 나쁜 것인지 좋은 것인지는 모른다. 완전한 정보를 얻은 후 어떤 대책을 취할 것인가를 생각하는 것이 합리적인 해법이다. 그러나 그 생명체가 무엇인지를 완전히 알 때까지 기다린다면, 엔터프라이즈호는 파괴될지도 모른다. 이런 최악의 결과를 피하려면, 합리성을 전제로 한 판단에만 의지할 수는 없다. 이 에피소드에서는 어떻게 대처해야 할 것인지를 생각하기 위해 함선 바깥으로 나가 조사한 스팍의 기획은 실패한다. [그 대신] 생명체의 약점을 직감적으로 파악한 커크 선장의 재치로 엔터프라이즈호는 위기를 벗어난다.

공동체가 위기에 노출될 가능성이 있는 경우, 유한한 조건 아래서 공동체 구성원의 안전을 도모하고 다른 이들이 납득할 수 있는 판단을 내려야만 한다. 엔터프라이즈호의 승무원이 스팍 박사 혼자였다면 문제는 없었을지 모른다. 판단의 결과는 스팍 박사 혼자만 책임질 것이기 때문이다. 그러나 수백 명이 탄 우주선 안에서는 온갖 정보가 난무하고, 각각의 주장이나 의견이 충돌하며, 그 과정에서 질투나 원한도 생겨난다. 이런 공간을 스팍 박사처럼 합리적인 의견만으로는 다스릴 수 없다. 한정된 시간 안에 승무원의 감정을 기민하게 파악하고, 설득이나 회유 같은 수단을 통해 함선 내의 조화를 꾀해야 한다.[7] 바로 이것이 정치다.

## 폭주하는 이성

철학자 호르크하이머는 두 종류의 이성이 있다고 지적했다.[8] '객관적 이성'과 '주관적 이성'이 그것이다. '객관적 이성'은 고대 그리스나 중세철학으로 대표되는, 세계질서를 형성시켜 왔던 원리에서 도출되는 이성의 형태이다. 그러나 이 이성은 정태적인 질서나 사고를 옹호하고 정당화하는 이성이기 때문에, 인간이 이것을 정의하거나 조종할 수 없다. 이 '객관적 이성'을 타파한 근대에 생겨난 것이 '주관적 이성'이자, 이 주관적 이성을 끌어다 쓰는 '도구적 이성'이다. "근대인은 자기의 환상을 타파함으로써 이성적이게 된다. 즉, 그는 이성을 자신의 손발 같은 도구로, 자기의 기관으로 수용하고 이용하게 됐다."[9] 이 시점에서 이성은 '목적'을 더 잘 달성하기 위해 어떤 '수단'

---

7    Roberts Wess and Bill Ross, *Star Trek: Make It So: Leadership Lessons from Star Trek*, Pocket Books, 1996.

8    Max Horkheimer, *Notes Critiques* (1949-1969), Payot, 1993. ; Max Horkheimer, *Eclipse Of Reason*, Oxford University Press, 1947.

9    Max Horkheimer, *Notes Critiques* (1949-1969), Payot, 1993. p. 243.

을 골라야 하는지를 계산하는 인간 능력을 가리키는 말로 바뀌었다. '주관적 이성'은 개인을 전통과 종교로부터 해방시키기 위한 강력한 무기가 됐지만, 일단 이 목적이 달성되자 형식적인 것으로서만 기능하게 되며, 오히려 눈앞의 사적 이해를 실현하는 것으로서 이용될 운명에 빠지게 된다. 선악과 관련된 커다란 목적을 상실해 버린 이성은 이제 이성 자체를 판단할 수 있는 원리를 잃어버렸기 때문에, 그저 주관적인 이익을 위해 이용되는 이성으로 매몰되어 간다. 과학적 실증주의를 포함시켜 진보를 실현하려던 이성이 역설적이게도 자본주의의 와해로 연결되는 파시즘을 준비했다는 것이 호르크하이머의 시대 진단이었다.

인간 본성, 양심, 혹은 이성이나 도덕적 관념과 종교적 관념을 안정적이고 독립적 본질로 바꾸고, 이것들 중 하나 혹은 여럿의 영향력에 의해 사회의 기능을 설명하려 노력하는 이론들에는 리얼리즘이 요구됐다. [그러나] 사회에 관한 이 같은 관념론적이고 합리주의적인 개념화는 불가피하게 문제를 해결하지 못하며, 바로 이런 이유 때문에 이런 개념화는 사회에서의 힘관계들이 고상한 이상과 맺는 관계를 무시하거나 기껏해야 우연적인 것이라고 간주한다.[10]

여기서 말해지는 것은 주관적 이성을 판가름할 수 있는 객관적 이성이 더는 존재할 수 없기 때문에 '주관적 이성'이 안에 감추고 있는 억압이나 폭주를 말릴 수 없다는 것이다. 이 딜레마에 직면해, 호르크

---

10  Max Horkheimer, *Critical Theory*, Herder & Herder, 1972, p. 55.

하이머는 이성을 도구로 파악하는 입장을 비판하고, 오히려 이성을 도구적 입장에서 억누르고, 이성은 그런 한에서 이용되어야 한다는 화합의 길을 역설했다.

아무튼 정치에서는 '도구적 이성'이 해로울 수도 있다. 정치의 '도구적 이성' 자체가 선할 수도 있고 악할 수도 있다는 것은 히틀러나 스탈린의 전체주의의 경험에서도 분명히 밝혀졌기 때문이다. 이 두 전체주의의 경험은 특정한 이데올로기(우생학주의나 공산주의)에 기초하여 자유를 부정하고(강제수용소) 유형무형의 폭력(무력이나 숙청)을 사용하는 한, 충분히 합리적인 것이었다. 이것들을 비합리적인 행위라며 배격할 수 있는 것은, 인간의 자기결정권이나 자유의 존중, 폭력의 배제처럼 특정한 가치에 대한 신앙 같은 '객관적 이성'이 있는 경우뿐이다.


## '개인'이라는 형이상학

그럼에도 불구하고 '도구적 이성'은 정치의 장에 확대, 응용되어 왔다. 정치학에서도 '인간의 합리성'을 전제로 논의가 구성되었다. 이것은 1970년대를 전후로 근대경제학의 지식을 빌려 와 '정치의 과학화'를 추진해 온 조류에 의해 가속화되었다.

이런 '정치의 과학화'는 크게 말해 두 개의 전제로부터 성립된다고 할 수 있을 것이다. 하나는 정치가 인간의 합리적 행위의 집적으로서 구축되어야 한다는 전제이며, 다른 하나는 합리적인 정치가 있으면 더 좋은 결과가 초래될 것이라는 전제이다.

엄밀하게 말하면 이것은 각각에 대응하는 두 개의 서로 닮은 학문 방법에 의해 뒷받침되고 있다. 방법론적 개인주의와 합리적 선택론 이 그것이다.

방법론적 개인주의란 정치의 기점을 개인에 두고, 정치를 개인의 행위나 선택이 누적된 결과로 파악하는 입장이다. 가령 선거 결과는 유권자 개개인의 정당이나 정책에 대한 선호의 총체적 결과로 해석 된다. 합리적 선택론은 이런 개개인의 선호가 상황·환경에 따른 합 리적 계산에 입각해 선택됐다는 입장을 가리킨다. 둘 모두 이론적으 로 고도로 세련되어 있기 때문에 안이하게 특징을 부여하는 것은 금 물이지만, 정치에 대한 현대적 시각은 통속적인 형태로 이 두 가지 입장에서 규정되어 왔다. 일본에서는 정당의 '마니페스토(manifesto*)' 를 중시하는 자세나, 당파보다 정책이 중요하다는 식의 견해를 이런 두 입장의 일부분으로 파악할 수 있을 것이다. 물론 그렇게 된 데에 는 나름의 이유가 있다. 낡은 문구이지만, 이데올로기의 자명성이 지 나가고, 냉전이 끝나고, 정치가 더는 안정된 세계관을 제공할 수 없게 되고, 정치가 어떤 의미를 갖는가에 대한 해석이 개인에게 맡겨지게 됐던 것이 커다란 요인이다.

그러나 정치가 공동체의 운명을 결정하는 행위라면, 본래적으로 필요한 것은 개인의 선호에 따라 변화와 부침을 거듭하는 정치와 맺 는 가변적인 관계가 아니라, 더욱 강도를 지닌 관계성, 관여·전념하 는[11] 관계이다. 정치로부터 선택과 결정을 없앨 수는 없으며, 그 때문

---

11 [옮긴이] 저자가 가타가나로 표기한 commit와 commitment는 이하 맥락에 따라 관여·
전념(하다), 관여·헌신(하다), 전념·헌신(하다), 약속·전념(하다), 관여·약속(하다) 등으
로 옮긴다. 약속의 의미가 더 강해지는 것은 3장 이후부터이다.

에 정치란 균일가로 판매하는 잡화점에서 하는 쇼핑이 아니라, 아내를 고르는 것과 닮았다고 어떤 정치학자는 말한다.[12] 왜냐하면 정치는 타인에게 작용을 미치는 수단인 한에서, 일단 이것이 작동하면 없앨 수는 없기 때문이다. 정치는 무에서 유를 만들어 낼 수 없기 때문에, 수중에 있는 자원을 사용해야 사람들이 살아가는 환경을 좋게 만들 수 있다. 이렇게 제약된 가운데 정치를 산출하려면 합리성에 기초하여 정치에 관여·헌신하는 것(이 표현 자체가 모순어법이기도 하다)이 아니라, 사람들의 근본적인 욕구에 기초한 관여·헌신이 필요하다. 결혼의 비유를 계속 든다면, 정치란 스펙이나 취향으로 결혼 상대를 결정하는 행위가 아니라, 눈앞의 상대와 잘 사귀어 가는 술(術)이다.

근대는 인간이 자신이 살고 있는 환경이나 사회, 제도를 변화시킬 수 있는 능력과 의사(意思)를 지닌다는 상(像)을 제 것으로 삼고, '운명'이 아니라 '필연'으로, '자연'이 아니라 '인위'로 살아가야 한다는 의식을 낳았다. 그래서 인간의 의식은 인과관계를 특정하고, 이런 인과를 파악함으로써 어떻게 환경에 작용을 미칠 것인지를 생각해야 한다는 사고로 향하게 됐다. 즉, 이 세계는 '존재'하고 있는 것이 아니라 '구축'되어야 할 대상으로 변화했다는 것이 근대 자체가 의미하는 바가 됐다.

그 때문에 정치학이 이런 능력을 갖춘 '근대적 시민'의 형성, 즉 자신에게 뭐가 선이고 뭐가 악인지를 자신의 이성으로 판단할 수 있고, 더 좋은 환경을 향해 의식적으로 애를 쓸 수 있는 주체를 만들고자

---

12  Elmer E. Schattschneider, *The Semi-sovereign People: A Realist's View of Democracy in America*, Holt, Rinehart and Winston, 1960, p. 210. [E. E. 샤츠슈나이더, 《절반의 인민주권》, 현재호·박수형 옮김, 후마니타스, 2008.]

했던 것도 당연한 흐름이었다.

잘 알려져 있듯이, 마루야마 마사오의 정치학은 '~이다'와 '~하다'를 대비하고, 민주정치는 전자에 안주하지 않고 후자로 무게를 옮겨 가며, 사람들이 정치를 능동적이고 적극적으로 만들어 나가지 않으면 민주정치는 유효하게 기능하지 않는다고 역설했다.[13] 마루야마의 설명을 예로 들면, 전근대에서는 소속이나 신분('~이다')이 사람들의 판단이나 행동의 기준이 된다. 그러나 일본에서는 메이지유신 이래, 오히려 사람들이 어떻게 행동하고 어떤 결과를 내는가('~하다')가 그 기준이 됐다.

무엇보다 마루야마는 단순히 '~하다'의 논리를 우선시하라고 역설한 것이 아니라, '~이다'와 '~하다'가 둘로 확연히 쪼개지는 양극화되는 사회에서 이 둘을 어떻게 통합하느냐를 자신의 문제의식으로 삼았다. 그러나 적어도 이런 전후 정치학의 통속적인 이해에 의해서, 사람들의 자유는 사람들의 자발적이고 자주적인 정치적 행위에 의해 이뤄지지 않으면 안 된다는 이미지가 정착됐던 것은 틀림없다. 그리고 정치에 대한 이런 이해에 의해, 앞서 지적했던 '방법론적 개인주의'나 '합리적 선택론'이 파생시킨 전제가 공유되었다.

오로지 개인만을 기점으로 정치를 파악하는 것이 지닌 폐해에 둔감해서는 안 된다. 사회학자인 이누카이 유이치는 정치사회를 분석하기 위한 '약속'에 불과했던 방법론적 개인주의가 규범적인 지위를 획득함으로써 (그것을 그는 '기계(mechanism*)의 형이상학'이라고 부른다) 모든 사물과 관련된 원인과 결과가 개인에게 귀속되어 버렸다며 경

---

13   丸山眞男, 《日本の思想》, 岩波新書, 1961.

종을 울리고 있다.[14] 가령 원자력발전소 사고가 일어난 경우, 이것은 역사적·사회적·경제적인 구조나 맥락, 우연에 의해 생겨난 것이다. 그런데도 체르노빌 사고 때 그랬듯이, 조작자의 부주의 때문에 벌어진 사고라고 여겨지면 잔재주나 미봉책에 불과한 대처 방안 제시로 끝나 버릴 수 있다. 개인의 실수나 오류일 뿐이기 때문이다. "자유의지에 따라 행동하는 개인"이라는 "형이상학"을 전제로 삼아 버리면, 가령 내셔널리즘이라는 비이성적인 감정조차 설명할 수 없게 된다.

정치는 과연 의지표명에 따라서만 성립할 수 있을까? 이것이 이 책에서 묻는 주제이다. 정치는 개인의 자유로운 의사나 합리적인 고려에 의거하는 게 아니라, 사실상 사람들 사이에서 성립되는 정념이나 관계성에 의해 지탱되고 있는 것이 아닐까? 개인은 개개인이 처한 맥락 속에서 행동하는 존재이며, 자연적인 것이든 인위적인 것이든 뭔가의 공동성으로부터 벗어날 수 없는 존재라면, 환경이나 상황에 능동적으로 관련될 뿐만 아니라, 이것들에 의해 살아가게 되는 존재로서 재파악되어야 할 것이다. 그것은 정치를 개인의 행위나 판단의 집적으로서 파악하는 것이 아니라 하나의 총체적인 '장'으로서 재정의하는 것으로 이어진다.


## '비합리'로서의 정치

여태까지의 얘기를 정리해 보자. 개인은 자신의 '선호'가 미리 규정

---

14    犬飼裕一, 《方法論的個人主義の行方―自己言及と社会》, 勁草書房, 2011.

되어 있고 그 위에서 합리적인 정치적 판단을 내리는 것이 아니라, 감정이나 환경과 관계 맺는 방식에 기반해 정치적 주체로서의 지위를 획득해 가는 존재이다. 그렇다면 인간이 갖고 있는 '합리성'을 일단 괄호에 넣은 후 정치를 볼 필요가 있다.

다소 놀랍게도, 사회과학에서 개인의 행동이나 사고에 감정이 어떻게 작용을 미치는가를 주목하게 된 것은 1980년대 이후의 일이며, 하물며 정치학에서 감정의 기능을 체계적으로 서술한 것은 거의 전무하다시피 한다. 아래에서는 과거의 정치학이나 그 밖의 사회과학 속의 단편적인 지적이나 언급을 취합해 감정과 정치가 어떻게 관계되는지를 재구성해 보자.

"정치란 사회의 비합리적인 기초가 드러나는 과정이다"라고 1세기 정도 전에 말했던 것은 정치학자 해롤드 라스웰이다.[15] 라스웰은 그때까지 제도나 법률을 중심으로 한 정치·공법학이 아니라 정치학을 행동과학하에서 재편하려는 '정책과학'을 제창한 인물들 중 한 명으로, 당시 현저한 발전을 보여 준 정신과학·심리학의 지식을 빌려 와 인간이란 우선 감정(emotion*)에 의해 지배당하는 존재라고 지적한 이색적인 정치학자이기도 했다.

라스웰은 정치란 사인(私人)의 욕구가 공적인 대상으로 전이됨으로써 생긴다고 말했다. 이 세상에서 살아가는 인간은 어떤 특정한 환경 아래서 자라나게 된다. 이 자기 형성의 과정에서는, 그 환경을 만들어 내는 어떤 권위(그것은 사람이어도 되고 제도여도 된다)에 몰입하지 않으면 환경에 적응할 수 없고 환경 속에서 살아갈 수도 없다. 그리고 권

---

15  Harold D. Lasswell, *Psychopathology and Politics*, The University of Chicago Press, 1930, p. 184.

위에 이처럼 과도하게 몰입함으로써 그 사람의 정치적 행위가 불러 일으켜지게 된다. 쉽게 말하면, 공동체의 관습이나 규칙에 적응해 가는 과정에서, 그 사람은 불쾌감이나 편치 않음을 느낀다. 그것이 어떻게 느껴지는가는 사람마다 다양하지만, 이런 경험이 환경에 작용해야겠다는 의사, 즉 공동체를 개선하고자 하는 의사를 갖는 계기가 된다. 그와 같은 의사가 생기고, 그 후에 자신의 생각이나 행동이 이성적인 것으로 재파악되고 논리가 발명되는 것이지, 그 반대가 아닌 것이다.

라스웰의 이런 정치적 이해에 입각하면, 개인과 환경 사이의 불화가 극에 달해 이 세계에 균열이 생겼을 때, 사람들의 정념에 의해 환경은 크게 뒤바뀌게 된다. 바로 이것이 이성이 정념으로 회수되는 순간이며, 사람들과 세계가 조화를 이루기 위한 행위로서 정치가 생겨나는 국면이다. 사람들과 세계 사이의 조화라는 근본적인 욕구를 채울 수 없다면, 민주주의는 유지될 수 없다는 것이 라스웰의 예언이었다.

정치적 행위에 대한 이와 같은 파악 방식을 뒤집어 설명했던 것이 사회학자인 만하임이었다. 그는 관료가 사무를 처리하거나 재판관이 판결을 내리거나 노동자가 생산을 하는 등의 '합리화'된 행위에서는 정치가 발생할 여지가 없다고 한다.[16] 왜냐하면 합리성에서 요구되는 것은 '계산'이며, 정치적 행위는 이런 계산 가능성의 범위를 뛰어넘어 생겨나는 '비합리적인 활동의 여지'에 있기 때문이다. 바꿔 말하면, 합리성으로 도배된 세계에서도 합리가 도저히 지배할 수 없는 영

---

16 Karl Mannheim, *Ideologie und Utopie*, Cohen, 1929. [カール・マンハイム, 《イデオロギーとユートピア》, 高橋徹・徳永拘 訳, 中公クラシックス, 2006, 207–208頁. ; 카를 만하임, 《이데올로기와 유토피아》, 임석진 옮김, 송호근 해제, 김영사, 2012.]

역이 정치인 것이다. 만하임은 정치란 끊임없이 유동하는 것이며, 본래적으로 개인의 결단을 수반하는 '생명력'이라고까지 말한다. 사회가 일정한 법칙 아래서 움직이고 있다면, 합리화를 추진하는 힘들을 해방시키는 것으로 족하다. 그러나 개개인이 이합집산을 거듭하며 그 의사가 맞부딪치고, 제한 없이 새로운 너울[물결]을 산출해 가는 것이 인간사회라면, 미래에 실현할 수 있는 환경이나 조건을 바꿔 갈 가능성에 스스로 내기를 거는 것을 피할 수 없다. 그리고 그 내기를 건다는 의사 자체는 합리성으로부터는 생겨나지 않는다는 것이 만하임의 진단이었다.


## '사람'과 '구조'를 잇는 것


안타깝게도 정치에 있어서 감정이 지닌 의미는 충분하게 규명되지 않았다. 경영학이나 조직론, 문화인류학 혹은 사회학처럼 정치학의 근접 분야에서는 감정의 작동이 무엇인가에 대해 열심히 파고들었음을 생각한다면, 이것은 큰 결함이라고 할 수 있다.[17]

이렇게 된 이유 중 하나에는, 정치학이 지금까지 자랑으로 여겼던 것, 즉 문제에 대한 접근법이 다르다는 데에 있다. 대략적으로 말하면, 정치학에서는 앞서 소개한 '방법론적 개인주의'라고 불리는 것, 즉 개인의 합리적 행위를 누적하여 정치현상을 독해하는 접근법과,

---

17  조직론에서는 Stephen Fineman (ed.), *Emotion in Organizations*, Sage Publications, 1993을, 사회학에서는 Rom Harté (ed.), *The Social Construction of Emotions*, Blackwell, 1986 등을 참고할 수 있다.

'구조 결정론'이라고 불리는 것, 즉 개인의 행위가 사회적 구조에 의해 결정된다는 접근법이 지배적이었다. 아래에서는 [이 두 가지 접근법의] 각각의 특징과 장단점을 살펴보자.

전자는 지금까지 봤듯이, 합리적인 개인은 합리적인 해법을 추구하고 합리적인 행동을 취한다는 모종의 가정을 두고(이 경우의 '합리성'은 맥락에 따라 여러 가지 의미를 갖지만, 앞서 언급했듯이 '합목적적'이라는 의미로 사용되는 경우가 많다), 그것을 동기로 행위가 선택된다는 설명이다. 예를 들어 정치가가 '선심을 쓰는' 것은 선거에서 이기고 싶기 때문이라는 것이 그 전형적인 해석 기법이다.

이론상으로는 그렇다고 하더라도, 정말로 그 사람의 행동을 합리성만으로 설명할 수 있으려면 다양한 조건이 들러붙어야 할 것이다. 스팍 박사의 예에서 봤듯이, 완전히 합리적이려면 정치 행위자(actor*)는 원칙적으로 자신의 환경에 관해 모든 것을 알고 있는 '완전한 정보'를 얻어야만 하며, 나아가 그로부터 최적의 해법을 선택할 능력도 갖춰야 한다.

인간의 행동을 설명하는 과학이려면, 정치 행위자의 선택을 사후적으로 보고, 그 선택의 원인을 추론한 다음, 설득적으로 설명해야 한다. 앞의 예로 말하면, 정치가가 왜 예산에 대해 '선심을 쓰는가'를 설명하고 싶다고 생각한 경우, 그것은 "선거에서 이기려고"라는 동기로부터 추측될 수 있다. 그러나 이런 설명으로는 아직 불충분하다. 왜냐하면 "왜 이기고 싶은가"라는 물음에 대한 대답은 되지 않기 때문이다. 이기고 싶다는 동기에는 상대 후보(들)에게 "지고 싶지 않다"는 자존심, 유권자의 존경심을 얻고 싶다는 사회적 인정욕구 같은 것도 포함될지 모른다. 즉, 감정의 차원을 도입하지 않으면 사람의 행동은 이해할 수 없다. 그리고 정치적 판단이나 결단은 때때로 여러 가지 이유나 동기에 따른 것이다.

물론 이런 정치 행위자의 '동기'를 이러저러하게 유추해 본 경우, 특히 감정적 측면의 동기를 유추해 본 경우, 합리성에 기초를 둔 설명보다 더 증명하기 어렵다는 난점이 있다. 과학이기 때문에, 일정 정도까지 사람의 행동에 들어맞는 보편적인 요인을 추출해야 한다. 그러나 그 정치 행위자의 감정은 행위자 자신만이 파악할 수 있고, 경우에 따라서는 자신도 자기의 판단 근거가 된 동기를, 더욱이 감정적인 동기인 경우에는 충분하게 이해하고 있지 못할 가능성도 있다. 그렇더라도 어떤 주체의 행동이나 그 행동을 취하기에 이른 동기 중에서 감정적인 차원을 무시하고 논하는 것은 곤란할 것이다.

또 하나, 정치학에는 전통적으로 사회구조 결정론이라고 불리는 것이 있다. 이것은 "방법론적 개인주의"와는 반대로, 사람들의 행동은 다양한 사회적 요인에 의해 규정된다고 해석한다. 이런 견해의 전형에는 마르크스주의가 있다. 인간의 존재 방식은 개개인의 의식에 의해 결정되는 것이 아니라 오히려 개개인이 속한 계급에 의해 개개인의 의식이 결정된다는 것이 마르크스주의의 정식이기 때문이다. 앞의 정치가를 예로 들면, 자민당의 정치인들이기 때문에 농촌에 극진한 [선심성] 공약을 내건 것이 틀림없다는 설명이 전형적인 '사회구조 결정론'이다. 이것은 분명히 '방법론적 개인주의'보다 폭넓은 설명을 가능하게 할 것이다. 그러나 다른 한편으로는 사회구조의 성격이 그대로 주체의 행동에 모조리 반영되어 있다고는 할 수 없다. 나아가 사회구조로부터 개인의 해방이 촉진되면 촉진될수록, 계급은 물론 민족성(ethnicity)이나 젠더처럼 각각의 고유한 속성으로부터 개인이 해방된다면, 사회구조로 주체의 의식이나 행동을 추정하는 것은 점점 더 어려워진다.

물론 사회가 존재하는 한, 사회가 산출하는 구조는 없어지지 않는다. 이 방법론적 개인주의와 사회구조 결정론의 이분법을 극복하려한 것이 사회학자 피에르 부르디외였다. 부르디외는 인간의 행위를 합목적적이라고 파악하는 견해가 매우 '순박(naive)'하다면서, 이렇게 지적한다.[18]

베버가 말한 합리적 행위, 즉 '객관적으로 타당한' 것에 따라 '현명하게' 방향 지어지고 있는 합리적인 행위란 '모든 정세 요소와 개개인의 모든 의도를 행위자가 인식하고 있었다면 전개했을' 행위이며, 즉 '학자의 눈에는 타당한' 것을 인식했다면 일어났을 행위이다. … 이렇게 상기할 때, 베버는 합리적 행위의 순수모델이 실천의 인류학적 서술이라고는 생각하지 않았음을 명확하게 가르쳐 주고 있다.

조금 어려운 서술이지만, 그가 여기서 말하고 있는 것은 인간의 행위나 자신이 행하고 있다고 생각하는 것(부르디외가 말하는 바의 '실천')은 유한한 가운데에서의 행위이며, 학자가 바깥의 관점에서 해석하는 것, 즉 그 행위가 완료된 후에야 그때 그 사람은 '아, 저런 선택도 있었을 텐데 왜 이런 선택을 했을까'라고 해석하는 것은 인간 행위를 기술하는 것이 될 수 없다는 얘기이다.

물론 부르디외는 사회학자답게 과거의 구조가 개인에게 미치는

---

18  Pierre Bourdieu, *Le sens pratique*, Éditions de Minuit, 1980. [ピエール・ブルデュー, 《実践感覚(1)》, 今村仁司・港道隆 訳, みすず書房, 2001, 101頁.]

영향을 중시한다. 그래서 그가 고안했던 중요한 개념으로서 '아비투스(습성)'라는 것이 등장한다. 그의 정의를 빌리면 아비투스(habitus)는 "지속성을 지니고 변주가 가능한 **심적인 경향들**의 시스템이며, 구조화하는 구조(structures structurantes)로서, 즉 실천과 표상의 산출·조직의 원리로서 기능하는 성질을 지닌 구조화된 구조(structures structures)"[19]이다. 부르디외 사회학에 관해서는 수많은 논구(論究)가 있기에 더는 깊이 파고들지 않겠다. 다만 여기서는 사람이 자신의 선택에 의하지 않은 특정한 환경 조건 아래서 주관적인 동기부여의 발생을 '아비투스'라고 해 두자. 즉, '아비투스'는 '외부'에 의해 구조화되는 환경 조건에 반응하면서도 가능한 범위에서 그 자신의 반응을 수정하고 적응시켜 가는 행위인 것이다. 아비투스는 구조로부터 생겨나지만, 적응된 수행성(performative)으로 기능하는 것이다.

지금까지의 문제의식에 따라 말하면, '아비투스' 개념은 '주체'로부터 설명할 것인가, '구조'로부터 설명할 것인가라는 낡고도 새로운 양자택일의 문제를 회피하고 주체와 구조의 관계성이 지닌 역동성을 추출하고자 한 개념이다.

그래도 이 '아비투스'에도 설명할 수 없는 무엇인가가 남는다. 그것은 어떻게 왜 개인이 자신의 행동을 환경에 따라 수정·적응시켜 가는가라는 문제이다.

부르디외는 '아비투스'에 의해 사람은 계산을 도외시하고, 자신의 '객관적 가능성'을 획득할 수 있다고 한다. 이 '아비투스'를 익히는 장으로는 가정이나 제도, 계급 등이 있다. 더욱이 그렇다면 개인이 어

---

19  위의 책, 일본어판 83頁.

떻게 이 아비투스에 따라 자신의 실천을 수정·적응시켜 가는가라는 과정 자체에 대해서, 즉 개인은 무엇을 기준으로 행동을 수정·반응하는가라는 점에 관해 부르디외 사회학은 그다지 많은 것을 설명하고 있지는 않다. 달리 말하면, 실천과 아비투스가 어떻게 상호 전가되는가의 메커니즘에 대한 해명이 명쾌하다고는 할 수 없다(이 메커니즘이 정치에서 어떻게 작동하는가는 다음 장에서 자세히 서술한다).

즉, '사람[행위자]'이냐 '구조'냐라는 이원론을 피할 수 있다고 해도, 부르디외는 사람[주체]과 구조가 어떤 관계에 있느냐에 관해 구조가 사람에 반영되고 사람이 구조에 반영된다는 것 이상으로는 충분히 나아갈 수 없었다. 예를 들어 그는 알제리 현지 조사를 통해, 어떤 농민이 수확기가 끝난 뒤에 소를 구입하는 행위는 경제적 관점에서는 무의미하게 보이겠지만(수확하려면 소가 필요하기 때문에), 소를 구입함으로써 자신의 딸을 결혼시킬 수 있기 때문에(소를 지참금으로 보내기 때문에), 그것은 자신의 가정을 재생산하는 데 있어서는 실제로는 합리적인 행위라고 해석한다. 물론 여기에는 사람들의 감정, 가령 딸을 생각하는 아버지의 마음이 끼어들 여지가 없다.


## 정치에 있어서 '감정'의 의미

왜 사람들의 감정을 지금 다시, 우리의 정치를 보는 시선에 도입할 필요가 있을까? 거기에는 두드러지게 실천적인 문제의식이 있다.

하나는 현대가 사람들의 감정적인 측면을 빼놓고서는 점점 더 이해하기 어려워졌다는 점이다.

정치에 있어서 정념의 위상을 물은 몇 안 되는 정치학자인 사이토 준이치는 정념에 다시 주목해야만 하는 이유로, 정치란 이해를 둘러싼 항쟁[갈등]일뿐만 아니라 애정이나 충성 같은 정념의 요소를 포함한 가치관·세계관의 갈등이기도 하기 때문이라고 한다. 또한 사람과 사람을 잇는 커뮤니케이션을 매개로 한다는 중요한 기능을 지닌 정념을 민주적 회로에 연결함으로써 정치는 더 좋은 것이 된다고 설명한다.[20] 그와 같은 관점이 없는 한, 사람들이 왜 어떻게 정치에 참여하는가의 문제도 풀리지 않는다.

실제로 현대의 민주정치는 점점 더 쉽게 변천되고 다극화되고 있다. 이유는 여러 가지가 있지만, 그것은 사람들의 행동을 규정했던 안정적인 가치관이 더는 성립되지 않게 되고, 개인의 판단이 의식적인 선택으로서 끊임없이 음미되고 이렇게 음미한 뒤에 골라잡을 수 있어야 한다고 하는 '재귀적[성찰적] 근대화'가 전면화되고 있다는 것과 관련된다.[21] 이 '재귀적 근대화' 테제는 현대에도 통용되는 유력한 해석 틀 중 하나이다.

'재귀적 근대화'의 과정이 자명해지기 전에는, 사람들은 자기가 소속된 공동체(이것은 국가, 지역, 기업, 가족 등 다양한 층위로 이루어져 있다)에서 공유되고 있는 사고나 반응에 따른다는 것을 전제로 다양한 제

---

20 齋藤純一, "特集にあたって", 《思想》, no. 1033, 2010. ; 齋藤純一, "デモクラシーにおける理性と感情", 《アクセスデモクラシー論》, 齋藤純一・田中哲樹 編, 日本経済評論社, 2012.

21 Anthony Giddens, *The Consequences of Modernity*, Stanford University Press, 1990. [アンソニー・ギデンズ, 《近代とはいかなる時代か?―モダニティの帰結》, 松尾精文・小幡正敏 訳, 而立書房, 1993. ; 宇野重規・田村哲樹・山崎望, 《デモクラシーの擁護―再帰化する現代社会で》, ナカニシヤ出版, 2011.] [옮긴이] 국내에서는 흔히 '성찰적'으로 옮겨지는 것을 '재귀적'으로 옮긴다. 그 이유는 본문을 읽으면 드러날 것이다.

도가 수립되었다. 그러나 현대에서 각각의 층위는 어쩔 수 없이 커다란 변용을 겪게 됐다. 국가는 더는 국민의 생명과 재산을 지킬 수 없으며, 지역은 황폐해지고, 기업은 그 구성원이 되기 위한 조건의 장벽 (hurdle)을 높이고 있고, 가족은 생식과 재생산이라는 기능 말고도 많은 것을 맡게 됐다. 정치에만 한정하더라도, 적어도 선진국에서는 기존 정당에 대한 귀속의식을 갖지 않은 무당파라고도 불리는 유권자가 증가 일로에 있으며, 이것과 나란히 일관되고 체계적인 세계관을 제공하는 이데올로기가 그 영향력을 잃고 있다. 앤서니 기든스의 표현을 빌리면, 사람들은 사회의 모든 '기초부여'나 '자명성'을 박탈하고 있는 과정의 한복판으로 내동댕이쳐지고 있다.

그런 가운데 나오는 것이 개인을 기초로 하여 수립되는 신자유주의적 사회관이다. 이에 관해서는 3장에서 자세히 서술하겠지만, 사회가 이미 자명성을 잃었다고 한다면, 유일하게 남은 것은 개개인이 지닌 개별적인 이해, 그것도 투명성과 유통도가 높은 경제적 평가와, 그 반대로 노골적인 감정적인 태도를 근저로 한 이해관계 의식이다. 경제적 이해관계 의식이 돌출되는 것은 화폐라는 유통·교환 가능성이 높은 매개가 개인의 장래를 향한 불확실성을 줄이는 데 큰 역할을 맡고 있기 때문이다. 거꾸로, 감정적인 태도가 불거져 나오는 것은 개인이 과거에 축적된 습관이나 의식을 오히려 무매개적으로 표출하는 것을 가능하게 해서 개인의 실존적인 의식을 안정시키는 역할을 맡고 있기 때문이다. 신자유주의는 개인의 특히 경제적인 이해관계에 근거한 방식을 시인하는 것이었는데, 지금은 사람들의 분노나 기쁨이 점점 더 무게를 더해 가고 있다. 일본 정치로 끌어들여 말하자면, 이 변화는 2005년의 우정민영화 선거로 대표되는 (다른 선진국보다는 두 바퀴나 늦은) 신자유주의부터, 도쿄·신오쿠보에서 반한(反韓) 시위가 벌어지는 시대로의 변천으로 상징되고 있다.


## '감정'이 지배하는 세계

개인의 감정적 태도를 기초로 하는 포퓰리즘이나 테러리즘이 2000년대 들어 발흥하게 된 이유는 무엇일까?

이를 설명하는 것으로서, 국제정치학자인 도미니크 모이지(Domi-nique Moïsi)는 국제사회에서는 헌팅턴 식의 '문명충돌' 같은 조감도보다는 오히려 '감정의 충돌'로 묘사하는 편이 적절해지고 있다고 주장한다. 그 까닭은 현재 상태에서 전 지구화가 사람들의 불안의 근원이되고 있고, 이 불안이 고스란히 "우리는 누구인가"라는 자신의 정체성에 대한 질문을 제기하도록 하기 때문이다. 어떤 정체성이 어긋남없이 획득되고 공급되려면 그 국가의 사람들이 뭔가의 '자신감'을 갖고 있어야 한다. 그러나 전 지구화는 그 '자신'이 끊임없이 타자로부터의 승인, 그리고 거꾸로 타자로부터의 거부와 마주침으로써만 얻어질 수 있다는 상황을 산출하고 있다. 타인이 중간에 끼워넣어져 있기 때문에, 이 '자신감'은 항상 희망이나 굴욕, 두려움 같은 감정에 좌우되는 것이다. 길지만 인용해 보자.

자기의 본질에 대한 인식에는 감정이 얽혀 있다. 감정은 타자에 대한 자신의 견해뿐만 아니라, 자신에 대한 타자의 견해와도 같은 정도로 관련되어 있다. 감정은 거울에 비치는 상인 동시에, 그 상을 바라보는 인물의

**시선**이기도 하다. 감정은 상호적인 것이다. 가령 쉽게 알 수 있는 예, 즉 오늘날 서양 세계에서 살고 있으며 교육수준이 높은 이슬람교도 여성을 생각해 보자. 그녀들이 굳이 스카프를 두르는 것은 자신의 정체성이나 의지와 얽혀 있는 감정의 연쇄를 타자 속에서 불러일으키기 위해서이다. 우리는 누군가를 두려워하고, 그렇게 때문에 굴욕을 겪는다. 희망조차도 누군가의 성공에 의해 촉발된다.[22]

여기서 인용되고 있는 "고학력 이슬람 여성이 굳이 스카프를 두른다"는 것은 전통을 스스로 의식적으로 선택한다는, 바로 '재귀적 근대화' 아래서의 행위를 가리킨다. 이와 같은 행위를 자각적으로 할 경우, 사람들은 이성이 아니라 오히려 자기 자신의 정체성을 지팡이 삼아 그 감정에 따르지 않을 수 없게 된다. 개인은 감정을 빼놓고서는 더는 자기를 개인으로서 확인할 수 없는 상황을 맞이하게 된 것이다.

정치에 있어서 감정적 차원을 이해해야만 하는 또 다른 이유가 있다. 그것은 넓은 의미에서 정치 참여를 둘러싼 문제와 관련되어 있다.

1990년대에 들어서부터 선진국에서 생겨난 커다란 정치적 변용은 투표율 저하 경향, 그리고 이와 비례한 새로운 사회운동의 대두이다.[23] 투표라는 정치 참여의 형식이 저조하게 된 데에는 다양한 원인이 있고 그 양상도 다양한데, 상당수 선진국에서 기존 정치에 대한

---

22  Dominique Moïsi, *The Geopolitics of Emotion: How Cultures of Fear, Humiliation, and Hope are Reshaping the World*, Anchor Books, 2010. [ドミニク・モイジ, 《『感情』の地政学—恐怖・屈辱・希望はいかにして世界を創り変えるか》, 楼井祐子 訳, 早川書房, 2010, 36頁.] 강조는 원문.

23  Russell J. Dalton, *Democratic Challenges, Democratic Choices*, Oxford University Press, 2004. ; Pippa Norris (ed.), *Critical Citizens*, Oxford University Press, 1999.

불만이 높이 쌓였으며, 공식적인 정치 참여는 점점 더 유동적이게 됐다. 그러나 다른 한편으로는 시위나 항의운동, 불매운동 같은 직접적인 정치 참여는 늘고 있다. 즉, 투표율 저하만을 가지고 유권자가 정치 불신에 빠졌다느니 공공적인 문제에 점점 더 무관심해졌다느니 하는 시각은 일면적인 것에 지나지 않는다.

직접적인 정치 참여에 관해서는 4장에서 자세하게 보겠지만, 얼핏 보면 모순되는 듯한 이런 흐름(trend*)은 공공공간의 의미를 재정의하는 게 불가피함을 보여 준다. 지금까지 그랬던 것처럼 공적인 제도나 메커니즘을 매개로 했던 시민과 정치 사이의 관계 맺음이 쇠퇴하는 한편, 더 감정적이고 우발적이며 순간적인 정치 참여 방식이 이 간극을 메우고자 한다. 이것이 의미하는 바는, 단적으로 말하면 공적인 정치가 더는 시민에게 넓은 의미의 이익을 가져다주지는 않는다고 파악되고, 이 공적인 정치에 의해서는 완전히 포착되지 않는 정치문제에 시민이 갈수록 예민해진다는 것이다.

이런 종류의 정치문제로 간주되는 것은 다방면에 걸쳐 있는데, 그 대표로 환경문제나 인권문제를 거론할 수 있을 것이다. 이것 말고도 일본에서는 상상할 수 없을 정도이나 다른 선진국들에서는 동물애호가 운동(movement*)이 되고 있다(그 때문에 환경문제와 동물애호가 겹쳐지는 고래 사냥은 국제적인 비난의 대상이 된다). 게다가 이런 문제들은 전 지구화에 의해 개별적인 맥락에서 벗어나 미디어화되며, 다시 기든스의 말을 빌린다면 '탈내장화(disembedded)'된 개인에 의해 소비되기 때문에, 강한 감정적 빙의(憑依)를 촉구하고 그 강도는 강해지며 범위도 넓어져 간다.

세계의 시민들이 어떤 것에 관심을 갖고 있는가를 정량적으로 계측하기는 어렵지만, 미국의 《타임(*TIME*)》 편집부는 2011년의 가장 중요한 뉴스로 아랍의 봄, 오사마 빈 라덴의 사살, 동일본대지진을 3대 뉴스에 올렸다. 순위에는 이밖에도 아프리카의 기근, 카다피 대통령의 추방·사살, 노르웨이의 테러 사건처럼 뉴스 자체만으로도 강한 공감, 거부반응, 반감, 동정, 공포, 불안을 부추기는 것이 나란히 나열되어 있다. 10대 뉴스 중 유일하게 일회성 사건이나 뉴스가 아니라 전문지식을 요구하는 종류의 것은 유럽의 금융위기뿐이다.

이런 뉴스들은 사람들의 분노와 노여움, 슬픔과 강하게 관련되어 있다. 어떤 뉴스에서 뉴스로서의 가치가 높아지느냐 마느냐는 것은, 플러스가 됐든 마이너스가 됐든 강한 감정을 불러일으키는 정도가 얼마인가에 달려 있다. 공식적인 정치 참여의 정도나 욕구가 낮아짐에 따라, 비공식적인 정치 참여도 이런 감정적 차원에 의해 지배받게 됐다고 보는 것은 틀리지 않을 것이다.

역시 2011년부터 일본 사회를 크게 떠들썩하게 했던 반원전 시위나 반한 시위는 공식적인 정치 참여를 통해서는 좀체 논의의 도마 위에 올라가지 않는 쟁점을 생존 본능과 공포, 관계자에 대한 분노에 의해 제시하는 것이다. 역사를 훑어봐도 사람들의 분노와 두려움이 큰 전환점을 만들었음을 알 수 있다. 예를 들어 19세기 프로이센-프랑스 전쟁의 직접적인 계기는 미디어에 의해 왜곡되어 누설된(leak) 프로이센의 빌헬름 1세의 발언에 대한 프랑스인들의 분노였으며, 미국의 제1차 세계대전 참전은 독일 잠수함의 공격으로 루시타니아호가 격침되어 미국인 승객이 희생된 것에 대한 분노에 의해 뒷받침됐다. 미국이 2001년 9·11 동시다발 테러를 겪고 아프가니스탄에 이어 이라크에 '선제공격' 하는 것을 여론이 지지한 것도 미국 본토가 공격당했다는 심리적인 충격을 빼고서는 설명할 수 없다. 공식적인 정치의 틀이 흔들리게 돼 비공식적인 정치가 불거져 나올 때, 감정이야말로 사람들의 구동력이 된다.

## 원초적인 정치의 세계

그런데 앞서 소개했던 라스웰은 계속해서 말하기를, 사회에서 부조화가 생겨나 개인이 정치적 행위로 내닫게 되는 계기에도 모종의 정치 상징이 있다고 한다. 가령 어떤 노동자가 상사를 때렸더라도 이를 개인적인 행동에 불과하다고 치부해 버리면, 사적인 분노에 기초한 폭력 행위로만 해석된다. 그러나 때린 사람이 자신을 사회주의자라고 인식하고 있다면, 사회주의라는 정치 상징이 개입되기에 그것에는 계급투쟁이라는 정치적 의미가 부여된다. 즉, 사람들의 감정은 상징에 의해 형태를 부여받고, 감정이 부풀어 오름으로써 상징이 만들어진다고 하는 상호 작용이 생겨나는 것에 정치의 특징이 있다.

　라스웰이 말하는 바에서 벗어나 얘기한다면, 이데올로기만 이런 정치 상징을 제공하는 것은 아니며, 정치 상징은 사람들의 정치적 감각을 자극하는 것으로서 예전부터 존재했다. 여기서 말하는 정치 상징이란 개인의 욕구가 투영되는 대상이다.[24] 이데올로기를 알게 된 세계보다 훨씬 전부터 존재했던 것이 정치 상징이다.

　'감정(passion)'이란 '수동적(passive)'인 것이 아니라고 사르트르는

---

24　Murray J. Edelman, *Constructing the Political Spectacle*, University of Chicago Press, 1988.

《감정 이론 개요》에서 강조하고 있다.

　감정이란 사람이 현존재인 한에서, 즉 세계 속에서 능동적으로 살아가는 존재인 한에서 불가결하게 요청되는 의식의 존재 방식 중 하나라고 그는 말한다. 사르트르는 세계를 이해하는 방식이 두 가지라고 본다. 하나는 세계를 유용성의 연쇄라고 보는 견해로, 이것에 따르면 세계는 "유용한 도구로부터 형성된 복합체"이다. 다른 하나는 세계란 "매개를 필요로 하지 않고 변혁 가능한 비유용한 총체"라고 보는 견해이다.[25] 이 세상을 유용성의 연쇄로 보는 전자의 세계 이해는, 결국 어떤 유용성을 변화시키려면 다른 유용성도 변화시켜야만 하기 때문에 이 세상을 곧바로 변혁할 수 없으며, 세계를 변혁하기 위한 의사를 조달하기도 어렵다. 알기 쉽게 고쳐 말하면, 환경을 자신에 맞도록 변화시키려면 환경과 상호 관련된 것을 바꿔야만 하고, 그것을 바꾸려면 다른 것을 바꿔야만 하는 무한 연쇄가 생겨나 버린다. 결과적으로 앞서 본 스팍 박사와 마찬가지로, 사람들은 쩔쩔매게 된다.

　이와 반대로 사르트르는, 세계를 변화시키려면 이 세상을 간접적이고 유용한 도구로 성립되는 세계가 아니라 직접 바꿀 수도 있는 '마법의 세계'로 파악해야만 하고, 감정이란 "이 마법으로 뛰어 들어가는 의식"과 다름없다고 역설한다. 즉, '감정(emotion)'은 '동작(motion)'을 보증하는 힘이 된다. 감정은 대상에 대해 작용을 가하는 행동과 실제로 나누기 힘들게 연결되어 있다. 만일 정치가 공동체와 결부된 결단이나 절차를 의미하는 것이라면, 이 공동체라는 세계는 유용성이 아니라 마법을 통해 인식되어야 한다.

---

25　Jean-Paul Sartre, *Esquisse d'une Théorie des Emotions*, Le Livre de Poche, 1939, 2000, p. 59.

사르트르는 명시하지 않았지만, 정치에 있어서 이런 마법 중 하나는 다양한 '정치 상징'에 있다. 상징은 사람들의 감정을 끌어내고 고무하거나 가라앉히거나 특정한 방향을 향하도록 작용하고 있기 때문이다. 감정이 없는 곳에서는 상징에 의해 감정이 산출된다. 왜냐하면 정치 상징은 공동체 속에서 만들어지는 정치적 의미 부여나 감정을 집약시킨 것이며, 사람들은 상징에서 자기 자신도 찾아내고 세계도 찾아내기 때문이다.

상징은 종교부터 경영까지 다양한 영역에서 상이하게 작용하지만, 정치에 있어서 상징은 상호 관련된 세 개의 종류로 나눌 수 있다.[26] 한 가지는 정치의 과제가 무엇인지를 제시하는, 조작 대상으로서의 상징이다. 이것은 무엇이 경제 문제인지를 특정하는 것부터 적대국을 꺾어야만 한다는 것까지, 그때그때의 정치 상황에 따라 산출되며, 위정자에 의해 조작되는 상징이다. '국가의 대의'나 '국익' 등도 이런 종류의 상징에 포함된다. 그리고 많은 경우, 이 상징은 공동체와 결부된 신화나 역사, 위인 등과도 연결되어 있다.

두 번째 종류는 특정한 정치권력을 정당화하거나 비난하는 경우에 사용되는 권위적 상징이다. 대통령은 그 국가의 지도자로 상징화되며, '계급'은 체제 타도를 위한 강력한 정치적 상징이었다. 이러한 권위적 상징은 사람들의 저항력을 빼앗고, 반론을 봉쇄하고 단결하게 만드는 작용을 한다.

정치 상징의 세 번째 종류는 사람들을 동원하는 기능을 지닌 것이다. 예를 들어, 계급 격차로 인한 빈곤을 지적하고 계급투쟁을 벌이는

---

26  Philippe Braud, *L'Émotion en Politique*, Les Presses de Sciences Po, 1996.

것, 이민자 배척에 대해 융화와 협력을 호소하는 것은 이런 종류의 상징이 야기하는 정치 행위이다. 이런 상징은 정치의 장에서 항상적으로 생산되고 있다. 애국주의자라면 굳건하게 이겨 낸 역사나 패배한 역사를 늘 상징으로서 불러낼 것이며, 좌파라면 파시즘을 이겨 낸 것이나 정권교체의 역사를 상징으로 이용할지도 모른다. 일상적으로 생겨나고 있는 이런 상징은 정치를 이런 상징 아래에서 또다시 새롭게 생산해 낸다는 순환적 구조를 갖고 있다. 사람들을 동원할 수 있는 가능성이 큰 상징이 있으면 있을수록, 그것만으로 사람들의 감정적 반응도 커지게 된다.

이 동원 상징의 알기 쉬운 예가 이른바 역사 인식이다. 예를 들어 A급 전범을 [다른 영령들과] 합사하고 있는 야스쿠니 신사는 일본뿐 아니라 외국에서도 이미 논쟁적인 상징이 됐다. 일본에서는 영령을 합사하는 것이 당연하고 따라서 정치가가 참배하는 것도 당연하다는 의견이 있는가 하면, 그것은 전전(戰前)의 군국주의를 상기시키고 전쟁에 대한 반성이 충분하지 않다는 것을 의미한다는 의견도 있다. 중국이나 한국에서도 야스쿠니 신사 자체가 일본 군국주의의 상징으로 파악되기 때문에 강한 거부 반응을 야기하며, 그 상징 자체가 조작의 대상이 되는 것이다.

이처럼 상징을 둘러싼 투쟁이 벌어질 경우, 역사적 사실이나 경위는 뒷면으로 물러나는 대신 사람들의 감정적 태도가 앞면에 나서게 되며, 이런 감정적인 태도에 반응하는 감정이 새롭게 나오게 되는 악순환이 야기된다. 야스쿠니 신사의 합사라고 하면, 전쟁 범죄란 무엇인가, 죽은 자는 어떻게 달래야 하는가라는 원래의 문제 설정에서 벗어나, 찬성·반대의 후미에(踏み絵)[27]를 준비한 '야스쿠니 문제'로 널리

확산될 것이다. 그러나 바로 이 대립이 감정을 매개로 사람들을 응집시키는 효과를 가져온다. 더욱이 이 응집 효과는 사람들을 상징에 더한층 동화시킨다는 벡터, 그리고 이와는 반대인 대립적 상징에 동화시킨다는 상반된 방향으로 퍼져 나간다.

다만 상징이 상징으로서 작용하려면 몇 가지 조건에 의해 매개될 필요가 있다. 그 하나가 정치적 담론의 매개이다. 직접적 폭력이 성립되지 않는 현대정치에서 상징 정치는 정치적 담론을 통해 비로소 성립된다.

정치적 담론이 수행하는 것은 세계=공동체에 대한 인식의 단순화이다. 정치의 쟁점이나 과제를 모조리 분석하고 평가하는 것은 정치가는 물론이고 전문가에 의해서도 쉽게 이뤄질 수 없으며, 그것이 공평하고 올바르다고 간주될 수도 없다. 나아가 현실적으로 모든 쟁점을 유권자에게 제시하여 판단을 요구할 수도 없다. 그래서 정치에 의해 유일하게 가능한 것은, 정치학자 에델만이 말하듯이, 복잡한 사태를 수사에 의해 '딱지를 붙이고(labeling)' 인식 가능한 형태로 정치적 토의의 대상으로 변환하는 것이다.[28]

찬성·반대를 옆으로 치워 두면, 2001년의 동시다발 테러를 겪은 부시 대통령의 '테러와의 전쟁'은 이런 정치적 수사 중에서 으뜸가는 것이었으며, 프랑스 드골 대통령이 말한 '프랑스의 위대함', 영국 블

---

27 [옮긴이] 에도 시대에 그리스도교도인지 아닌지를 식별하기 위해 밟게 했던 그리스도·마리아 상 등을 새긴 널쪽이나 그 널쪽을 밟게 한 일로, 사상을 조사하기 위한 수단으로 비유된다. 슬라보예 지젝에 의해 유명해진 쉽볼렛, 십볼렛과 유사하다. "그에게 이름를 '쉽볼렛'이라 발음하라 하여 에브라임 사람이 그렇게 바로 말하지 못하고 '십볼렛'이라 발음하면 길르앗 사람이 곧 그를 잡아서 요단강 나루터에서 죽였더라. 그때에 에브라임 사람의 죽은 자가 사만 이천 명이었더라."(삿 12:6)

28 Murray Edelman, *The Symbolic Uses of Politics*, University of Illinois Press, 2nd, 1985.

레어 총리가 제시한 '제3의 길', 혹은 나카소네 야스히로(中曾根康弘) 총리가 제시한 '전후 정치의 총결산' 등 정치적 캐치프레이즈도 실제로는 수사적인 정치 상징으로서 기능했다.

이런 정치적 담론은 정치적인 쟁점이나 과제를 의인화하거나 비유를 통해 표현하는 경우도 많다('사회를 좀먹는 〈암〉', '작지만 반짝반짝 빛나는 국가' 등). 그 경우 사람들이 갖는 감정의 모체(matrix)에 따라 아름다움과 자연, 투명 같은 좋은 이미지를 지닌 말은 지향되어야 할 것으로 제시되는 반면, 악과 몰락, 혼미 같은 말은 극복되어야 할 상태로서 사용된다.

이런 담론 정치는 정치적 입장이 뭐냐를 가리지 않고 사용된다. 앨버트 허시먼은 보수적인 정치적 수사를 다음의 세 가지 패턴으로 나눌 수 있다고 한다. 즉, ① 뭔가의 개혁이나 정책은 개선이 아니라 오히려 마이너스 효과를 초래할 것이라는 '도착', ② 개혁이나 정책은 결국 원하는 결과를 가져다주지 않는다는 '허무', ③ 지금까지 달성된 성과가 무로 돌아가 버린다는 '위험' 등이 그것이다. 반대로 진보파의 정치적 수사에는 다음의 세 가지 패턴이 있다고 한다. 즉, ① 다양한 개혁이 동일한 목표를 달성하기 위해 있다는 '시너지 환상', ② 문제에 즉각 대처해야 한다는 '현전의 위기', ③ 나아가야 할 길은 이미 정해져 있다고 하면서 '역사는 우리와 더불어 있다'는 것이 그것이다. 전자는 현상유지의 성향, 후자는 현상부정의 성향을 전제하는데, 어떤 정치적 사고나 당파성을 갖고 있더라도, 정치적 주장은 이것들 중 어떤 것으로 나뉜다고 한다.[29] 여기서 주목해야 할 것은 보

29  Albert O. Hirschman, *The Rhetoric of Reaction: Perversity, Futility, Jeopardy*, Belknap Press of Harvard University Press, 1991. [앨버트 O. 허시먼, 《보수는 어떻게 지배하는

수파·진보파의 정치적 담론이 방향은 달라도, 현상에 대한 긍정이나 부정이라는 감정적 반응을 기반으로 하고 있다는 점에서는 마찬가지라는 것이다.

상징은 정치적 담론 외에도, 그것이 의례나 역사에 의해 매개되어 사람들의 공통 이해로 승화된다는 것을 조건으로 삼고 있다. 예를 들어 국가가 주는 서훈(敍勳)이나 정당 집회, 공적인 기념일 등은 사람들 사이에서 정치 상징을 확립하기 위한 의례와 의식이나 다름없다. 이런 의례 형식을 연구한 미국의 문화인류학자 빅터 W. 터너는 '상징 의례'란 각각의 집단이 지닌 가치나 규범, 신앙을 한 꾸러미로 묶은 기억술이라고 한다.[30] 이런 상징 의례에 공통적인 것은 극도의 감정적인 협박과 흥분을 뒤섞어서 그 집단의 연대와 그 집단의 적을 공동체 구성원이 될 사람의 기억에 각인한다는 데 있다. 공동체에서 권력과 권위의 생산과 작동은 어디까지나 감정을 토대로 행해진다.

## '올바른' 감정의 조건

지금까지의 논의를 정리하자. 감정은 그저 감정으로서 존재하는 것이 아니다. 사람들의 감정이나 정념이 대상에 작용을 가하는 원동력으로 활용되려면 정치 상징을 핵으로 하여 정치적 담론이나 거기서

---

가 : 세상을 조종해온 세 가지 논리》, 막시무스(이근영) 옮김, 웅진지식하우스(웅진닷컴), 2011.]

30 Victor Witter Turner, *Dramas, Fields, and Metaphors: Symbolic Action in Human Society*, Cornell University Press, 1974.

사용되는 수사학, 공동체의 의례를 통해 감정이 정치적으로 발굴되고 각성될 필요가 있다.

이런 감정을 고리로 한 정치를 위험하다고 감지하는 것은 충분히 정당한 일이다. 정치 상징, 수사학이나 의례는 파시즘을 포함해 정치에서 강력한 동원 수단이 되었기 때문이다. 그러나 많은 경우, 정치의 실제는 결코 합리성에만 의거하는 것이 아니라, 사람들의 감정에 작동을 가하고 이런 감정을 끌어내는 것을 원천으로 한다. 이를 경계하고 비난하는 것은 때로 필요하다. 더욱이 지금까지 봤던 대로 정치는 감정 없이는 성립되지 않는다.

적어도 감정이 정치에서 부정적으로만 작용한다고 보는 것은 분명히 잘못이다. 예를 들어 자신이 갖고 있지 못한 것을 갖고 있는 어떤 사람에 대한 감정을 상정해 보자(이 '사람'을 계급이나 국가로 바꿔도 좋다). 처음 생기는 감정적 반응은 자신이 결여하고 있는 것을 갖고 있는 타인에 대한 '질투'일 수 있다. 그러나 이 감정은 그것을 가질 수 없는 자신에 대한 '부끄러움'으로 바뀔 수 있다.

나아가 이로부터 어떤 사회적 행동이 파생된다고 하자. 이런 감정들에는 그 타인이 어떤 부정한 수단으로 자신에게 없는 것을 손에 넣었다고 하는 '분노'의 감정도 포함될 수 있다. 이런 감정을 바탕으로 타인이 갖고 있는 것을 훔치려 하느냐 아니면 자신이 노력해 손에 넣으려 하느냐는 또 다른 문제이다. 중요한 것은 이런 감정적 전개가 없으면, 정의란 무엇인가, 정치가 무엇을 실현해야 하는가 같은 기본적인 논의의 토대조차도 만들어지지 않는다는 것이다.

감정이라고 한마디로 말하긴 했지만, 먼 옛날 아리스토텔레스가 여러 책에서 자세하게 논했듯이, 거기에는 '분노', '혐오', '공포', '수치' 등 다종다양한 것이 존재한다. 욘 엘스터는 이런 아리스토텔레스의 논의를 엄밀하게 검증하면서, 어떤 감정에서든 공통되는 것은 감정이 "자기 자신을 포함해 사람들이 무엇을 하고 무엇을 갖고 있으며 어떤 존재인가"를 전제로 한다는 것이라고 말한다.[31] 즉, 감정이란 타인의 존재를 전제해야 비로소 생겨나는 것이다. 그것이 타인과의 비교든, 타인과의 상호 작용에 기반한 것이든 말이다. 확실히 두려움, 분노, 기쁨, 슬픔 같은 감정은 그 사람만이 직접적으로 느낄 수 있기에 그 사람에게 고유한 것일지도 모른다. 그러나 사람은 자기 혼자만으로는 감정을 보유할 수 없다. 두려움은 증오로, 분노는 희망으로, 기쁨은 감사로, 슬픔은 향수 등등으로, 자기 이외의 [다른] 대상으로 전이된다. 그리고 이 자기 이외의 존재를 전제하여 행위하는 것이야말로 정치라는 행위이다. 정치에 있어서 감정적 차원을 반드시 고려해야 하는 가장 큰 이유가 바로 여기에 있다.

정치란 합리적인 것이어야 한다는 주장은 요새 시작된 얘기가 아니며, 옛날부터 이렇게 파악되고 논의되어 왔다. 올바른 정치에 있어서 사람들이 지닌 감정은 '노이즈(noise)'에 불과하다고 말이다. 그러나 엘스터가 말하듯이, 사람들이 자신의 '이성(reason)'에 따라 행동하는 것과 '동기(reasons)'에 따라 행동하는 것은 의미가 크게 다르다.[32] 그는 '합리성'과 '이성'을 엄격히 구별하고, '이성적'인 판단을 내리려면 '감정'이 필요하다고 논증하고 있다. 예를 들어 알코올 의존증인 사람이 파티에 가기 전에 숙취를 피하려고 숙취 방지제를 마실지 여부를 고

---

31   Jon Elster, *Alchemies of The Mind*, Cambridge University Press, 1999, p. 74.
32   Jon Elster, *Reason and Rationality*, Princeton University Press, 2009.

민한다고 하자. 합리성에 입각해 생각하면, 그는 약을 먹어야 할지도 모른다. 왜냐하면 숙취를 피한다는 목적에 적합한 선택이기 때문이다. 그러나 정말로 숙취를 피하려면 오늘 파티에 가는 것을 그만두는 것이 좋을 것이며, 파티에 가더라도 술을 마시지 않는 편이 좋을 것이다. 이리하여 합리적인 판단을 내리려고 하면 할수록, 사르트르가 말했던 '유용성의 연쇄', 즉 있을 수 있는 모든 가능성이 선택지로서 나오게 된다. 그러나 이 대신에 자기가 알코올 의존증이라는 사실을 부끄러워하는 감정이 있어야, 그리고 숙취 방지제를 마시는 것에 죄책감을 품고 있어야 술을 마시지 않는다고 하는 본래의 목적을 달성할 수 있다. 엘스터가 말하듯이 "감정 없는 창조물은 살아갈 이유도 죽을 이유도 찾을 수 없다."[33] 사람에게는 살아갈 이유도 죽을 이유도 산처럼 많이 있다. 이런 것들에서 이유를 찾아내는 것은 이성의 역할이 아니다. 마찬가지로, 왜 사람들이 자신의 공동체와 관계를 맺어야 하는가에 관한 이유도 산처럼 많이 있을 것이다. 그러나 관계를 맺으려는 의사 자체는 합목적적인 이성으로부터는 생겨나지 않는다.

동물행동과학자인 프란스 드 발은 인간에게 갖춰진 '공감'이라는 감정, 즉 타자의 입장에 서서 바라보는 것이 타자와의 관계가 시작되는 첫걸음이라고 한다.[34] 이것은 타자가 놓인 상황에 대해 감정이 고조됨에 따라 반응하는 '동정'과 똑같은 것은 아니다. 그렇다고 해서, 타자가 놓인 상황을 일일이 계산하여 그것이 자신에게 어떤 득실을 줄지 추측하는 합리성도 아니다. 처음 있는 것은 감정적 반응이고 이

---

33  Jon Elster, *Alchemies of The Mind*, Cambridge University Press, 1999, p. 403.

34  Frans de Waal, *The Age of Empathy: Nature's Lessons for a Kinder Society*, Crown, 2009.

것이 행동을 산출한다. 이런 일련의 흐름이 공감인 것이다. 드 발은 타자를 돕는다는 행위가 자신과 상대방의 연결에 기초를 두고 있는 것이라면, 그것은 표면적으로는 타인을 도움으로써 자신을 돕는다고 하는 '이기적인 행위'로 보일지도 모른다고 한다. 그러나 "문제는 만일 우리가 이것을 '이기적'이라고 부른다면, 사실상 뭐든지 이기적인 것이 되어 버리기에 (돕는다는 - 인용자) 이 말은 의미를 잃어버린다. … 우리는 타자를 도움으로써 기쁨을 얻지만, 이 기쁨은 타자를 **통해서** 얻어지는 것, 타자를 통해서**만** 얻어지는 것이기 때문에, 진정으로 타인 지향의 것"이다.[35] 그의 이런 지적이 옳다면, 그리고 그의 주장에 충실하고 싶다면, 우리가 정치에 있어서 감정을 불필요하게 두려워 할 필요도 없다면, [도대체] 정치적으로 올바른 감정이란 무엇이란 말인가라며 그렇게 안타까워 할 필요도 없을 것이다. 만일 공동체에 이바지하는 정치 상징이 있다면, 그리고 그 상징을 만들어 내는 정치적 담론이 필요하다고 여긴다면, 그것의 조건은 '공감'이라는 지평을 사수하는 것이리라.

감정은 비정형이고 무정형(amorphe)이기 때문에, 바로 그렇기에 우리는 감정에서 희망을 찾아낼 수 있다. 만일 정치가 상징이나 정치적 담론에 의해 특정 다수가 정치적으로 각성됨으로써 출현하는 것이라면, 우리의 정체성은 정치를 통해 구축될 것이다. 그것은 합리성이라는 합목적적인 해답을 통해 도출되는 정치와는 다르다. 합리성을 전제로 한 경우, 거기에는 반드시 '정답'이 존재해야 하기 때문이다. 이

---

35  Frans de Waal, *The Age of Empathy: Nature's Lessons for a Kinder Society*, Crown, 2009.
    [フランス・ドゥ・ヴァール, 《共感の時代へ―動物行動学が教えてくれること》, 柴田裕之訳・西田利貞 解説, 紀伊園屋書店, 2010, 168-169頁.]

와 반대로 이런 '정답'이 항상 유동적으로 있을 수 있는 곳에 정치의 존재 이유가 있다. 거기서 감정이 맡아야 할 역할은 빠뜨릴 수 없는 것이 된다.


## 정치의 신적 에너지

사회학자 뒤르켐은 오스트레일리아의 토테미즘(어떤 집단과 동식물 등 특정한 종이 특별한 관계에 있다고 하는 제도)에 대한 분석을 통해 사회가 어떻게 성립될 수 있는가를 고찰했다. 그가 《종교 생활의 원초적 형태》[36]에서 이룩한 발견은 여러 가지이지만, 여기서 관심을 기울여야 할 것은 사회가 정립되려면 '성스러운 것'이 필요하다는 주장이다. 뒤르켐은 물질적·공리주의적인 효과만으로 사회를 유지할 수는 없다고 생각했다. 오히려 성스러운 것에 기반을 둔 도덕적 권위가 없으면, 사회 구성원의 자기실현도 있을 수 없다고, 앞의 말로 하면, 개인과 세계의 조화는 있을 수 없다고 역설했다. 득실 계산에 의거하지 않는, 사람들과 사회를 연결하는 신의 힘이 깃든 '신적 에너지'가 끼어들지 않으면, 개인과 사회는 조화를 이루지 못한다는 것이다.

 씨족사회에서 이 '신적 에너지'를 표상하는 것은 많은 경우 공동체의 지도자였다. 지도자는 사회의 정태적인 상태와 사회 구성원 각각이 바라는 이상 사이에서 균형을 잡고, 집단과 개인을 매개함으로써

---

36 Émile Durkheim, *Les formes élémentaires de la vie religieuse*, 1912. [エミール·デュルケーム, 《宗教生活の原初形態(上)》, 古野清人 訳, 岩波文庫, 1975. ; 에밀 뒤르켐, 《종교 생활의 원초적 형태》, 노치준·민혜숙 옮김, 민영사, 1992.]

사회에 균형을 가져오는 역할을 맡는다. 뒤르켐은 씨족사회에서 분리된 근대에 들어선 혁명의 때에도, 혁명의 지도자를 통해 신적인 것이 나타났다고 한다. 뒤르켐은 프랑스혁명을 "사회가 스스로 신"이 된 사건이라고 평했다. "그(지도자 - 인용자)가 불러일으키는 열정적인 에너지는 거꾸로 그에게도 영향을 미쳐 그의 활력을 높인다. 이제 말하는 것은 단순한 개인이 아니게 되며, 그것은 화신(化神)하여 인격화된 집단이다."[37] 여기서 말하는 지도자는 바람직한 방향으로 사람들을 동원하는 이미지로 파악되는 존재가 아니다. 오히려 그와 반대로, 민중과 '영을 교류[交靈]'한 공동체 집단의 화신이 되는 것이다.

장소는 다르지만 남미의 부족을 관찰한 문화인류학자 피에르 클라스트르도 이런 현상이 있다고 지적한다.[38] 남미의 부족의 '수장'은 사회의 권위라기보다는 오히려 집단 속에서 사회의 본질을 재현함으로써 존경을 얻어 내는 존재이다. 예를 들어, 공동체에서 대립이 생겨난 경우, 그에게 맡겨진 역할은 판정을 내리는 것이 아니라, 말을 사용해 설득하는 것이다. 설득에 실패하거나, 권력을 남용해 공동체를 자기 아래에 두고자 한 경우, 그는 더는 공동체 안에서 [그가 마땅히] 맡아야 할 역할을 맡지 않고 있다고 판단되어 수장의 자리에서 끌어내려진다. 수장의 책무는 공동체를 거느리는 것이 아니라, 공동체로부터 '사랑받는' 것이기 때문이다. 클라스트르는 아파치족의 추장 제로니모가 19세기에 멕시코군을 무찌른 후에 멕시코군을 더 추격해서 공격하자면서 동료들을 금전이나 명예로 꼬드겼으나 그 누구도 그의

---

37  위의 책, 일본어판 380頁.

38  Pierre Clastre, *La Société Contre l'État*, Minuit, 1974. [피에르 클라스트르, 《국가에 대항하는 사회》, 홍성흠 옮김, 이학사, 2005.]

말을 들어주지 않았다는 역사적 사실을 인용한다. 그것은 부족의 복수라는 기본적인 욕망의 충족 이상의 것을 공동체가 바라지 않았기 때문이다. 오히려 인디언 한 명당 얼마간의 상금을 내걸고 인간 사냥에 흥겨워했던 것은 근대적인 멕시코군이었다.

이리하여 라스웰, 뒤르켐, 클라스트르를 따라가 보면, 정치에는 "사람들의 정념을 바탕에 둔 상징을 매개로 한 관계성" 말고는 달리 칭할 수 없는 측면이 있음을 이해할 수 있을 것이다. 이런 측면들은 개인의 손익 산정이나 자기 이익, 바람직한 환경에서 역산하여 반성적이고 합리적인 행동으로부터 파악되는 정치와는 차원이 크게 다른 정치세계이다.


## '구제'의 정치

근대에 들어서도, 개인으로 이뤄진 집단이 아니라 집단에 의해 포섭된 개인이라는 관계는 계속된다.

독일사회민주당(SPD)은 서유럽에서 가장 오랜 역사와 거대한 세력을 뽐냈던 사회민주주의 정당으로 알려져 있는데, 이와 동시에 당원들이 만들어 낸 '하위문화(subculture)'가 풍성하기로도 유명하다. 20세기 초반 발행한 신문·주간지가 100개에 가까웠고, 종류도 이론지부터 청년·여성용 잡지, 만화잡지 등까지 다종다양했다. 당이 주최한 소모임도 독일어 교육부터 자연과학, 역사 등 친근한 주제를 다룬 강의나 연극, 노래모임 등까지 매우 많았다. 일 년에 수백 번 개최됐고, 수천 명의 노동조합원·당원이 모였다고 한다. 19세기 후반에는 비스마르크 재상이 입법한 사회주의자 탄압법 때문에 활동이 제한되었다. 그럼에도 불구하고, 이 법이 폐지되자 당은 중앙·지방정치에서 착실하게 권력을 행사하게 되고, 술집부터 영화관, 도서관, 라디오방송국 등을 경영하고, 어린이부터 고령자까지를 포함한 다양한 집단을 조직해 "국가 안의 국가"라고 불리기까지 했다.[39]

물론 이런 활동의 목적은 새로운 당원을 획득해 사회주의 진영을 더 공고하게 만드는 것이었다. 물적·서비스의 제공뿐만 아니라 오락이나 휴식의 장을 제공함으로써, 노동자의 생활권은 유사 종교적인 성향을 갖고 자기 완결적으로 형성됐다. 실제로 이 당시에 당원의 가정에는 침실에 십자가와 나란히 당수의 초상화가 걸려 있기도 했다고 한다. 이런 통일적인 세계가 그들에게 가치를 부여하고 있었기 때문에, 노동자들은 바깥 세계에서의 가치 박탈과 차별을 견디고 구제되었던 것이다.[40]

SPD 외에도 서유럽의 사회·공산주의 정당은 많든 적든, 문자 그대로 "요람에서 무덤까지" 집단과 개인의 관계성을 통한 정치세계를 만들어 냈다. 그 흔적은 지금도 당파성을 띤 일간지나, 정당이 주도해 건설한 구 노동자주택에서도 확인할 수 있다.

노동자들이 자신들을 누에고치마냥 감싸 준 사회주의 진영에 유인되어 거기에 머무르고 봉사하게 됐던 것은 이들이 빈곤으로부터 벗어나거나 사회적 안정을 얻기 위해 내린 합리적 판단이었다는 식으로 얘기하는 것도 충분히 가능하다. 그러나 그것은 개인적인 합리적

---

39  山本佐門, 《ドイツ社会民主党日常活動史》, 北海道大学図書刊行会, 1995.
40  篠原一, 《ヨーロッパの政治―歴史政治学試論》, 東京大学出版会, 1986.

계산 때문에 고른 선택이라기보다는 오히려 정치의 장이 그들을 유인한 결과로서 생겨난 것이었다. 그 구체적인 예는 나중에 보고, 다른 관점에서 이 집단과 개인의 관계 맺음에 의한 구제(救濟)를 살펴보자.

비평가인 하마노 사토시는 사회 현상이기도 했던 AKB48과 종교를 병렬시키고, 종교적 기능의 핵심이 AKB48의 센터와 팬 사이의 관계에서 그대로 재현된다고 논평하고 있다.[41] 공동체에 필요한 것은 이타성으로 살아가는 순교자의 존재이다. 센터(마에다 아츠코)는 '안티'라고 불리는 그녀를 비판하는 다른 멤버·팬을 앞에 두고서도 AKB48이라는 공동체를 사랑하는 몸짓을 버리려 하지 않는다. 여기서 센터를 맡은 마에다 아츠코는 그리스도교가 되며, '오타오타쿠(ヲタオタク)'라고 불리는 팬은 신자로 전화된다. AKB48에는 하마노가 '근접성'과 '우연성'이라고 부르는 장치도 있다. 근접성을 담보하는 악수회(握手会)는 그녀들과 신체적인 접촉을 통해 관계성의 강도를 더 높이며, 우연성은 라이브 공연장에 들어갈 순서를 정하는 추첨회 [抽選会](BINGO)나 멤버와 시선을 나누게 만들기도 했다. 머리가 아니라 신체가, 예측 가능성이 아니라 우연성이 집단과 개인의 관계성을 강화한다.

하마노는 요시모토 다카아키의 〈마치우서 시론(マチウ書試論)〉의 유명한 구절을 인상적으로 인용한다. "인간의 의지는 과연 선택할 자유를 갖고 있다. … 하지만 이 자유로운 선택에 내걸린 인간의 의지도, 인간과 인간 사이의 관계가 강요하는 절대성 앞에서는 상대적인 것에 불과하다."[42] 하마노의 관점은 '종교'로서의 AKB48이 근대사회에

---

41    濱野智史,《前田敦子はキリストを超えた―「宗教」としてのAKB48》, ちくま新書, 2012.

서 잃어버린 초월성,개개인의 살아갈 의미를 부여하는 세계 체계를 민주적인 형식으로 산출하는 것에 쏠려 있다. '오타오타쿠'들은 각각의 '오시멘'[43]과 유사 연애적인 강도가 있는 관계성을 구축함으로써 이 세계에 존재한다는 것의 감촉을 얻고, 나아가 그 세계를 구축하는 참가자가 되는 것이다.

또 하마노는 AKB48이 지닌 '종교'로서의 잠재력(potential)은 정치성과 종교성을 겸비한 '정제일치(政祭一致)'[44]에 있다고 하지만, 지금까지 봤듯이 '성스러운 것'으로서의 정치는 원초적인 정치가 간직하고 있던 성격이기도 했다. 뒤르켐이 "우리가 생활하고 있는 환경은 명령적인 동시에 구제적이며, 격앙된 동시에 온화한 힘으로 가득 채워져 있다"고 할 때, 그것은 SPD가 노동자를 비호하고, 하마노가 그린 AKB48이 극심한 취업난이나 프레카리아트화 등 존재의 고난을 떠안고 있는 청년들을 구제한다는 것을 의미한다. 원래 정치란 성스러운 것이며, 성스러운 것은 정치였던 것이다.

야나기타 구니오(柳田國男)에 의해 촉발된 정치학자 가미시마 지로는 정치가 '지배', '투쟁', '자치' 같은 속성 외에도 '증여'나 '인연'에 의해 만들어지는 것이라고 갈파했다. 바로 이것이 "인심이 그 결정타

---

42  위의 책, 65頁. [옮긴이] 일본의 진보적 사상가이자 유명한 문학평론가인 요시모토 다카아키(吉本隆明)는 1954년 6월에 일본《현대평론》창간 호와 12월 호에 〈반역의 윤리 : 마치우서 시론〉을 발표하는데, 이 제목을 〈마치우서 시론〉으로 바꿨다. 이 책의 '후기'에는 이 '마치우서'가 '마태복음'을 마음대로 이름을 바꾼 것이라고 적혀 있다. 여기서 '관계의 절대성'이라는 유명해지는 말이 처음 사용된다. 이 책은 이후《マチウ書試論·転向論》(講談社, 1990)으로 재출판됐다.

43  [옮긴이] 원래 말은 '推しメン'으로, 아이돌 그룹에서 자신이 밀고 있는 멤버(좋아하는 멤버, 응원하는 멤버 등)를 가리킨다. '가장 밀고 있는 멤버(イチ推しのメンバー)'라는 말의 약칭이다.

44  [옮긴이] 정치와 종교의 일치를 뜻하는 '정교일치'의 의미에 가깝다.

가 되어 움직이는 정치"[45]였던 것이다. 이를 이해하려면 사람들이 하는, 얼핏 보면 비합리적인 듯이 보이는 행동거지를 내재적으로 이해할 필요가 나온다. 가미시마는 기슈(紀州)에 있던 오코제 축제라는 주연(酒宴)을 예로 든다. 어떤 시점에서는 의례적인 웃음이었던 것이 술기운 때문인지 마음에서 나오는 웃음으로 전환되는 순간이 있으며, 그런 순간은 마을 사람 개개인의 '능력'에 의한 합의가 아니라 마을이라는 공동체의 '용적'을 넓힘으로써 생겨나는 합의 형성이라고 역설한다. 공통의 체험에 의해 공동체 의식이 높아져 가는 셈이다.

시대와 맥락은 다르더라도, 2013년 참의원 선거에서 18만의 표를 개인적으로 모은 미야케 요헤이(三宅洋平)가 의식적으로 전개한 것도, '축제'로서의 정치였다. 그와 그의 선거운동원들은 '정책'을 호소한 것이 아니라 음악 라이브를 통한 '공감'에 무게를 두고 사람들의 지지를 구했다.[46] 개인의 이익 실현이 아니라 개인의 구제가 정치의 중요한 역할이다.

---

45  神島二郎, 《磁場の政治学―政治を動かすもの》, 岩波書店, 1982. [옮긴이] 마에다 아츠코(前田敦子, 1991년 7월 10일~ )는 여성 아이돌 그룹 AKB48의 전 멤버였다. "AKB48의 센터가 마에다 아츠코가 아니라 마에다 아츠코가 서 있는 자리가 바로 센터다"고 언급되었을 정도라고 한다. 한편, 오타오타쿠(ヲタオタク)는 오타와 오타쿠가 합쳐져 만들어진 말이다. '오타쿠'는 나카모리 아키오(中森明夫)가 만든 조어로, 중학교를 졸업한 이후에도 애니메이션, 만화, 게임, 아이돌 등을 좋아하는 사람을 가리키며, 남녀를 불문한다. '오타'는 '오타구'한 사람의 팬이나 그를 자세히 알고 있는 사람을 가리킨다. 이 경우 이 사람도 마찬가지로 같은 종류의 '오타'인 경우가 많다.

46  三宅洋平・岡本俊浩, 《「選挙フェス」17万人を動かした新しい選挙のかたち》, 星海社新書, 2014.

## '이익-비용'을 대체하는 것

지금까지의 논의를 다시 정리하자. 전후 사회과학은 개개인의 합리성을 전제로 사고를 전개하고, 그로부터 있을 수 있는 정치를 구상해 왔다. 그러나 실제로는 사람들이 반드시 사회과학적인 모델을 따라 행동하는 것은 아니다. 오히려 사적인 감정, 상징 혹은 정치적 지도자와의 관계나 상호 작용에 의해 생각이나 행동이 만들어져 왔다. 정치에 있어서 이런 관계나 상호 작용의 핵을 이루는 것은 적어도 주관적으로는 정념적인 무엇이라고 말할 수밖에 없다.

지금까지 확인한 바에 기초하여, 그렇다면 이런 개인과 집단의 정치는 어떻게 성립될 수 있는가라는 물음으로 나아가야 한다. 사람은 왜 원래 정치와 관계를 갖게 되는가? 바꿔 말하면 사람은 왜 정치, 특히 자신이 속한 공동체와 직접적으로 관계를 맺고 싶다고 생각하고, 그것에 관여·헌신하게 되는 것인가?

만일 방법론적 개인주의에서 출발한다면, 그것은 바로 그 본인이 거기서 뭔가 이익을 찾아내고 실제로 그것이 유형무형의 보수로서 본인에게 건네지기 때문일 뿐이라는 것이 가장 적당한 해답이 된다. 물론 여기서 말하는 이익에는 금전적인 것, 명예나 칭찬 혹은 조직에서의 출세 같은 것이 포함된다. 그렇기에 거꾸로 생각하면, 즉 관계 맺음에 걸맞은 정도의 이익을 얻지 못하고 비용만 늘어날 뿐이라면, 그 사람은 정치와 관계 맺기를 그만두고 말 것이다.

이런 행동 기준은, 정치에 관여·헌신하는 이유가 공동체에서 이상을 실현한다는 것처럼 '고상'한 것이냐, 아니면 금전적 목적처럼 '저급'한 것이냐 등과는 아무런 관계가 없다. 행동 기준이 어떤 것이든,

그것이 '이익-비용'에 입각해 도모되는 한, 같은 것이 된다.

그러나 뭔가를 했다면(=비용) 뭔가를 얻게 된다(=이익) 같은 보답을 바라는 유형의 행동 기준은, 사실 정치라는 행위와는 궁합이 맞지 않는다. 가령 심리학자 콘은 보수에 기초한 행동은 ① 뭔가를 하지 않으면 이익을 얻을 수 없다는 강제를 낳고, ② 원활한 집단적인 인간관계를 파괴시키며, ③ 왜 그런 행동을 취해야 하는가를 자문하는 비판 정신을 없애며, 결과적으로 행동의 창조성을 잃게 만든다고 한다.[47] '이익-비용'을 일단 행동 기준으로 삼아 버리면, 사람들은 이익에 따라 자신의 비용을 계산하여 행동하게 되며, 그 때문에 '뭔가를 즐긴다'라는 내발적 동기를 잃게 되기 때문이다. 원래 이런 식으로 행동하면 이런 결과가 얻어질 것이라고 예상하기에 사람들은 행동을 취하는데, 이런 것이 반복되면, 주어지면 요구하고 주어지지 않으면 요구하지 않는다는 것이 행동의 조건이 되고 만다.

그 예증으로 '스키너의 상자'라고 불리는 동물 실험이 알려져 있다. 소리가 났을 때 버튼을 누르면 먹이가 나오는 장치가 달려 있는 상자 안에 쥐를 넣어 두면, 쥐는 소리가 날 때마다 반사적으로 버튼을 누르게 된다는 것이다. 콘은 "미국식 심리학은 쥐가 인간을 닮았다고 보는 대신, 인간이 쥐를 닮았다고 봤다"[48]는 아서 쾨슬러(Arthur Koestler)의 아이러니를 인용하는데, 인간은 이 스키너의 쥐와는 다르며, 달라야 마땅하다. 인간은 정치에 의해 '먹이'를 얻는 것이 아니다.

사실, 정당이나 자발적 결사(voluntary association)를 관찰했던 정치학

---

47  Alfie Kohn, *Punished by Rewards*, Replica Books, 1993. [アルフィ・コーン, 《報酬主義を こえて》, 田中英史 訳, 法政大学出版局, 2001.]

48  위의 책, 일본어판 3頁.

자는 현장의 정치 활동가가 이런 단순한 '이익-비용' 모델로 움직이지 않는다고 지적한다.[49] 원래 '이익-비용' 모델에서는, 활동하는 데서 생기는 기쁨이나 명예, 자기 승인 요구 같은 감정적 차원을 파악하기가 어렵다. 그것들은 주관적인 것이며, 외부로부터 관찰 가능한 것이 아니기 때문이다. 그러나 이 차원을 인식하지 않는 한 정치 행위는 이해할 수 없다.

확실히 활동가는 조직적인 위계에서 위로 올라가거나, 이상을 옹호함으로써 효용을 얻을 수도 있을 것이다. 그러나 이것들은 정치나 공동체에 관여·헌신하는 동기, 즉 입구가 될 수는 있을지언정, 왜 사람들이 그것을 계속해서 행하는가에 대해서는 설명하지 못한다. 원래 정당이든 NPO든, 이런 집단 조직은 원칙적으로는 '자발적'이고 '무보수'로 참가하는 것을 미덕으로 여기며, 이런 게 행동 기준이 된다. 금전적인 보수가 상징적으로 있을 수는 있다. 그렇다고 해도, 우편함에 선전물을 넣는 아르바이트가 아니기 때문에 전단지를 배포하거나 포스터를 붙일 때 한 장에 몇 엔이라는 식의 보수가 있는 것은 아니다. 또한 결사가 지닌 이데올로기나 이상상에 공명해 활동에 참여하는 경우도 상정할 수 있지만, 그러나 이런 활동에 참가하는 사람 대다수가 실제로는 그 조직의 강령이나 정책에 관해 그다지 자세하게 알고 있는 것은 아니기도 하다.

이런 관점에서 보면, 활동에 따른 비용이 증가할수록 오히려 헌신적으로 활동하게 된다는 역설도 설명할 수 있다. 활동에 따른 장애가 많을수록 이를 자신의 활동이 요청받고 있다는 증거로 간주하고,

49  Daniel Gaxie, "Rétributions du militantisme et paradoxes de l'action collective", in *Swiss Political Science Review*, vol. 11, no. 1, 2005.

이에 따라 더 많은 활동을 기꺼이 승인하고 자기희생을 정당화할 원동력이 되기 때문이다. 정치적 활동에서 구태여 역경을 강조해서 '조직을 다잡으려' 꾀하는 상투적 수단을 활용하는 까닭은, 이런 주기가 존재한다는 것을 구성원이 본능적으로 알고 있기 때문이다. 공동체와 얽혀 있는 관여·헌신은 이리하여 비용이 이익으로 전환된다는 불가사의한 변화를 거쳐 간다.

교제나 사교를 통한 사람들의 결합을 역사가 모리스 아귈롱(Maurice Agulhon)은 "사회적 결합(sociability)"이라고 불렀다. 역사상 정치적 변혁의 원동력을 제공한 것은 이익의 실현이나 이상의 공유가 아니라 종종 사회적 결합이었음이 실증되었다. 서양사가인 다케나카 고지는 프랑스혁명 당시의 '자코뱅 클럽'의 실태 조사를 통해, 당초에는 자립적인 개인으로 이뤄졌던 이 결사가 선서나 연주, 퍼레이드, 화형 같은 다양한 의례를 통해 동료의식을 높이고, 그것이 각지에서 모방됨으로써 혁명이 관철되었다고 설명한다.[50]

사회적 결합의 생성과 유지가 바로 '수다를 떨던 카페'를 '혁명가의 소굴'로 변화시켜 나간 것이다.

덧붙이면, 이 자코뱅에 의한 혁명이 공포정치에 빠지게 되면서 그때까지의 '공개투표'가 서서히 '비밀투표'로 대체되었다는 지적은 흥미롭다. 유권자가 격리된 장소에서 무기명으로 투표하는 비밀투표는, 19세기 말이 돼서야 정착된 것이다(일본에서도 비밀투표가 도입된 것은 20세기에 들어서부터다). 그 전만 하더라도 타인의 존재나 이의(異議)를 전제로, 발성이나 박수로 의사결정을 하는 것이 정당하다고 간주

---

50　竹中幸史,《フランス革命と結社―政治的ソシアビリテによる文化変容》, 昭和堂, 2005.

됐다. J. S. 밀은 비밀투표가 투표자 개인의 개별적인 편익을 조장하고 공공의 것을 생각하는 것을 막는다고 비판했으며, 사르트르도 비밀투표가 현대에서 개인의 원자화의 상징이라고 했다.[51] 비밀투표는 투표소의 칸막이 안에서 자신의 생각을 주저하지 않게 하고, 자기 자신 안에 갇히는 것을 가능하게 하며, 정치 행위를 하는 것을 정당화하고, 사회적 결합에 의한 정치변혁의 길을 주변적인 것으로 몰고 갔다. 1980년대에도, 영국의 대처 정권은 노동조합의 힘을 꺾기 위해 파업 여부를 조합원에 의한 비밀투표로 결정할 수 있도록 법률을 바꿨다. 집단을 개인화함으로써 해체하고자 했던 것이다. 어찌 보면 비밀투표는 네트워크 공간에서 '혼자 중얼거리는 것'과 흡사하다.

여기서 분명히 짚고 넘어가야 할 것은 공동체에 관여·헌신하는 활동이 단순히 '이익-비용' 모델로 환원되는 것도 아니고, 반대로 칭찬의 대상으로 추앙되어야 하는 것도 아니라는 것이다. 이 활동은 뭔가의 비합리—그리고 이 비합리를 제공하는 것은 정적인 결합을 기반으로 하는 관계성이다—를 전제하지 않으면, 담보될 수 없다는 것이다.

## 정치의 '체험'

사회적 결합의 생성에는 정치 상징이나 의례 외에도 불가결한 것이

---

51  J. S. Mills, *Considerations on Representative Government*, 1861. [존 스튜어트 밀, 《대의 정부론》, 서병훈 옮김, 아카넷, 2012.] ; 田村理, 《投票方法と個人主義 —フランス革命に みる「投票の秘密」の本質》, 創文社, 2006.

있다고 한다. 그것이 '증여'에 의한 관계성의 구축이다. 이 '증여(불어 don / 영어 gift)'에 의한 관계성이 있음을 널리 알려 준 사람이 프랑스 사회학자 마르셀 모스였다. 모스는 전통적 사회(여기에는 미개사회만이 아니라 고대 로마나 고대 힌두 사회도 포함된다)에서 '줄[증여할] 의무' '받아들일 의무' '되돌려 줄[갚을] 의무'라는 세 가지 의무가 사람들의 관계성의 기반을 이루고 있음을 관찰하고 이를 체계화했다.[52] 이런 공동체의 구성원은 개인의 이익에 기초하여 증여를 하는 것이 아니라, 증여하는 것 자체를 하도록 노력한다. 왜냐하면 '증여하다' '받아들이다' '되돌려 준다[갚다]'의 의무는 각각이 나누기 힘들게 연결되어 있고, 그 행위의 고리에 합류한다는 것은, 사람은 반드시 자기 이외의 인간의 이익이나 의사를 전제하고 행동한다는 것을 의미하기 때문이다. 증여관계 아래서, 자기의 이익과 타인의 이익은 일체이자 불가분한 것이 된다. 백중맞이 선물이나 세밑 선물, 또는 축의금마저도 증여하는[주거나 선물을 보내는] 쪽은 무엇인가를 '돌려받는다'는 것을 전제하고 있으며, 또한 받아들인 쪽도 무엇인가를 '되돌려 준다'를 전제한다.[53] 이 관계성은 순환을 통해 강화되고 지속성을 유지하게 된다.

모스는 증여가 행해지는 주된 이유로 인심 좋음을 둘러싼 인정투쟁이 있다고 지적하기도 했다. 즉, 사람들이 사교한다는 것을 전제한 경우, 거기에는 어떤 형태로든 관계성을 구축할 필요가 나온다. 그리

---

52 Marcel Mauss, *Essai sur le don: Forme et raison de l'echange dans les societes archaiques*, 1925. [マルセル・モース, 《贈与論》, 土田禎吾・江川純一 訳, ちくま学芸文庫, 2009. 마르셀 모스, 《증여론》, 이상률 옮김, 한길사, 2002.]

53 [옮긴이] 백중[中元]은 음력 7월 15일로, 일본에서는 이때 선물을 주고받는데, 이를 '오츄우겐(お中元)'이라 한다. 또 '오세이바(お歳暮)'란 신세를 진 사람에게 그에 대한 보답으로 연말에 선물을 보내는 것이거나 또는 그렇게 보낸 선물을 가리킨다.

고 증여라는 행위를 통해 사람들은 관계성을 맺을 수 있다. 즉, 물건이나 이익을 [얻기] 위해 관계가 있는 것이 아니라 관계를 구축하기 위해 물건이나 이익이 존재하는 것이다. 앞서 언급한 사회학자 부르디외는 이제 현대사회에서는 경제적 행위가 사회관계를 모방하여 이뤄지는 것이 아니라, 경제관계의 모델을 본떠 사회적 관계가 맺어진다고 한탄했는데, 이것도 모스가 고찰한 바에 따른 것이다.[54]

앞서 말한 사회적 결합을 생성시키는 핵심적 요소는 이 증여관계에 있다.[55] 그것은 '증여하다[주다]' '갚다' 같은 타자와의 호혜적인 관계를 통해 사교성이 생겨나며, 사교성을 통해 공동체가 지탱되기 때문이다. 그 반대로, 합리적인 인간관계, 즉 뭔가를 얻기 위해 뭔가를 주고, 뭔가를 주면 뭔가를 얻는다는 관계 아래서 사람들은 '수취하다'와 '받다'의 존재로만 쪼그라들게 되며, 그 사람이 공동체 기획(정치라고 바꿔 말해도 좋다)에 관여하려는 의사가 내재적으로는 생겨나지 않게 된다.

좀 더 쉽게 풀어 보자. 교육학자인 야노 사토지는 모스의 교환 증여의 유형 중에서 답례를 기대하지 않은 '순수 증여'에 주목하고, 그것이 계산은 물론 경험되지도 않고 동기 부여도 되지 않고 그저 '체험'하는 것일 수밖에 없는 행위라고 한다.[56] 그는 자원봉사자의 본질은, 상대가 혹시 받아들이지 않을 수도 있다는 위험성을 잘 아는 가운데 원래라면 유용한 것에 투입할 에너지나 시간을 [자원봉사에] 지

---

54  Pierre Bourdieu, *Raisons Pratiques : Sur la Théorie de l'Action*, Seuil, 1994, p. 191. [피에르 부르디외, 《실천이성 : 행동의 이론에 대하여》, 김웅권 옮김, 동문선, 2005.]

55  Alain Caillé, *Critique de la raison utilitaire*, La Découverte, 1989.

56  矢野智司, 《贈与と交換の教育学 ― 漱石, 賢治と純粋贈与のレッスン》, 東京大学出版会, 2008.

출하는 데 있다고 한다. 그것은 '유용성'이라는 회로에서 이탈하는 것이지만, 그 괴리 때문에 개인의 기쁨이 생겨난다. 무방비일 정도까지 상대방에게 자신을 드러내는 '내기'가 있기 때문에 자원봉사자의 활동은 귀중하다고 다뤄지며, 이런 위험한 '내기'가 성공을 거두는 좀체 드물고 힘든 체험을 하게 되면 그만큼 사람들 사이의 관계는 점점 강도가 세지게 된다. 이와 같은 타인과의 관계는 자원봉사자 활동만이 아니라, 정치 행위를 포함한 자발적인 활동, 즉 '이익-비용'에도, '유용성'에도 준거하지 않는 모든 활동에 들어맞는다.

마르크스주의를 이해하기 위해 생디칼리슴 운동에 투신한 철학자 시몬 베유는 1930년대 프랑스 인민전선의 탄생으로 이어진 파업에 참가했을 때의 감각을 자신의 일기에 적었다.

이 파업은 그 자체가 하나의 기쁨이다. 하나의 순수한 기쁨. 불순물이 없는 기쁨이다. … 일찍이 내가 일했을 때는, 개개인이 자신의 기계에 매달리고 얽매여 있고, 완전히 혼자라고 느꼈던 작업장, 그 작업장에서 뭔가 친구들의 한복판에 있다는 느낌이랄까! … 자신을 굴복시킨 가혹한 필연성의 이렇게도 분명한 상징인 기계의 가차 없는 소음 대신, 음악과 노래와 웃음소리를 듣는 기쁨.[57]

그녀가 여기서 노래하고 있는 것은 영웅적이고 혁명적인 행위도, 파업에 의해 자본주의에 타격을 가했다는 기쁨도 아니고, '내기'에서

---

[57] Simone Weil, *Œuvres complètes*, Gallimard, 1989–2006, 6 vols. [シモーヌ・ヴェイユ, "女子製錬工の生活とストライキ(職場占拠)", 《シモーヌ・ヴェーユ著作集I》, 根本長兵衛 訳, 春秋社, 1968, 285頁.]

성공을 거뒀다는 순간적인 체험이다. 그 때문에 베유는 파업을 '꿈같다'고 표현했다. 자신이 갈망했던 것이 실현됐기 때문이 아니다.

그녀가 표현했던 이 기쁨을 이해하려면 '관계(relations*)'의 기반이 되는 뭔가의 '비합리(irrational)'적인 것을 주시할 필요가 있다. 성공할 것 같지도 않은 기획, 실현된다고도 할 수 없는 이상은, 적어도 과학적인 추론이나 합리적인 계산으로부터는 생겨나지 않는다.

## 정치적이고 도덕적이라는 것

경제학자 아마르티아 센이 '이익-비용'을 자신의 행동 규범으로 삼는 인간을 '합리적 바보'라고 불렀다는 것은 잘 알려져 있다.[58] 그가 그런 인간을 '바보'라고 부른 까닭은 자신의 이익을 최대화하고 싶어 최적의 수단을 선택할 작정이라고 하더라도, 선택한 결과가 최종적으로 분명해질 때까지 그 선택이 최적이었는지 아닌지를 확인할 수 없다는, 이 세상의 어찌할 수 없는 부조리함을 모르는 인간이기 때문이다. 센은 또한 대체로 그 사람이 어떤 선택지를 갖고 있는지는 사회 환경에 의해 미리 정해져 있기 때문에, 결국 합리적인 개인은 "사회적으로 바보"일 수밖에 없다고 말했다. 이런 행동 규범과 대립되는 것은 공간의 감정과 관여·헌신에 기초한 행동이다. 여기서 말한 공감이란 타자의 기쁨을 자신의 기쁨으로, 타자의 고통을 자신의 고통으로 느끼는 것을 가리키며, 관여·헌신이란 타인이 당하고 있는 부

---

58  Amartya Sen, "Rational Fools: A Critique of the Behavioural Foundations of Economic Theory"(1977), *Choice, Welfare, and Measurement*, MIT Press, 1982.

정의를 끊기 위해 뭔가의 행동을 취할 용의가 있다는 것을 가리킨다.

셴이 여기서 주장하는 것이 단순히 자신의 이익을 잊어버리고 타인을 위해 힘써야 한다는 것이 아니다. 그가 말했던 것은, 사람의 이익이란 사회적인 것으로부터 분리되어서는 안 된다는 단순한 진실이다. 그가 '잠재 능력 접근법'[59]이라고 부른 이 세계 인식 아래서는, 사람의 이익이란 그 사람이 살고 있는 사회 속에서 광범위하게 인정되는 이익의 집계로 정의된다. 그 위에서 사람들에게 무엇이 필요한가는 개인의 선호로부터 측정되어야 할 것이 아니라, 사회 속에서 살고 있는 개인에게 무엇이 결핍되어 있는가라는 관점에서 측정되어야 한다고 했던 것이다. 이것이 잠재 능력 개념의 전부는 아니지만, 개개인의 선과 사회의 선이 각각 변화하는 것, 유동적인 것임을 전제하면서, "(자신과 타인이) 무엇을 얻을 수 있는가"가 아니라 "(자신과 타인이) 무엇을 필요로 하는가"를 출발 지점으로 삼아 사회를 구상해 가려는 것이 셴이 주장한 바의 핵심이었다.

또 이 관점은 마르셀 모스의 생각, 곧 "시민은 자기와 종속집단 그리고 사회를 고려해서 행동"하는 것이 바로 도덕적 행위라고 한 생각과 통한다.[60]

모스는 이렇게 말한다.

---

59  [옮긴이] 'capabilities approach'에 대한 이 번역어는 저자의 것이다. 아마르티아 센의 이 용어는 쉽게 번역되기 힘든 말이다. 다양한 번역어가 제안되고 있는데, 이를 '능력접근'이라고 번역할 경우에는 숨어 있고 계발할 수 있고 계발되어야 할 능력이라기보다는 '현재의 능력으로만 이해될 가능성이 있고, '우연에 의해 획득된 능력' 등에 대해서는 눈을 감을 수 있다. 이런 의미에서 여기서는 저자의 번역어를 존중한다.

60  Marcel Mauss, 위의 책, 일본어판 268頁.

도덕적인 인간, 의무를 다하는 인간과 마찬가지로, 그리고 과학적으로 사고하는 인간, 이성적인 인간과 마찬가지로, 오랫동안 인간은 다른 것을 갖고 있었던 것이다. 인간이 계산기에 의해 복잡해진 하나의 기계가 되어 버렸던 것에서 그리 먼 시간이 흐르지 않았다. … 개인이 그 목적을 조야하게 추구하는 것은 전체의 목적들이나 화합에 있어서도, 개인의 노동과 그 기쁨에 있어서도 유해하다. 결국 개인 자체에 있어서도 유해한 것이다.[61]

모스의 이런 지적을 이용하면, 정치에서 도덕이란 무엇인가를 생각할 수 있다. 그것은 결코 개인의 목적에서부터 역산하여 무엇이 올바른 선택인가를 합리적으로 사고하는 '이익-비용'과 '유용성'의 연쇄 속에서가 아니라 타인과 더불어, 타인 속에서 행동하는 데서 나오는 것이다.

정치라는 행위가 존재하는 것은 개인 혼자서는 조달할 수 없는 공공재를 제공받아야 하기 때문이다. 그렇다면 사람들이 자신의 목적에 비춰서 자신에게 최적의 수단을 고른다고 해서 자신이 바라는 바를 손에 넣을 수 있다고는 할 수 없다. 모스나 센이 말하듯이, 자신의 목적에 비춰서 자신에게 최적의 수단을 고르는 식으로 계속 행동한다면, 자신이 바라는 것이 점점 더 멀어져 막다른 골목에 이르게 된다. 그렇다면 사람들은 우선 자기 이외의 존재와 관계를 쌓고 그 관계를 유지하는 장을 생산하지 않고서는 자신이 바라는 바를 손에 넣을 수 없다. 자신이 바라는 바를 정말로 손에 넣으려면, 정치를 창조

---

61  위의 책, 일본어판 279–280頁.

해야 하며, 정치가 창조되기 위한 조건을 정비해야만 한다.

사람은 어쩔 수 없이 품이 들고 시간이 걸리는 이 정치로부터 벗어나기 힘들다. 우선은 이 사실을 직시하는 데서부터 정치를 구상할 필요가 있다.

**2장**

───

**되기**
사람은 어떻게
정치와 관련을 맺는가

'정치'와 관련된 말은 일상생활의 도처에서 관찰할 수 있다. 비교적 가까운 사람과 매일매일 정치에 관해 나누는 두서없는 대화인 이른바 '이발소 정치'부터 시작해, 정치 관련 보도나 뉴스, 거리의 유세차량에서 연호되는 문구를 접하고서 사람들은 '정치'에 관심을 갖게 되며, '정치의식' 즉 정치에 관한 견해나 감정이나 사상을 갖게 된다.

여기서 말하는 정치의 범위는 넓다. 가령, 슈퍼마켓에서 파는 상품 가격이나 거리의 치안 문제에 관해 잡담을 나눌 경우, 이는 경제정책이나 사회정책과 필연적으로 관련되어 있다는 의미에서 모름지기 정치적 화제가 된다.

이런 의미에서 사람들은 특정한 환경이나 상황 속에 놓여야 비로소 정치를 발견한다고 할 수 있다. 정치에 대한 의견을 '진공' 속에서 갖거나 판단하는 게 아니라는 얘기다. 따라서 특정한 의견이 없는 채 선거가 코앞에 닥쳐왔을 때, 눈앞에 늘어선 각 정당의 '마니페스토(정권공약)'만 보고서 투표할 곳을 정하는 일은 거의 없다고 해도 좋을 것이다.

그런데도 정치적 태도나 정치적 판단이 '진공' 속에서 갖게 되거나 내려질 수 있다는 식의 의견이나 견해가 유통되고 있는 게 현실이다. 가령 2012년 참의원 선거 당시의 〈아사히신문〉 사설을 보자.[1]

사회보장이나 고용 등, 생활에 밀착한 정책을 보고 정당이나 후보자를 뽑으세요─.

그렇게 생각하는 유권자도 많을 것이다. …

그러나 각 당의 공약을 자세하게 읽어 가면, 문구가 지향하는 사회상과 과제가 떠오르게 될 것이다. …

자신들의 생활이 정치에 의해 어떻게 바뀔까. 이번에는 유권자의 상상력이 심판대에 올랐다.

하기야 공약을 아무리 자세하게 읽어 봤자, 그것만으로 올바른 판단을 할 수 있는 것은 아니다. 하물며 유권자는 상품을 구입하는 소비자가 아니다. 설령 소비자라고 해도, 비싼 물건일수록 전단지의 물품 내역만 보고 구입하는 일은 드물다. 오히려 똑똑한 소비자는 그 상품에 밝은 사람의 조언이나 입소문 혹은 브랜드 파워 등을 종합적으로 고려하여 구입을 결정한다. 정치도 마찬가지다.

---

1   〈아사히신문〉 2012년 12월 14일 자 조간.

## '정치'와 '마음'

정치에 대한 시민의 태도를 분류한 정치문화론의 고전인 앨몬드와 버바의 《정치문화》는 시민의 태도와 정치적 안정 사이의 관련성을 물은 다음, 자신의 관심에 따라 투표소로 가는 시민을 상정하는 '합리적 행동주의(rationality-activity) 모델'은 환상에 불과하며, "아리스토텔레스가 1억 8천만 명이나 되는 공동체를 만드는 것이 아니라, [그냥 평범한 사람들] 1억 8천만 명으로 이루어진 공동체를 어떻게 운영할 것인가"가 더 실천적인 문제라는 점에 주의를 기울이라고 촉구했다.[2]

세계 5개국에 걸친 상세한 의식 조사를 통해 그들은 다음과 같은 것을 발견했다. 즉, 정치학이 상정하는 합리주의적 시민은 존재하지 않는다. 보통 시민은 오히려 충분한 정보도 없고 정치에 깊은 관심도 갖고 있지 않다. 투표도 결코 합리적인 계산에 따라 하는 것이 아니다.

그렇다면 현실에서 사람들은 무엇을 토대로 투표할 곳을 정할까? 예를 들어, 지금보다 반세기도 전에 이뤄진 어떤 연구는 어느 정당을 지지하는가라는 정당 지지 태도와 지지하는 인물의 퍼스낼리티 사이에 유의미한 관련이 있음을 알아냈다.[3] 이 연구는 '급진주의-보수주의'와 '온유한 마음-견고한 마음'이라는 두 개의 축을 만들고, 각 축 위에 영국의 각 정당 지지자를 배치했다. '급진주의-보수주의'로 이루어진 첫 번째 축에서는 당연히 공산당 지지자가 가장 급진주의적

---

2   Gabriel A. Almond and Sidney Verba (eds.), *The Civic Culture: Political Attitudes and Democracy in Five Nations*, Princeton University Press, 1963, p. 342.

3   Hans, J. Eysenck, *The Psychology of Politics*, Routledge, 1957.

이고, 보수당 지지자가 가장 보수주의적이었다. 한편, '온유한 마음-견고한 마음'의 두 번째 축에서는 공산당 지지자가 가장 '견고한 마음'을 갖고 자유당이나 보수당의 지지자는 '온유한 마음'을 갖고 있었다는 결과가 나왔다. 즉, 사람들의 정치적 태도에는 당파 이상으로, 사람의 '마음'도 관계하는 것이다.

인과관계는 차치하더라도 투표할 곳과 지지 정당은 사람의 이데올로기가 아니라 퍼스낼리티나 심성과 모종의 형태로 깊게 관련되어 있다고 보는 것이 타당하다. 예를 들어 위의 연구에서는 공산주의자뿐만 아니라 파시즘 지지자도 마찬가지로 '견고한 마음'을 가지고 있다고 한다. 이것은 공산주의와 파시즘이라는 본래 서로 대립하는 정치 이데올로기가, 이를 지지하는 사람들의 퍼스낼리티나 심성을 통해 봤을 때는, 공통의 것을 가지고 있음을 뜻한다. 정치의식은 '마음의 모습'과 깊이 관련된다. 이런 전제를 두지 않은 채 정책을 합리적으로 선택하는 것이 최적의 선택이라고 주장한다면, 그것은 상당히 어리석은 논의가 될 수 있다.


## 투표의 결정 방식

앞으로 살펴보겠지만, 사람들이 정치적 태도나 의견을 갖는 데에는 대단히 복잡한 경로를 거친다. 그리고 그런 태도와 의견은 '진공' 속에서 형성되는 것이 아니라 사회 환경이나 맥락과 얽혀 있다. 그런 무의식적인 전제에 눈을 돌리지 않으면 정치를 이해할 수는 없을 것이다. 그런데 정치학 분야에서는 1960년대의 '행동과학혁명'에 의해 이런 사회적 차원이 비교적 경시되며, 특히 개인이 '합리적인 선택'을 한다고 가정하는 '합리적 선택론' 아래서 투표 행동이나 정치 행동을 이해해 왔다.[4] 정치학이 '과학'이 되려면 정치 현상을 검증 가능한 형태로 분석해야 하기 때문이다.

앞 장에서 봤듯이, 방법론적 개인주의와 합리적 선택론이라는 한 쌍은, 개인의 정치 행동의 선호가 각자의 이익에 따라 정해지며, 각자의 이익(여기에는 직위나 명예, 금전 등 다양한 가치가 포함된다)을 최대화하는 것으로 파악된다. 이것의 목적은 근대경제학의 이른바 '호모 에코노미쿠스'관을 정치학에 도입해 더 치밀하고 연역적인 수법으로 정치 과정을 분석하려는 데 있었다. 검증과 반증을 가능토록 하기 위해 개인과 집단의 행동에 분석의 초점을 맞추고 일반적인 법칙을 발견하는 것이 주요 흐름이 된 것이다. 이런 흐름에서는 사람들이 '어떻게 행동하는가=원인'을 해명해야 한다고 간주한다. 그 때문에 사람들이 '왜 행동하는가=이유'에 대한 해명은 뒤로 밀려나게 됐다.

《민주주의의 경제이론》(원작 1957년)을 저술한 정치학자 다운스는 "우리가 말하는 '호모 폴리티쿠스'(정치적 인간)는 유권자 중의 '평균적 인간'이며 '합리적 시민'이 우리의 민주주의 모델이다"[5]라고 단적으로 말했다. 합리적 선택론을 정치학에 정착시킨 한 명인 V. O. 키는 개인이 어떤 정치적 판단을 내리는가를 그/그녀 자신이 처한 사회 환경으로부터 설명하는 것은 '사회적 결정론'에 불과하며, 그것은 집단

---

4 Alan S. Zuckerman (ed.), *The Social Logic of Politics*, Temple University Press, 2005.

5 Anthony Downs, *An Economic Theory of Democracy*, Harper & Row, 1957. [앤서니 다운스, 《경제 이론으로 본 민주주의 : 민주주의에서 정당정치는 어떻게 이루어지는가》, 박상훈·이기훈·김은덕 옮김, 후마니타스, 2013.]

2장. 되기: 사람은 어떻게 정치와 관련을 맺는가 **89**

의 성향과 개인의 결정이 조화를 이루고 있는가 여부를 증명하는 것일 뿐이라고 비판했다.[6] 가령 노동자가 노동자 계급에 속하기 때문에 공산당에 투표한다는 것이 이런 '사회적 결정론'에 해당된다. 이런 식으로 현대정치학의 큰 특징인 '방법론적 개인주의', 즉 개인의 의사 결정이 쌓여 사회 전체의 방향을 결정한다는 생각이 정착하게 된다. 사회가 아니라 개인에 초점을 맞추게 된 것이다.

## '합리적'인 투표

투표에 있어서 합리성을 강조하는 논의를 더 자세히 보자. 그 첫 번째는 유권자가 자신의 '선호'를 미리 충분히 스스로 이해하고 있고, 선거 때 이 '선호'에 가장 가까운 정당 x를 뽑는다는 가설이다.

이 가설의 구체적인 예가 2000년대 들어 일본에서 정착된 '보트 매치(vote match)' 즉 정치와 유권자를 결부시키는 구조이다. 보트 매치는 1980년대 네덜란드에서 발명된 구조·수법이다. 이는 유권자에게 몇 가지 질문을 하고 그 답변을 바탕으로 정당이나 정치가가 내건 정책과 유권자의 정치적 지향이나 선호가 어느 정도 일치하는지를 가시화하려고 한다. 일본에서는 인터넷을 이용한 '日本政治.com'이나 〈마이니치신문〉의 '에라보토'[7] 등이 유명하다.

---

6  Valdimer O. Key and Frank Munger, "Social Determinism and Electoral Decision: The Case of Indiana", in Eugene Burdick & Arthur Brodbeck (eds.), *American voting Behavior*, Free Press, 1959.

7  [옮긴이] '보트 매치'는 선거에 관한 인터넷 서비스로, 유권자와 입후보자, 혹은 유권자와 정당의 일치도를 측정할 수 있게 해 준다. 한편 '에라보토(えらぼーと)'는 뽑다·고르다

보트 매치의 철학은 명료하다. 즉, 투표나 정당 지지의 기준은 'OO 당'이기 때문에 혹은 '정치가 OOO이기 때문에'가 아니라 어디까지나 자신이 어떤 정책을 선호하는지여야 한다는 점이다. 그리고 이 철학은 자신이 어떤 정책을 원하고 있는지를 우선 유권자 자신이 이해하고 있고, 이것에 비춰서 투표할 곳을 주체적으로 판단해야 한다는 규범적인 정치관에 근거하고 있다.

정책이나 쟁점에 따라 자신이 당선시키고 싶어 하는 후보자나, 어떤 정책을 내건 정당에 한 표를 주는 것 자체가 틀렸다는 말은 아니다. 그러나 보트 매치에서 전개되는 정치관은 꽤 비현실적인 전제에 기초하고 있다.

우선 선거는 유권자가 쟁점에 근거해 투표하는 것이라는 가정 자체가 지극히 믿음이 강한 가정에서 나오는 연역이다. 왜냐하면 이 모델이 기능하려면 우선 유권자가 자신의 의지가 무엇인지를 스스로 이해하고 있고, 각 당이 서로 다른 정책을 내걸고 있으며, 그 정당이 정권을 잡을 경우 그 정책이 반드시 실행되리라는 신뢰감을 갖고 있음을 전제하기 때문이다. 그러나 이만한 조건이 현실에서 마련되는 것은 무리라고까지는 말하지 않더라도 꽤 희귀한 것이다.

나아가 자신이 마음에 든다고 생각한 모든 정책이 하나의 정당이나 정치인의 공약에 집약되어 있다고도 할 수 없다. 지지하는 정당과 대립하는 정당이 내건 정책이 상대적이고 부분적으로는 마음에 든다고 생각해 보자. 이것은 논리적으로도 실제로도 있을 수 있다. 이런 상황에 직면했을 때, 유권자는 제시된 다양한 쟁점에 대해 자기 안에

---

(えらぶ)와 선거(vote)를 조합한 말.

서 비교·고려하고 우선순위를 정하거나 비중을 달리 둔 후에 투표한다. 그런데 유권자는 투표를 위해 이렇게까지 복잡한 계산은 하지 않을 것이다. 따라서 [이런 현실을 감안해] 공약에 있는 정책을 포인트제로 하는 등, 더 세련된 보트 매치 시스템을 생각할 수도 있다. 그래도 유권자의 선호가 정당의 한 정책으로 수렴된다고는 생각하기 어렵다.

정치세계를 개인의 이익을 근거해 묘사하는 데에는 더 큰 한계가 있다. 왜냐하면 정치가 공동체의 운명을 처리하는 행위의 집적으로 정의되는 한, 개인의 합리적인 선호를 아무리 누적해 봤자 그것이 공동체에 있어서 선을 도출해 낸다고는 할 수 없기 때문이다. 원래 개인의 개별 의사를 겹쳐 놓더라도, 그것은 아마 극히 취약하고 변화가 심한 정치만 낳을 뿐일 것이다. 당파성이 옅어지고 무당파층이 증대한 것과 병행하여 정치가 쟁점의 교체(실업 문제, 우체국 민영화, 사라지는 연금, 정권교체 선거 등등)를 겪게 된 것은 무관하지 않다.

앞서 인용한 다운스는 정당 A와 정당 B를 앞에 둔 유권자는, 어느 한 정당이 정권을 잡은 경우, 자신의 효용이 지금보다 더 높아지게 되기를 기대하고 투표할 곳을 선택한다는 모델을 제시했다.[8] 양당제를 전제로 한 미국의 이 간단한 사고방식은 그 후 큰 영향력을 발휘했다. 그 이유는, 다운스의 이론이 주목받기 시작한 1970년대에는 다운스의 이론이 주목을 받기 시작했을 뿐 아니라 이와 동시에 계급과 종교, 지역에 기초를 둔 투표 행동이 안정적으로 이루어지지 않게 되며, 선거 때마다 투표할 곳을 바꾸는 '소비자적'인 투표자가 증가했

---

8    Anthony Downs, 앞의 책.

기 때문이다.[9]

그리고 이런 유권자는 정치에 대한 충분한 관심과 정보를 가진 채 자신이 속한 계급과 종교보다는 오히려 그때그때의 '쟁점'에 따라 투표할 곳을 정한다는 것도 강조됐다. 다운스가 제시한 가설은 다운스 자신이 주의하라고 촉구했듯이 하나의 조감도를 제공한 것일 뿐이다. 그러나 구체적인 유권자 실태 조사 결과는 오히려 다운스 등이 말하는 유권자들이 실상에 가깝다는 점을 밝혔다. 다만 뒤에서 서술하듯이, 이런 파악 방식도 커다란 한계를 안고 있다.

다운스의 주장에 덧붙여, 투표 행동에 대한 또 하나의 대표적인 가설은 '소급적인 투표 행동', 즉 정권의 업적이 괜찮다고 생각하느냐 그렇지 않다고 생각하느냐에 따라 투표할 곳을 정한다는 '업적 평가 투표'이다.[10] 만약 여당이 특히 경기 면에서 좋은 성적을 낸 경우 투표자는 이에 만족해서 여당에 그대로 한 표를 던지지만, 만일 성적이 나쁘면 거꾸로 야당에 투표한다는 모델이다.

오늘날의 유권자들이 이렇게 단순한 이유만으로 투표하는 것이 아니라는 점을 알고 있지만, 이런 업적 평가 투표는 경우에 따라서는 높은 설명력을 갖기도 한다. 예를 들면, 일본의 2009년 정권교체 선거는 아베 신조, 후쿠다 야스오, 아소 다로 정권의 낮은 지지율의 결과처럼 보이지만, 고이즈미 준이치로 정권 이후의 낮은 경제성장률과 개인의 가처분 소득의 저하를 감안하면, 유권자는 민주당에 대한

---

9  Hilde T. Himmelweit et al., *How Voters Decide: A longitudinal study of political attitudes and voting extending over fifteen years*, Academic Press, 1981.

10 Morris. P. Fiorina, *Retrospective Voting in American National Elections*, Yale University Press, 1981.

기대라기보다는 자민당의 업적을 부정하고 민주당에 기댔다는 가설이 충분히 성립된다.[11]

## '합리성'의 조건

하지만 그렇다면 사람들은 도대체 어떻게 자신의 '선호'나 '이익'을 정하며, 그 토대가 되는 정치의식을 만들어 나갈까? 위에서 제시한 가설들이 '진실인지 여부'를 알려면 우선 이런 의문을 풀 필요가 있을 것이다.

이 의문을 풀려면 필연적으로 '주체'로서의 인간이 아니라 주체를 에워싼 '환경'에 눈을 돌릴 필요가 있다. 개인을 '합리적인 주체'로 간주하더라도 개인에게 무엇이 합리적인가를 선험적으로 결정하는 것은 당연히 본인만 할 수 있다. 이런 한에서 관찰자=정치학자는 이런 합리성이 어떻게 담보될 수 있는가, 담보됐는가를 서술하는 것밖에는 할 수 없다. 이에 덧붙여, 여기서 주의해야 할 것은 합리적으로 달성되는 개인의 효용이 단순히 경제적 이익만을 뜻하는 것은 아니라는 점이다. 거기에는 명예나 자존심, 증오나 애정이라는 가치도 포함된다.

이렇게 생각하면, '유권자'의 얼굴을 한 사람들은 각 당의 정책을 자신의 머릿속에서만 합리적으로 판단하고, 자신의 취향('선호')에 가까운 정당을 진공 속에서 선택하는 것이 아님을 이해할 수 있다. 원

11  田中愛治ほか,《2009年，なぜ政権交代だったのか─読売・早稲田の共同調査で読みとく日本政治の転換》, 勁草書房, 2009.

래 자신이 '이 당/후보자에게 투표한다'라는 판단을 내리려면 막대한 정보를 처리해야 한다. 이러한 유권자의 '제한된 합리성'은 일본에서 투표 행동 이론의 제일인자인 미야케 이치로도 일찌감치 지적했다.[12]

구체적으로 보자. 정책이나 정당을 선택하는 것과 일상생활에서 '무엇을 먹을까?'라는 선택을 비교해 보면 된다. 매일 식단을 짜거나 어느 레스토랑에 갈지를 정할 때 고려하는 것은 기껏해야 어제 무엇을 먹었는가나 식재료나 메뉴의 가격 정도다. 자신의 영양 균형이나 칼로리 소비를 엄밀하게 계산해 음식을 먹는 사람은 매우 드물다.

이와 마찬가지로 자신의 직업이나 수입을 감안해 각 당의 정책이 자신에게 어떤 영향을 미칠지를 계산하여 자신의 이익을 최대화할 수 있는 유권자도, (더욱이 그 정도로 명확한 공약을 내거는) 정당도 생각하기 어렵다. 사람들은 이런 복잡한 계산을 하는 것이 아니라 그때까지 갖고 있는 실제의 다양한 정보를 무의식 속에서 취사선택하고, 자신의 행동을 선택하는 '학습[발견적(heuristic) 학습]'을 하여 투표를 하러 간다는 것이 상식적인 생각이다.

사람들이 어떤 학습 환경에서 어떤 정치의식을 갖게 되는가는 예전부터 중요한 연구 과제였다. 사회학의 기초를 만든 뒤르켐은 "사회란 의식이다"고 단적으로 정의하고, 사람들은 이런 사회 규범을 의식적으로 익혀야 한다고 설파했다.[13] 19세기 미국 사회를 자세히 관찰한 토크빌도 사람들의 정치적 의견은 주변 사람들의 영향을 강하게

---

12  三宅一郎 編, 《合理的選択の政治学》, ミネルヴァ書房, 1981.

13  Émile Durkheim, *L'Éducation morale, cours dispensé à la faculté des lettres de l'université de Paris, 1902-1903*, Librairie Félix Alcan, 1925.

받으며, 이것이 민주정치에서 동조성의 근원이 된다고 지적했다.[14]

정치를 사회적 행태로 간주하는 이런 관점은 현대에는 다운스 이전의 정치학으로 거슬러 올라가야 한다. 그중에서도 미국의 폴 라자스펠드와 버나드 베렐슨을 중심으로 하는 컬럼비아 대학 그룹이 몰두했던 일련의 연구를 언급해야 할 것이다.[15]

이 컬럼비아 대학 그룹은 1940년과 48년의 미국 대통령 선거를 앞두고 비교적 소규모인 지역 주민을 대상으로 대대적인 패널 인터뷰 조사를 실시했다. 그들이 누구/어디에 투표할 것인지를 어떻게 정하는지를 밝혀내려는 실험이었다.

컬럼비아 대학 그룹의 조사 결과는 수많은 지식을 가져다줬지만, 여기서는 사람들이 어떻게 '정치의식'을 갖게 되는가에 국한해서 살펴보자. 그들의 연구 목적은 사람들이 선거에서 왜 특정한 투표 행동을 취하는가를 해명하는 데에 있었는데, 이를 위해 평소 어떻게 '정치'에 접하고 있는지를 탐색했다.

그들의 조사에서는 패널 인터뷰 조사 대상자 중 약 80퍼센트가 다가올 대선에 관해 어떤 대화를 나누었던 경험이 있었다. 그러나 대화의 범위나 대상이 매우 한정되어 있었다는 사실도 밝혀졌다. 즉, 대부분이 가족이나 친구들과 대화를 나누었고, 그 밖에는 또래나 같은 사회 계층에 속하고 정치적 지향성(공화당 지지자냐 민주당 지지자냐)이 같

---

14  Alexis de Tocqueville, *De la democratie en Amerique*, 1835. [알렉시스 드 토크빌, 《미국의 민주주의 1, 2》, 임효선·박지동 옮김, 1997·2002.]

15  Paul F. Lazarsfeld et al., *The people's choice: How the voter makes up his mind in a presidential campaign*, Columbia University Press, 1944, 2nd, 1968. ; Bernard R. Berelson et. al., *Voting: A Study of Opinion Formation in a Presidential Campaign*, The University of Chicago Press, 1954.

은 사람들과 대화를 나눈 정도였다. 그리고 자신과 정치적 의견이 다른 사람과 노골적으로 논의하는 것은 회피하는 경향이 확인됐다.

미국에서는 개방적으로 잡다한 정치 토론을 벌인다는 식의 이미지가 있지만, 지금도 지역이나 직업에 따른 양당의 지지 기반은 바뀌지 않았다. 미국 정치 현장을 숙지하고 있는 와타나베 마사토의 지적처럼, 어떤 체인점에서 식사를 하는가, 어떤 브랜드의 옷을 입는가 같은 평소의 생활 스타일과 정당 지지는 상당히 강고하게 연결돼 있으며, 일본처럼 정당 지지율이 수년간 크게 올라가고 내려가는 일은 없다.[16]

즉, 성향이 같은 사람들이 커뮤니케이션을 할 경우, 사람들은 연대 의식이나 자신들이 옳음을 재확인하고, 자신의 믿음을 강화해 가는 것이 일반적이다(이 때문에 집회는 예나 지금이나 중요한 정치적 동원 수단이다). 그 지역에서 공화당 지지자가 많으면 많은 사람이 공화당에, 반대로 민주당 지지자가 많으면 많은 사람이 민주당에 투표하게 된다고 추정하는 것이 당연하며, 미국에서는 그래서 '블루 스테이트(Blue State, 민주당이 항상 이기는 주)'와 '레드 스테이트(Red State, 공화당이 항상 이기는 주)'가 존재한다.

이런 개인의 학습 환경을 형성하고 개인의 행동이나 사고에 직접적이고 이른 시기부터 영향을 주는 집단을 사회학 등에서는 제1차 집단이라 한다. 개인은 다양한 인간관계를 맺고 어떤 집단들에 소속된다. 예를 들어 학교나 직장은 인간관계가 구축되는 대표적인 장소이다. 특히 제1차 집단은 뭔가 특정한 목적(보수나 학습)을 달성하는 조직이 아니라 사람들끼리 관계를 구축하거나 유대를 맺게 하는 것

---

16 渡辺将人, 《見えないアメリカ―保守とリベラルのあいだ》, 講談社現代新書, 2008.

자체를 목적으로 한다.

행동과학에 지대한 영향을 끼치고 노벨 경제학상을 수상한 정치학·인지심리학자인 허버트 사이먼은 조직 전반을 "소통과 인간집단 사이의 관계의 복잡한 패턴"이라고 정의한다.[17] 이 사이먼의 정의에 따르면, '제1차 집단'은 인간의 판단이나 태도, 행동을 규정하는 집단이다. 이런 제1차 집단이 투표 행동에 영향을 준다는 것은 어렵지 않게 상상할 수 있다.

## 정치에 있어서 가정(家庭)

제1차 집단의 으뜸은 가정이다. 옛날부터 가정은 사람들의 정치의식을, 더 넓게는 사람들의 사고와 태도 일반을 만들어 내는 것으로 파악돼 왔다. 사회학의 시조인 오귀스트 콩트가 가정을 사회생활을 위한 영원한 학교라고 했을 정도니 말이다.[18] 가정은 개인의 정치의식을 양성하는 주된 '행위자(agent, 대리인)'라고 바꿔 말해도 좋다.

앞서 소개한 라자스펠드도 지적한 것인데, 투표에 영향을 미치는 가장 기초 단위가 가족이고, 정치의식은 부모 자식과 부부 사이에서 전달되는 경우가 많다는 점도 증명되었다. 가령 어떤 유권자를 30년 이상에 걸쳐 추적 조사한 결과, 커플의 정치적 선호가 처음에는 서로 달랐다고 하더라도 이후 서서히 수렴되는 경향이 있다고 지적한다.[19]

---

17  Herbert Simon, *Organizations*, Wilye, 1958, 1965, p. xvi.

18  Auguste Comte, *Discours sur l'Esprit Positif*, Vrin, 1842, 2010.

19  Laura Stoker and M. Kent Jennings, "Political Similarity and Influence between

이것도 인간이 가까운 타자의 영향을 얼마나 쉽게 받는 존재인지를 나타내는 것이라고 할 수 있을 것이다.

가족의 형태는 그 가족 구성원을 다양한 모습으로 정치적으로 구속한다. 마르크스와 프로이트 이론을 응용한, 프랑크푸르트학파의 대표적 논자인 호르크하이머는 편저한 《권위와 가족》[20]에서 그 메커니즘을 해명하고 있다. 훗날 유명해진 그의 〈권위주의적 퍼스낼리티론〉(아도르노와 공저)[21]이나 에리히 프롬의 《자유로부터의 도피》[22]의 선구자인 이 책에서 호르크하이머는 개인의 행동이나 사고가 어떻게 형성되는가에 대해 문화적인 설명을 수행한다.

그 내용은 다음과 같다. 자본주의의 영향을 받으면서도 상대적으로 자율적인 가정은 하부구조(물질적 조건)와 상부구조(이데올로기)를 매개하는 역할을 한다. 가정은 아이가 권위에 대한 복종과 가치 서열을 내면화하는 과정을 거쳐 자본주의 사회에 흡수되도록 하는 메커니즘을 제공한다. 즉, 자본주의 시스템 속에서 임금을 얻고 이를 밑천 삼아 가정 내의 규칙을 정하는 아버지를 통해 아이는 사회의 구조나 권위에 복종하는 태도를 익히게 된다는 것이다.

가족은 의식적·무의식적 메커니즘을 통해 인간 대다수의 심적 성격에

Husbands and Wives", in Alan S. Zukerman (ed.) *The Social Logic of Politics: Personal networks as contexts for political behavior*, Temple University Press, 2005.

20  Max Horkheimer, "Authority and the Family"(1936), *Critical Theory : Selected essays*, Herder & Herder, 2007.

21  T. W. Adorno and Else Frenkel-Brunswik and Daniel Levinson and Nevitt Sanford, *The Authoritarian Personality*, 1950.

22  Erich Fromm, *Escape from Freedom*, 1941. [에리히 프롬, 《자유로부터의 도피》, 김석희 옮김, 휴머니스트, 2012.]

영향을 미치는 관계들 중에서 매우 특별한 위치를 차지한다. 가족 내부에서 진행되는 이런 과정은 아이가 유년기일 때부터 아이의 심적 성격을 형성하며 아이의 능력 발전에 있어서 결정적인 역할을 맡는다. 성장하는 아이는 가족의 장이라는 거울에 반영되어 있는 현실의 영향을 경험하는 것이다.[23]

파시즘이 대두된 이유도 이로부터 설명된다. 그것은 결코 개인이 갑자기 권위주의적인 성향을 갖게 되었기 때문이 아니다. 경제 위기로 인해 노동 환경이 흔들리고 그 때문에 아버지 권위가 바닥부터 뒤흔들린다. 그 결과 청년은 '아버지의 부재'를 메우려고 국가나 권위적 지도자에게 복종한다. 그것이 파시즘의 원천이라는 것이다.

여기서 결정적인 것은 자녀를 교육할 때 강제가 두드러진 특징이냐 상냥함이 두드러진 특징이냐가 아니다. 아이의 성격은 아버지의 의식적 의도와 방법보다는 가족의 구조 자체에 의해 형성되기 때문이다.[24]

이런 호르크하이머 등의 논의는 추론에 추론을 거듭하면 아슬아슬한 대목도 있다. 하지만 그들의 의도 중 하나는 인간존재에 대한 신뢰감을 바탕으로 합리적인 개인이 권위를 자율적으로 취사선택하는 것이 가능하다고 하는, 소박한 계몽주의적 인간관의 위험성을 고발하는 데 있었다. 호르크하이머는 '권위'란 스스로 판단 내리는 것을

---

23　Max Horkheimer, *Critical Theory : Selected essays*, Herder & Herder, 2007, p. 98.
24　위의 책, p. 111.

불가능하게 하는 추종이라고 정의하며, 데카르트나 칸트, 로크 등의 생각을 '부르주아적 사고'라고 비판했다.

19세기 초에 이르기까지 부르주아 철학의 주류는 그 내적 모순에도 불구하고 권위에 의해 동기를 부여받은 행태를 거듭해서 거부한 점이 그 특징이다. 신에 대한 영국과 프랑스 계몽주의의 공격은 그 대표적인 모습에 있어서, 신의 존재 자체의 수용을 겨냥한 것이 아니었다. 예를 들어 볼테르의 이신론(理神論)은 분명히 신심 어린 것이었다. 하지만 볼테르는 인간이 이 세상의 부정의를 묵인해야 마땅하다는 괴물과도 같은 관념을 이해할 수 없었다. 즉, 그의 상냥한 마음은 [계몽주의의] 세기의 가장 예민한 정신을 속였던 것이다. 계몽주의는 신이 존재한다는 주장을 공격한 게 아니라, 신을 순수한 권위로 받아들이는 것을 공격한 것이다.[25]

합리적인 인간이라면, 그 사람은 주체적으로 '권위'를 취사선택하고, 추종할지 여부를 자율적으로 판단할 것이다. 그러나 호르크하이머는 인간이 자기가 어디서 태어날 것인지 그 장소를 선택할 수 없는 한, 즉 자신이 속할 가정도 선택할 수 없는 존재인 한, 이런 전제는 가능하지 않다고 논한 것이다.

---

25  위의 책, p. 73.

## 사회의 논리

개인의 정치적 태도에는 '사회의 논리', 즉 다양한 사회적이고 속인적(屬人的) 관계가 반영돼 있다는 것은 원래 많은 정치학자의 전제였다. 앞서 소개한 버바는 "만일 정치 과정을 이해하고 싶다면, 면대면(face-to-face) 관계에 더 큰 주의를 기울여야 할 것이다"고 말하며, 가정 내에서 어떤 학습이 이뤄지는지가 개인의 정치의식을 규정하고 그 결과가 공동체의 존재 방식에 영향을 미친다고 강조했다.[26]

미국으로 망명한 프랑크푸르트학파와 공동으로 조사를 진행한 경험이 있기도 한 라자스펠드 등은 자기가 한 조사 결과를 보고 이렇게 말한다.

미국의 풍습에서 흔히 말해지는 정언(定言), 즉 사람은 스스로 생각하는 인간이라는 것은 무한한 성공이나 자기 계발 등과 같은 전형적인 미국적 사고의 반영에 불과하다. 우리가 발견한 것은 그 반대, 즉 사람은 사회적으로 생각하고 정치적이었으며, 사회적 특징이 정치적 선호를 결정한다는 것이었다.[27]

결론으로 말할 수 있는 것은 투표의 '결정'과 소비자와 비즈니스맨, 법정 등의 주의 깊은 계산에 입각한 결정을 멋대로 비교하는 것은 잘못이라는

---

26 Sidney Verba, *Small Groups and Political Behavior : A Study of Leadership*, Princeton University Press, 1961, p. 4.

27 Paul F. Lazarsfeld et al., *The people's choice: How the voter makes up his mind in a presidential campaign*, Columbia University Press, 1944, 1968, p. 27.

것이다. … 간단히 말하면, 이성이나 계산보다 '적절한가 아닌가'가 바로 정치적 선호를 결정하는 가장 중요한 점이다.[28]

여기서 말하는 것은 아주 간단하다. 즉, 사람들은 이성에 따라서 자기 혼자 선택을 하는 것이 아니다. 선택에는 불가피하게 사회적 조건이 우선적으로 반영돼 있다. 사회학에서는 이런 행동을 '어울림의 논리'라고 불러 왔다.

이처럼 사람들이 주변 사람들이나 환경적 변수에 영향을 받기 쉽다는 것을 증명한 고전적인 실험으로는 '[솔로몬] 애쉬의 실험'이 있다. 이것은 의도적으로 틀린 답을 선택하는 가짜 집단 속에 피실험자 한 명을 섞어 놓고, 피실험자에게 세 가닥의 선을 보여 준 후 어떤 것이 제시된 카드와 길이가 같은지 응답하게 하는 실험이다. 그 결과, 분명히 틀린 것인데도 피실험자의 약 40퍼센트가 가짜 집단과 똑같이 잘못된 카드를 가리켰다고 한다. 즉, 자신이 혹시 틀렸을지도 모른다고 생각한 나머지, 많은 사람이 '분위기'를 읽고 주위에 '동조'해 버리는 것이다.

피실험자들을 면대면(face-to-face) 관계에 놓지 않을 경우, 잘못된 답변을 고를 비율이 감소한다는 것도 이 실험에서는 확인되기 때문에, 사람들의 직접적인 접촉이야말로 그 사람의 행동에 큰 영향을 미친다는 것을 알 수 있다. 서로의 '안색'을 확인하는 것은 사회적으로 살아가는 인간으로서는 당연하다. 그래서 정치에서 승자가 되려면

---

28  Bernard R. Berelson et. al., *Voting : A Study of Opinion Formation in a Presidential Campaign*, The University of Chicago Press, 1954, p. 311.

정치가든 정당이든 앞서 말한 사이먼이 정의한 '조직', 즉 "소통과 인간집단 사이의 관계의 복잡한 패턴"을 만들어 내고 통제해야만 한다. 투표하는 쪽도 그 고리에 어떠한 형태로든 가담하게 되는 패턴 말이다.


## '정치적 사회화'의 결점

이처럼 개인의 정치적 지향에 가정과 부모가 미치는 영향은 크다. 캠벨 등은 1950년대에 '정당 귀속 의식'이라는 말을 처음 사용하면서 사람들이 얼마나 '정치적 사회화'되는지를 연구했다. 이들은 '정당 귀속 의식'을 처음에는 부모에게서 전수받고 사회적 환경이나 직장을 통해 유지되며 나이가 들어가면서 점차 강화되는 정당 지지 태도라고 정의했다.[29] 아이는 비교적 이른 단계부터 부모와 똑같은 정당에 애착을 갖고 이것이 오랜 기간 동안 계속된다는 것이 그 주장의 핵심이다.

중요한 것은 정당 귀속 의식 개념이 일본에서 말하는 '정당 지지' 등과는 다르며, 더 장기적이고 안정적인 태도 일반을 가리킨다는 것이다. 캠벨 등이 이 개념을 고안하게 된 것은 실제의 유권자를 조사해 봤더니 미국인은 결코 정치에 정통한 것도, 정치 참여에 열심인 것도 아님이 드러났기 때문이다. 그들의 비유를 빌리면, 유권자는 마치 자동차 회사의 충실한 사용자인 것처럼, 'OO당 지지자'이기 때문

---

29 Angus Campbell and Gerald Gurin and Warren E. Miller, *The Voter Decides*, Row, Peterson & Company, 1954.

에 언제나 그 정당 후보자에게 투표하는 것이었다.

　이런 정당 귀속 의식의 핵이 되는 정치적 사회화 연구에는 물론 약점도 있다. 이 관점은 '사회적 구조 결정론'이라며 비판받는 경우가 있는데, 개인의 투표 행동이나 정치적 가치관을 해당 개인이 살고 있는 환경으로 환원시켜 설명하기 때문이다. 그러나 조금 생각하면 알게 되듯이, 사회적 환경이 개인 행동의 커다란 경향을 결정한다고 하더라도, 그것이 반드시 직접적으로 개인의 행동을 결정하는 것은 아니다. 또 정치 사항에 대해서는 개인이 사회 네트워크를 의식적으로 선택할 가능성도 있기 때문에(예를 들면 정치에 대해서는 특정한 친구의 의견만 참고하는 등), 그 사람이 속한 사회 환경이나 사회 계층 또는 지역이나 종교를 특정했다고 해서 그 사람의 정치의식을 100퍼센트 설명할 수는 없다.

　또 하나의 약점은 세대적 단절이 일어날 가능성을 시야에 넣지 않는다는 점이다. 사회에서 혁명이나 거대한 항의운동이 생긴 경우, 그 파도 속에 던져진 인간은 평소의 익숙한 환경에서 격리되고, 그때까지 계속 받아들였던 가치관이 아니라 새로운 가치관을 익힐 가능성이 크다. 미국의 공민권 운동이나 유럽의 1968년 학생운동을 경계로, 그 전의 시민의 가치관이나 도덕성이 크게 바뀌고, 오늘날에도 이것의 영향을 확인할 수 있는 것은 그 때문이다.


## 사람은 어떻게 '정치화'되는가

확실히 사회가 '개인화'되고[개인주의적 경향이 강해지고] 있다고 지적되는 가운데, 한 표를 던지는 시민은 점점 더 자율적으로 행동하고 판단하게 된 것처럼 보인다. 일본을 보더라도 1990년대에 55년 체제가 붕괴되고, 이른바 '무당파층'이 주류를 차지하고, 유권자 행동은 점점 더 '종잡을 수 없게' 된 듯이 보인다. 전통적인 자민당 지지자나 옛 사회당 지지자들은 점점 더 감소하고, 선거가 치러질 당시에 '바람'을 탄 정당이나 지도자가 매우 높은, 그러나 순간풍속만 높을 뿐인 지지율을 달성하게 됐다. 다양한 '연'(지연이나 혈연)도, '장'(직장)도 개인의 정치의식에 예전만큼 큰 영향을 주지 않는 것처럼 보인다. 이른바 '조직표'가 지닌 영향력도 상대적으로 약해지고 있다.

　미국에서도 사실상 70년대부터 가정 내에서의 정치의식 재생산에 대해 의문을 품게 됐다. 90년대 들어 많은 국가에서 무당파층으로 불리는 유권자도 늘고 있고, 유권자 대부분은 선거 직전이 돼서야 투표할 곳을 정한다고 한다. 이는 거시적인 경향이다. "지지할 만한 정당이 없다"거나 "유권자의 기대에 부응하는 정당이 없다"처럼 흔히 듣는 정치평론 차원에만 그치는 것이 아니기에 [정치화 과정을 분석하는 데 있어서의] 어려움이 있다. 가정과 같은 장을 통해 장기간에 걸쳐 형성·유지되는 '정당 귀속 의식'이 부모 자식 간에 전달된다는 가설도 의문에 부쳐지게 됐다.[30] 이런 전반적인 상황을 겪으면서 조직이나 소속이 아니라 개인에 초점을 맞추는 '방법론적 개인주의'를 통해 [정치화 과정을] 분석하게 된 것은 사실상 필연이기도 했다.

---

30　M. Kent Jennings and Gregory B. Markus, "Partisan Orientations over the Long Haul: Results from three-wave political socialization panel study", in *The American Political Science Review*, vol. 78, no. 4, 1984. ; Paul Allen Beck and M. Kent Jennings, "Family Traditions, Political Periods, and the Development of Partisan Orientations", in *The Journal of Politics*, vol. 53, no. 3, 1991.

다만 정치학자 주커먼이 말하듯이, 현대에서도 사람들은 "타인과 무관하게 존재하지는(생각하거나 평계를 대거나 [뭔가를] 꾀하거나 평가하지는) 않는다"는 사실은 바뀌지 않는다.[31] 방법론적 개인주의에 기초한 합리적 선택론을 전개한 상당수의 정치학자도 사회적 차원을 괄호에 넣었을 뿐, 이런 차원이 정치의식과 무관하다고 주장하는 것은 아니다. 의문부호가 찍힌 것은 가정이나 환경이 특정한 개인의 정치의식에 과연 어느 정도나 직접적인 형태로 영향을 미치는가이지, 가정이나 환경이 영향을 끼치느냐 아니냐가 아니다. 그뿐만 아니라 사람들은 명확한 지침이 없어지면 없어질수록 거꾸로 주변 환경에 더 민감해질 수도 있다. 사회적 영역이 개인의 정치적 태도에 계속 영향을 주는 '구조화 원리'에 대해서는 여전히 의문의 여지가 없다.[32]

따라서 물어야 할 것은 사람들이 정치적 사회화의 과정을 어떻게 구체적으로 경험하는가라는 점이다. 그 구체적인 메커니즘을 해명하다 보면 '개인이냐 사회냐'라는 (어떤 의미에서) 불모의 논쟁에 새로운 전망을 수립할 수도 있기 때문이다.

결론부터 말하면, 사람들은 "사회에서 개인으로, 개인에서 사회로"라는 순환적인 경로를 따라간다. 약간 교과서적이지만, 우선은 '정치체제론'으로 유명한 미국의 정치학자 데이비드 이스턴 등의 시각에서 출발하고 싶다.[33]

---

31  Alan S. Zuckerman (ed.), *The Social Logic of Politics*, Temple University Press, 2005, xviii.

32  Donald D. Searing et al., "The Structuring Principle: Political Socialization and Belief Systems", in *American Political Science Review*, vol. 67, issue 2, 1973.

33  David Easton and Jack Dennis, *Children in the Political System: Origins of Political Legitimacy*, McGraw-Hill, 1969.

그들은 개인, 특히 아이가 정치 시스템에 통합되는 데 이르기까지는 네 가지 국면이 존재한다고 한다.

우선 첫 번째 국면인 '정치화'는 아이가 가정 이외의 세계가 존재한다고 인식하는 것에서 시작된다. 가정 바깥의 세계를 더 잘 인식하기 위해 아이는 일반적으로 권위적이라고 여겨지는 존재의 가치관을 익히려 드는 '개인화' 국면에 들어선다. 여기서 권위의 대상이 되는 것에는 아버지 외에 대통령과 경찰 등도 포함된다.

그러나 이들의 권위에 복종하는 것으로, 경우에 따라서는 그 권위에 의해 자신이 제재를 받는 것만으로 끝날 수 있다. 그래서 이번에는 그 권위로부터 자신을 지켜 주리라 안심하게 하는 '이상적인 아버지'를 추구하게 된다('이상화'의 국면). 그리고 이런 이상이 정치에 다소간 체현되어 있는 경우, 개인은 정치제도에 신뢰와 애착을 갖게 되며, 사람들은 자발적으로 이상형에 귀의하며 [이런 식으로] 사회 전체가 '제도화'된다는 것이 이스턴이 묘사한 민주정의 시스템이었다.

인생에서 몇 가지 주요한 국면이 주기적으로 나타난다는 것은 심리학자 에릭 에릭슨(Erik Homburger Erikson)의 생애주기론의 모티프이기도 하다. 물론 모든 인간이 이런 단계(step)를 밟는 것은 아니며, '제도화'에 최종적으로 도달할 것인지 여부는 국가나 역사적인 조건에도 달려 있을 것이다.

그러나 이렇게 보면 선거의 위상도 달라진다. 미국의 대통령 선거가 '정책 선택'이 아니라 단순히 후보자의 '인기투표'에 불과하며, 대통령의 인격이나 성격이 너무 많이 주목을 받는다는 논평을 듣게 되는 경우도 있는데, 이것은 정치의 본질을 이해하지 못하고 있다는 증거이다. 미국의 많은 청소년은 대통령의 권위를 인정하는 가운데, 서서히 민주정치를 실현하는 정치제도에 애착을 갖게 된다고 말하는 학자도 있다.[34] 자신보다 상위의 권위에 애착을 가진 후에야 자신의 존재를 수용하고, 그 권위가 보장하는 제도 자체에 애착을 갖게 된다는 과정은 민주정치에 있어서 중요한 계기이며, 그래서 미국 대통령 선거에서는 후보자의 인품이나 생활 태도 일반까지도 엄격한 잣대로 재는 것이다.

## 아이와 정치

정치적 사회화 논의를 프랑스에 본격적으로 도입한 정치학자 아닉 페르슈롱은 정신발달을 연속적인 구성 과정이라고 주장한 아동심리학자 피아제의 가설을 빌려, 11~12세 전의 아이는 아직 자기중심적인 관점 말고는 다른 관점을 갖고 있지 못하기 때문에, 정치적 영역이 자신에게 직접적인 이익이 되지 않는다면 정치를 이해할 수 없다고 한다.[35]

그래서 아이가 정치를 이해할 수 있게 되는 것은 12~13세부터의 일이다. 이 나이 때부터 아이는 타자의 관점을 이해할 수 있을 만한 지식을 갖는다. 그때까지 어른의 독점물이었던 정치 영역에 관심도 보이며 상이한 복수의 정보를 조작하여 판단을 내릴 정도의 능력을 갖게 된다.

---

34  Robert Daniel Hess and Judith V. Tomey-Purta, *The Development of Political Attitudes in Children*, Aldine Pub. Co., 1967.

35  Annick Percheron, *La socialisation politique*, Armand Colin, 1993.

이렇게 획득된 아이의 정치적 사회화는 기본적으로 계속 진행된다. 물론 정치적 사회화 과정 자체가 정지되는 경우도 있다. 가령 어른들 사이의 매우 격심한 정치적 분쟁을 목격한 탓에 자신의 정치적 의견을 표명하기를 삼가게 될 수도 있고, 혹은 정치 자체에 신물이 나서 청년기에는 정치에 완전히 등을 돌릴 수도 있다. 그러나 25세 무렵까지 획득한 정치의식은, 이후 다양한 변용을 어쩔 수 없이 겪으면서도 노년기까지 계속 발달하는 것이 일반적이라고 한다.

이렇게 생각해 보면, 사람이 정치와 어떤 관계를 맺고 정치에 대해 어떤 태도를 취하게 되는지에 관해서 환경이 맡고 있는 역할을 무시할 수는 없다.

그 환경에는 미디어나 학교처럼 비-개인적인(non-personal) 것도 있고 가정이나 친구처럼 개인적인 것도 있지만, 개인들이 자유롭게 선택할 수 없는 생래적인 환경이 세계에 대한 개인의 독해 능력과 그 독해를 위한 자원을 제공한다. 국가나 시대를 불문하고, 교육이나 사회적 지위 수준이 높은 부모에게서 자라난 아이의 정치의식이 높다는 것은 공통적으로 확인할 수 있는 경향인데, 그런 이유도 부모가 아이에게 다양한 독해 능력을 제공할 수 있기 때문이다.

어떤 것에 대한 태도가 소극적이고 부정적이냐 아니면 적극적이고 긍정적이냐를 불문하고, 개인은 자신을 에워싼 환경에 대해 어떤 '예견'을 갖지 않으면 의식을 형성할 수 없다. '예견'은 의미 부여나 정의를 가능하게 하는 선험적인 이미지라고 바꿔 말해도 좋을 것이다. 월터 리프만이 말했듯이, 사람은 우선 정의를 한 후에야 대상을 분석하려 하며, 정의가 고정된 경우에야 비로소 예견은 스테레오타입으로 전환된다.

지금까지의 논의를 통해 우리는 가정(家庭)이 중심을 이루는 생래적 환경이 사람들의 정치의식에 큰 영향을 끼친다는 사실을 확인할 수 있었다. 하지만 이런 영향은 직접적인 것이 아니며, 가정과 같은 생래적 환경이 변화함에 따라 영향력의 강약이 정해진다.

## 커플, 부모 자식, '친밀권'의 정치

어떤 사람이 타인에게 특정한 감정을 갖고, 그 감정을 바탕으로 어느 정도 지속적인 관계를 맺을 수 있는 장을 사회학에서는 가정을 포함해 친밀권이라고 부른다.[36] 그리고 이 친밀권 속에서 오가는 관계도 정치를 양성해 가는 하나의 장이다. 기든스가 전파시킨 '친밀권'이라는 말은 일반적으로, 근대에서 개인들 사이의 관계가 어떻게 변용되는가, 그리고 개개인에 따라서는 점점 더 중요성을 띠는 타인과의 프라이버시적인 관계가 어떻게 구축되어야 하는가라는 맥락에서 이용되는 경우가 많다. 그렇지만 이런 개인적 공간과 공식적 정치가 어떤 관계에 있는가에 관해서는 그다지 관심을 기울이지 않았다.

프랑스라고 하면 모든 시민이 입에 거품을 물고 정치를 논한다는 식의 이미지가 있지만, 2007년의 의식 조사에 따르면 "정치에 매우 관심이 많다"고 응답한 사람은 겨우 12퍼센트뿐이었다. 그것도 정치에 대해 의견을 주고받는 것은 프라이버시한 상대가 주였다.[37] 정치

---

36 市野川容孝, "交着する身体", 鷲田清一·荻野美穂ほか 編, 《身体をめぐるレッスン4》, 岩波書店, 2007.

37 Anne Muxele, *Toi, moi et la politique*, Seuil, 2008. ; Muxele, *Anne, Avoir 20 ans en*

에 관해 가장 많이 대화하는 상대는 생활 파트너(58퍼센트)이고, 아이와 정치를 화제로 삼아 자주 얘기하려 한 응답자는 35퍼센트에 불과했다. 대통령 선거 때 부모가 어떤 후보자에게 투표했는지 모른다고 대답한 아이가 37퍼센트, 아이가 어디에 투표할지 구체적으로 모른다고 답한 부모는 45퍼센트에 이른다.

그러나 서로의 투표 행동을 알지는 못하더라도, 결과적으로는 부모 자식 사이의 투표 행동은 닮아 있다는 것도 알게 됐다. 앞서 인용한 페르슈롱은 1970년대부터 80년대에 걸쳐 청소년과 그 부모에 대해 대규모 설문 조사를 하고, 아이의 정치적 가치관이 부모와 거의 동일하다는 것을 실증했다. 그리고 부모가 자식에게 메시지를 보낼 능력(학력 또는 정치의식), 부모의 명시적인 정치적 태도, 정치적 사회화가 이루어지는 과정의 동질성이 높은 경우는, 그만큼 가정 내에서 정치의식의 전달 가능성이 높아진다고 결론지었다. 그녀의 조사에서는 1975년의 시점에서 부모와 동일한 정치적 가치('보수'냐 '좌파'냐)를 둔 아이(16~18세)는 34퍼센트였고, 89년에는 이 비율이 49퍼센트까지 상승했다.[38]

프랑스는 미국처럼 양원제가 아니지만 '보수'와 '좌파' 진영이 견고한 정치·사회적인 대립 축으로서 존재한다. 이 분단선은 세대를 넘어 계속 이어지고 있으며, 2000년대의 조사 결과를 봐도 프랑스인의 사실상 41퍼센트가 부모와 같은 정치 진영(부모가 보수라면 보수, 좌파라면 좌파)에 속해 있다. 여기에다 어느 진영도 좋아하지 않는다는

*Politique*, Seuil, 2010.

38 Annick Percheron, *La socialisation politique*, Armand Colin, 1993.

무당파까지 더하면 그 비율은 65퍼센트까지 상승한다. 즉, 결과적으로 프랑스인의 3분의 2가 부모와 같은 정치적 가치를 갖게 된다.

흥미로운 것은 아이가 정치적 태도를 결정하는 데 큰 역할을 하는 것이 아버지가 아닌 어머니라는 지적이다. 아버지가 정치에 대한 의식이 높고 지식도 많지만, 어머니가 아이와 친밀하고 정서적이고 일상적인 관계를 맺기 때문이라는 것이다.[39]

어쨌든 친밀한 관계일수록 정치적 태도는 비슷하다. 무당파를 포함해 동일한 정치적 지향을 공유하는 커플은 75퍼센트나 되는 것으로 계측되고 있다. 프랑스에서는 대통령 선거 때에도 다른 후보에게 투표한 커플의 비율은 27퍼센트에 불과하다. 1970년대 후반에 다른 후보에게 투표한 커플의 비율이 46퍼센트였음을 감안하면, 친밀권에서 정치적 지향은 동화되는 경향에 있음을 알 수 있다. 즉, 개인화나 프라이버시 원칙이 사회에 침투할수록 거꾸로 사람은 친근하고 신뢰하는 인간과 똑같은 것을 지향하고자 한다는 역설을 확인할 수 있다. 이것이 앞서 말한 것, 즉 다양한 '연'(지연·혈연)과 '장'(직장)이 개인의 정치적 사회화에 영향을 주는 정도가 낮아졌다는 것과 무관하다고 할 수 없을 것이다.

프랑스 국민 중에서 같은 정치적 가치를 가진 부모-자식, 그리고 부부의 비율은 21세기에 들어서도 50퍼센트대를 유지하고 있다. 이 것은 국민의 절반 정도가 사회적으로 '매몰된(embedded)' 형태로 자신의 정치적 의식을 형성하고 있다는 증거이다. 또한 이것은 친밀권에서 생성되는 밀도 짙은 인간관계에서 정치의식이 생겨나는 것임을

---

39  Anne Muxele, *Avoir 20 ans en Politique*, Seuil, 2010.

보여 준다.

## 냉소주의를 낳는 가정환경

그러나 지금까지 봤던 것과는 달리, 일본에서 '정치적 사회화'에 관한 연구는 많지 않다.

일본의 경우 부모와 자식이 같은 정당을 지지하는 비율은 1970년대 후반 시점에서 50퍼센트 안팎이었다.[40] 정치적 사회화의 기본적인 문제의식을 계승하면서 구체적인 조사를 통해 규명하려 한 것에는 오카무라 타다오의 선구적인 연구가 있다.[41] 이 연구는 1960년대 후반에 실시된 것이기 때문에 이것 자체가 현대 일본인들의 정치의식이라고는 할 수 없지만, 일본 정치사회의 특징적 부분들이 그대로 재현되고 있다고 말해도 좋다.

오카무라 등은 전국의 초등학교 3학년부터 고등학교 3학년까지를 대상으로, 정치가에 대한 이미지나 정치 행동에 관한 의식을 조사했다. 그 결과, 학년이 올라갈수록 총리나 국회의원에 대한 호의적 평가('좋아하다', '정직하다', '책임을 다하고 있다' 등)는 낮아지고, 거꾸로 부정적 평가('책임을 다하지 않는다', '거짓말쟁이이다', '돈을 몰래 받고 있다' 등)가 높아지는 경향을 거의 예외 없이 관찰할 수 있다고 보고했다. 이

---

40  岩瀬庸理, "政党支持態度の形成と家族の役割―高校生の場合", 《評論·社会科学》, 第12号, 同志社大学人文学会, 1977.

41  岡村忠夫, "現代日本における政治的社会化―政治意識の培養と政治家像", 日本政治学会 編, 《年報政治学 1970―現代日本における政治態度の形成と構造》, 岩波書店, 1971.

것은 정치에 관한 정보나 지식의 증대가 정치에 대한 신뢰를 높이는 것이 아니라 반대로 정치에 대한 불신을 조장하는 과정이라는 의미이다.

일본은 내각제이기 때문에 [프랑스를 비롯한 다른 대통령제 국가들과] 같은 대열에 놓고 논의할 수는 없지만, 앞서 지적했듯이 동시대 미국의 정치적 사회화 논의에서 아이가 미국 대통령을 이상화하고 그 이상화를 통해 정치 시스템을 신뢰하게 된다는 지적과는 [조사 결과가] 크게 다르다.[42] 그래서 일본의 청소년 사이에서는 정치가가 "별로 되고 싶지 않다" "절대로 되고 싶지 않다"는 응답이 70퍼센트 이상을 차지한다.

그러니까 만일 일본이 정치를 잘하고 싶은 생각이 있다면, 할 수 있는 것은 간단하다. 우선 가정 안에서 정치를 냉소적으로가 아니라 호의적으로 논하는 것이다.

여기에서 현대 일본 청[소]년들의 정치의식이 어떤지 샘플을 소개하고 싶다. 임의로 A군과 B양이라고 해 두자. 이 두 사람은 오카무라 등의 데이터와 달리, 모두 정치에 대해 상대적으로 호의적인 이미지를 품고 있다.

A군은 20대 중반으로, 지방의 핵심 도시에 살고, 공무원이 되고 싶은 대학원생이다. B양은 30대 중반으로, 대학 졸업 후 해외 유학을 했고, 현재는 보도 관련 일을 하고 있다. 두 사람에게 공통적인 것은 비교적 고학력자이고, 정치와 사회에 대한 지식과 관심이 평균보다는 높다는 것, 그리고 두 사람 모두 아버지가 정당 당원(한 명은 공산당, 한

---

42  Robert Daniel Hess and Judith V. Tomey-Purta, *The Development of Political Attitudes in Children*, Aldine Pub. Co., 1967.

명은 공명당)이라는 점이다.

실제로 둘 다 집에서 정치를 화젯거리로 삼았던 적이 많다고 기억
했다. 이들에게 '정치'란 구체적인 정책이나 쟁점이라기보다는 넓은
의미에서 정치 활동에 관여했던 아버지의 정치에 대한 가치 태도를
의미했다. 어머니가 대화에 참여하는 경우는 드물었고, 당연히 서로
논의한다기보다는 아버지가 일방적으로 훈계하는 식으로 아버지가
대화의 주체였다고 한다. A군은 대학에 들어가고 난 뒤부터는 집에
서 정치 얘기를 거의 하지 않게 되었고, 흥미롭게도 그 무렵부터 아
버지의 정치의식에 위화감이 들기 시작했다고 스스로 의식하게 됐다.
B양은 시간이 지나면서 아버지보다 '동성'인 어머니와 더 자주 대화
하게 되었다고 한다. 이것은 앞의 페르슈롱의 지적에도 들어맞는다.

그래도 역시 아버지의 정치의식은 상당한 정도로 아이에게 계승되
고 있음을 확인할 수 있다. 아버지가 공산당원인 A군은 "가정에서의
대화를 통해 어떤 가치관을 존중하게 됐는가"라는 사적인 질문에 대
해 "평화, 인권, 생명의 존엄함, 무조건·절대적인 전쟁 반대, 국가 주
권에 대한 회의적 태도"라고 대답했다. 당의 기본 방침을 내면화하고
있는 것이다. A군은 전시에 특별고등경찰의 감시를 받고 전쟁에 나갔
던 경험이 있는 할아버지의 영향도 컸음을 고백했다. 할아버지의 반
전사상과 전쟁 경험이 고스란히 아들과 손자에게로, 형태를 바꾸긴
했지만 이어지고 있는 것처럼 보인다. B양도 아버지의 가치관에 '영
향을 받고' '같은 가치관을 갖게 되며', '그와 같은 가치관을 소중히'
하고 있다고 했다.

다른 한편, 그렇다면 이런 정치와 뒤얽힌 화제를 널리 공유하고 있
는가라고 하면, 둘 모두 그렇지 않다고 대답했다. A군은 친형 말고는

다른 사람들과 정치 얘기를 하는 경우는 극히 드물고, 친구 중에서도 특정한 친구와만 정치 얘기를 한다고 말했다. B양도 일과 관련된 경우가 아니라면 평소에 친척이나 친한 친구와도 정치 얘기는 하지 않는다고 말했다. 그렇더라도 A군과 B양 두 사람은 가정을 통해 정치에 플러스의 가치와 이미지를 부여하게 된 경우다.

## 정치적 무력감의 원인

실제로는 그/그녀들 같은 존재는 드물다. 간사이 지방 고등학생 560명가량을 대상으로 한 2006년의 정치의식 조사 결과도 앞서 본 것과 마찬가지로, 일본 청소년이 정치에 대해 부정적 의식을 갖고 있음을 추세적으로 보여 준다. 이 조사의 결론은 고등학생의 압도적 다수가 공적 사항에 대해 관심이 없고, 투표가 의무라는 의식은 강하나 정치 자체에 대해서는 신뢰도가 매우 낮다는 것이다.[43]

그렇다면 이런 사람들은 보통 어떤 경로를 거쳐 정치의식을 갖게 될까. 2006년 조사에서는 가족과 매스미디어의 개입이 정치적 지식이나 관심의 제고에 영향을 주는 반면, 학교 교육이나 자원봉사 활동은 크게 영향을 주지 않는다는 것이 밝혀졌다. 즉, 한편으로 일본의 청소년·청년층에서는 정치에 관한 지식은 대체로 많지만, 다른 한편으로 정치에 대한 자발적 관심이나 적극적인 관여 의식은 낮았다. 청

---

43  石橋章市朗, "高校生の政治的有効性感覚に関する研究", 《ソーシャル・キャピタルと市民参加》, 関西大学経済・政治研究所, 2010.

년층에 국한된 조사는 아니지만 일본과 영국, 한국 시민의 정치의식을 비교한 조사에서도, 정치적인 얘기를 하거나 공적인 사항에 참여하는 비율이 일본만 특별히 낮은 것은 아니다.[44]

이런 조사들의 결과는 두 가지 점에서 흥미롭다. 하나는 정치를 수용하는 방식이 고등학생 시절까지를 포함한 시기에 거의 완성된다는 것이다. 정치인이 더럽고 사리사욕으로 일하고 있다는 것은 일반적인 이미지인데, 이런 이미지가 고등학생 시절까지를 포함한 시기에 완성된다는 것을 확인할 수 있다.

다른 하나는 정치에 영향을 끼치게 될 수단의 우선순위가 이 기간 동안 거의 바뀌지 않는다는 점이다. 앞서 언급한 조사에서, 자신의 의견을 정치에 반영하기 위한 수단을 물었더니 대부분 '선거'나 '투서'를 선택했으며, '시위'나 '정당 응원'을 말한 사람은 소수였다. 그런가 하면 연령이 높아질수록 '뭘 해도 소용없다'라는 정치적 무력감(apathy)이 깊어진다는 사실도 확인할 수 있었다.[45] 반면 '선거'든 '투서'든 어떤 수단을 이용해 정치에 영향을 미치려는 경향이 있는 집단은 정치적 무력감이 낮다는 점도 지적해 두는 것이 좋을 듯하다.

일찍이 마루야마 마사오는 현대 일본 정치의 특징이 정치적 무관심에서 오는 '사화(私化)'와 개인을 인도할 규범이 결여된 '원자화'가 조합된 것임을 보여 줬다.[46] 이를 통해 마루야마처럼 근대의 이상으

44  米倉律・原由美子, "人々の政治・社会意識とメディアコミュニケーション：「日・韓・英 公共放送と人々のコミュニケーションに関する 国際比較ウェブ調査」の2次分析から", 《放送研究と調査》, 9월 호, 2009.

45  岡村忠夫, "現代日本における政治的社会化─政治意識の培養と政治家像", 日本政治学会 編, 《年報政治学 1970─現代日本における政治態度の形成と構造》, 岩波書店, 1971.

46  丸山眞男, "個人析出のさまざまなパターン", 《丸山眞男集 (第九巻)》, 岩波書店, 1986.

로서의 시민사회가 일본에서 좌초되고 있다고 볼 수 있는지 아닌지는 모르지만, 일본에 고유하다고도 할 수 있는 정치의식, 즉 자발적인 정치 참여 의식이 드물고 또 정치나 사회문제를 자기의 문제로 받아들이려고 하지 않는 태도는 비교적 이른 연령부터 정착되어 있다.

주의해야 할 것은 정치의식의 낮음과 정치적 무관심이 반드시 똑같은 것은 아니라는 점이다.[47] 정치에 대한 관심이나 지식이 없기 때문에 투표하러 가지 않거나 정치에 참여하지 않는 것이 아니다. 오히려 정치에 일정 정도의 관심을 갖고 정치에 관한 지식이 있는 유권자가 구체적인 정치적 행동에 나서지 않는 경우가 있다. 최근 자주 언급되는 '적극적 무당파층'이 이런 이미지에 가깝다. 가정의 정치의식이 아이에게서 재생산되기 쉽다면, 이런 '저조한' 정치의식은 앞으로도 계속될 것으로 예상된다. 하지만 단순히 정치에 관한 화제나 의견을 나누는 것만으로는 이런 일본 정치의 특징을 바꿀 수는 없다. 이런 특징을 바꾸려면, 정치를 개인의 내부에서 축적할 뿐 아니라 정치를 뒤흔들고 정치에 관여·헌신하는 환경을 만들 수 있는 미시적 변동의 축적이 필요하다. 그것은 결코 '자신이 지지하는 정당을 스스로 선택할 수 있다'고 하는, 품행이 단정한 시민을 요구하는 것이 아니다.

정치의식의 형성이 정태적이고 고정적인 것이라고는 할 수 없다. 일반적으로 인간관계의 모습은 다양하다. 그래서 정치의식의 모습

---

1996.

47  原田唯司, "政治的有效性感覚, 政治に対するイメージと政治的態度の関連",《静岡大学教育学部研究報告 人文·社会科学 篇》, 第44号 1994. ; 原田唯司, "大学生の政治不信に及ぼす政治的自己効力感の影響", 静岡大学教育学部研究報告 人文·社会科学 篇, 第52号, 2002.

도 다양하며 서로가 복잡하게 얽히면 필연적으로 의식의 형성 과정은 역동적이게 된다. 페르슈롱은 미국 정치학에서의 많은 논의와 달리 정치적 사회화의 과정이 단선적이지 않고, 구축·탈구축·재구축되는, 끊임없는 파괴와 창조를 되풀이하는 것이라는 점에 주의를 기울이라고 촉구했다. 그녀는 "아이는 수동적인 존재도 아니고, 제한 없이 사회화할 수 있는 존재도 아니다. 반대로 자신의 사회 정치적 발달에 스스로 지속적이고 직접적으로 개입한다"고 한다. 아이가 부모와 꼭 닮은 존재가 아니라는 말에는 아이가 있는 부모라면 대부분 찬성할 것이다. 이와 동시에 부모로부터 정치적 의식이 전달됐다고 하더라도, 이렇게 전달된 가치에 동의하든 부정하든 간에, 그것은 부모의 영향에서 말미암은 태도이며, 부모에게서 온 것에 대한 승인이나 부모에 대한 부인이라는, 아이의 의식이 끼어들게 된다.

아이가 이렇게 하는 계기에는 여러 가지 것이 있을지도 모른다. 학생운동이나 자치회에 참여해 부모와는 다른 정치관을 익히는 것도 이런 계기에 속한다. 연인이나 교사처럼 자신과 친근한 존재와 나눈 대화나 논의의 영향을 받기도 한다. 그러므로 개인이 어떤 환경에서 자신의 정치의식을 발전시켜 나가는가에 주목하는 것은 더욱 중요해진다. 아무튼, 정치적 의식은 "현실보다는 이상을 목표로 하는 것", "인식보다 애착을 갖는 것"을 출발점으로 해서 시작된다.[48]

정치에 있어서 개인은 자신이 욕망하는 바를 타인과의 관계 속에서만 획득할 수 있다고 한다면, 그리고 개인이 욕망하는 바가 경우와 때에 따라 다를 수 있다면, 타협과 거래를 거듭할 수밖에 없다. 이

---

48 Annick Percheron, *La socialisation politique*, Armand Colin, 1993, p. 224.

런 정치에 얽힌 우발성은 자신의 정치적 정체성을 위기에 빠뜨릴 수도 있다. 하지만 위기에 처했기 때문에 [정체성을] 다시 형성할 계기가 찾아온다. 사람들은 정치와 관련됐을 때, 커뮤니케이션을 주고받는 '주체'이거나 '객체'가 되거나 이 둘 사이에서 진동한다. 그러나 사람들의 생활이 임시방편적(ad hoc)이고 무작위적(random)일수록, 이와는 반대로 의도치 않은 자유가 생긴다는 역설을 정치적 사회화 과정은 내포하고 있다. 사람들이 서로에게 미치는 구체적인 작용이나 영향이 정치 자체의 발생 장인 것이다.

## 정치로서의 대화, 대화로서의 정치

19세기에 자유주의의 확립에 공헌한 J. S. 밀은 자유로운 사회에서는 "의견이 다른 양측의 의견에 귀를 기울이고", "문제가 지닌 상이한 측면을 생각하는" 것이 중요하다고 역설했다(《자유론》). 또 (이 책의 4장에서 다루는) 20세기 초의 사회학자 가브리엘 타르드는 정치에 있어서 대화는 "큰 격류로 바뀔 수 있는 옹달샘"이라고 서술했다.[49] 사람들 사이의 상호 작용에서는 대화가 큰 역할을 맡는다. 사람들 사이에서 이뤄지는 대화가 사람들의 정치적 정체성을 형성하고 정치사회의 기초를 이루기 때문이다.

앞서 소개한 컬럼비아 대학교의 연구도 개인의 정치의식이 어떻게 양성되는지를 관찰하고, 친인척이나 동료들 사이에서 오간 대화나

---

[49] Gabiel Tarde, *L'opinon et la Foule*, PUF, 1901, 1989, p. 86.

정보 교환이 더 큰 무게를 지닌다는 점을 밝혀냈다. 하지만 이런 대화는 매우 친하고 정치적 경향도 같은 사람들 사이에서만 이루어지는 것으로 한정되며, 앞서 봤던 대로 이들 사이에서는 결과적으로 강한 동조 압력이 작용한다.

정치적 경향이 다른 시민이 한자리에 모여 왁자지껄 떠들어 대며 논의하는 것, 이것은 고대 아테네의 민주제가 지닌 이미지처럼 민주정치에서 하나의 이상이기도 할 것이다. 이런 이상을 현대 민주정치에서 재생하려는 것이 이른바 '토의 민주주의' 혹은 '숙의 민주주의'라고 일컬어지는 이론들이다. '토의 민주주의'라고 한마디로 말하긴 해도, '토의/숙의 민주주의'의 방향성이나 문제의식이 반드시 일치하는 것은 아닌 탓에 이것들을 하나로 묶기는 어렵다. 하지만 민주정치가 수반하는 참여를 통한 정당성, 바로 이것을 재생시키려고 하는 문제의식은 공통적으로 갖고 있다.[50] 즉, 시민들을 광범위하고 평등하게 참여시켜 이성적인 의견과 입장을 공유함으로써 무엇이 공공선인가를 다시금 정의하려는 시도이다. 지금까지의 민주정치는 선거를 통해 얻은 득표수에 따라 정당성을 얻었다(이른바 '집계 민주주의'). 이에 반해 '토의/숙의 민주주의'는 정치에 스스로가 능동적으로 타인과 함께 참여하는 과정 자체에서 정당성을 찾아내려고 한 것이 낡고도 새로운 측면이다.

이상적인 시도로 들릴지 모르지만, 이 '토의/숙의 민주주의'는 각국에서 주로 리스크 관리나 지방 자치 현장에서 이미 적용되고 있다. 예를 들면 의료나 유전자 조작 식품에 대해 전문가와 시민들이 토의

---

50  포괄적인 연구로는 田村哲樹, 《熟議の理由―民主主義の政治理論》, 勁草書房, 2008을 보라.

하는 '시민 컨퍼런스'가 1970년대 이후 유럽과 미국에서 도입되었고, 독일과 영국에서는 '시민 배심원'이라고 불리는 주민들이 쓰레기 처리나 포르노 규제 등 일상생활에 얽힌 문제를 논의하는 등 수많은 사례가 있다.[51]

한편 '토의/숙의 민주주의'가 예정조화론에서 상정되는 것처럼 시민의 합의를 이끌어 내는 것이 아니라 반대로 참가자의 의견을 급진화하고 참가자의 태도를 경직시켜 버리기도 한다는 사실이 밝혀졌다. '토의/숙의 민주주의'가 지닌 가능성과 한계에 대해 일찍부터 논했던 프랑스 정치학자 베르나르 마넹은 전문가나 정치가처럼 특정한 권위를 개입시킬 경우, 주의 깊게 설계하지 않으면 오히려 참석자의 의견이 극단적으로 양분화되어 합의는커녕 결렬을 산출해 버린다며 경종을 울렸다.[52] 또 토의 민주주의론에 비판적인 아담 쉐보르스키는 원래 '수단'을 논하는 이런 장에서 무엇이 최적의 수단으로 인식될지는 참가자 자신의 정치·사회적 의식에 따라 달라지며, 각자가 제시하는 수단에 대해 신뢰를 더 끌어 모은 자가 지배적 지위를 차지한다고 지적했다. 즉, 토의와 숙의가 있었기 때문이라면서 이를 빌미로 그때까지 형성됐던 사회관계를 파기할 수는 없다고 지적한다.[53]

실제로 사회적 지위나 민족성(ethnicity)이 다른 집단에서 토의/숙의를 행한 실험에서는, 분명히 다양한 이데올로기나 당파성을 빌려오

---

51  Loïc Blondiaux, *Le Nouvel Esprit de la Democratie : Actualite de la democratie participative*, Seuil, 2008.

52  Bernard Manin, "Comrnent promouvoir la deliberation democratique? Priorite du debat contradictoire sur la discussion", in *Raisons Politiques*, vol. 42, 2011.

53  Adam Przeworski, "Deliberation and Ideological Domination", in Jon Elster (ed.), *Deliberative Democracy*, Cambridge University Press, 1998.

는 것은 열어졌지만, 반대로 자신이 속한 집단이나 사회적 지위를 끌어들인 정당성을 전면에 내세운 탓에 오히려 집단들 사이에서 적대적 관계가 생겨나는 경우도 있다고 한다.[54]

미국의 여러 시민단체를 오랫동안 관찰한 어떤 연구 결과를 보면 집단 구성원들 사이에서는 오히려 정치에 대해 얘기를 나누는 것 자체를 기피하는 경향이 있다고 한다.[55] 예를 들어 구성원과 일대일로 한 인터뷰에서는 매우 수다스러운 사람들도, 정치 얘기가 나오면 쉽사리 침묵해 버린다고 한다. 이렇게 의도적으로 "정치를 소멸시키는" 것은 정치 얘기 때문에 집단에 균열이 생겨나 이 균열이 심해지는 것을 두려워하기 때문이다. 즉, 기피나 침묵은 이런 두려움이 겉으로 드러나지 않도록 하기 위한 암묵적인 지혜의 하나라는 것이다.

왜 숙의에 대한 논의를 했는지 이제 알 것이다. 그저 단순히 이질적인 사람들을 한데 모은다고 해서 조화로운 정치가 자연스럽게 발생하는 것도, 더 좋은 지혜가 생기는 것도 아니다. 이를 위한 전제조건은 우선 정치적으로 사회화되는 것, 즉 정치를 매개로 타인과 교류하는 기예(arts)를 익힐 필요가 있다.

54 Sophie Duchesne and Florence Haegel, "Avoiding or Accepting Conlict in Public Talk", in *British Journal of Political Science*, vol. 37, no. 1, Cambridge University Press, 2007.

55 Nina, S. Eliasoph, *Avoiding Politics: How Americans Produce Apathy in Everyday Life*, Cambridge University Press, 1998.

## '정치적 주체'의 원천

시민이 확고한 의지를 갖고, 각각 자신의 이익이 무엇인지를 완전히 이해하고, 공동체 전체의 이익을 감안해 정치적 행위를 한다는 것은 민주정치에서 바라는 하나의 이상이다. 그러나 이런 이상을 실현할 수 있는 정치적 주체를 만들려면 우선 부모나 가정 등 자신을 에워싼 환경을 통해, 자신과 타인의 관계성을 어떤 형태로 구축하려고 하는지를 드러내는 시도를 전면에 내세우고, 이를 사회에서 유지·발전시켜 나갈 공식·비공식 제도를 마련해야 한다.

민주주의로 불리는 정치는 공동체의 구성원 전부가 '주체'라고 전제하지 않으면 유효하게 기능하지 않는다. 물론 실제로는 전부가 정치에 참여하는 것은 아니다. 공동체의 구성원 전부가 직업 정치인으로 활동할 가능성도 없고 그럴 필요도 없다. 더구나 현대사회에서는 [정치에 능동적으로 전부가 참여하는] 이런 주체 형성을 요구하는 규범적 요청이 크지만, 이런 주체가 실제로 활약하는 장은 한없이 왜소화되고 있다는 점에서 커다란 불균형을 품고 있다. 따라서 개개인이 직접적인 형태로 정치적 주체가 되기보다는 자신의 생활 세계에서 정치에 대해 어떤 의식을 갖고 정치와 어떤 관련을 맺느냐 같은 사항이 더 큰 의미를 갖는다. 이런 의미에서도 현대사회에서 정치적 사회화의 의미는 더 커지고 있다고 할 수 있을 것이다.

이런 불균형을 마루야마 마사오는 일찍부터 간파했다.[56] 마루야마는 현대사회의 역설이란 '국가권력의 집중'과 '편협한 개인주의'라는

---

56  丸山眞男, 《政治の世界》, 御茶の水書房, 1952.

두 극의 중심이 강하게 작용하는 데 있으며, 그 결과 정치적 열광과 정치적 무관심이 동시에 진행된다고 말했다. '공적'인 정치와 '사적'인 정치가 무관하게 진행될수록 민주주의는 기능장애를 일으키게 된다는 것이다. 개인은 설령 사생활에 완전히 갇히게 되더라도, 타인의 의식에 무관심할 수는 없다.

'사적'인 장소 없이 '공적'인 것은 존재하지 않는다. 그렇다면 '사적 공간'에서 어떻게 사람들이 정치와 관계를 맺고 자신의 의식을 발전시키는가에 관해 계속 관심을 가져야만 한다. 정치는 매우 가까운 곳에 잠복해 있다. 이 '사적'인 공간에서 정치적인 것은 타인과 맺는 관계성 속에서 생성되고 교육되고 전개된다. 타인과 맺는 관계가 자신에게 또다시 영향을 미치고, [이런 식으로] 자신의 정치의식이 형성된다. 정치 자체라고 해도 좋은 이 미시적이고 유동적인 관계성이 정치의 핵심이다. 민주주의에 내재된 역동성은 이 순환적인 영향을 주는 반복 운동의 진폭에 달려 있다. 이 역동성은 타인에게 동화되거나 타인과 대립하는 과정에서 생겨나는 것이 결코 아니며, 오히려 양자의 혼합에서 생겨난다.

만약 정치 참여나 정치 행위에 합리성이 깃들어 있다면, 합리성은 개개인이 정당 공약을 열심히 읽는다고 생겨나는 것이 아니다. 가까운 사람들과 공약에 왜 찬성하는지, 왜 반대하는지 얘기를 나누는 과정에서 공유되는 합리성이 생겨난다. '숙의 민주주의'라는 이상에 이르려면, 이런 수수하고 사적인 정치의 축적·누적이 필요하다.

20세기 초반의 사회학자 게오르그 짐멜은 사회가 하나의 단위로서 성립하려면 그 내부에 '대립'과 '통합'이라는 두 계기가 동시에 내포되어 있어야 한다고 지적했다.[57] 왜냐하면 대립은 그 후의 화해를, 화해는 그 후의 대립을 이미 내재하고 있으며, 이것들이 교대로 일어나는 것이 사회 자체에 균형을 가져다주기 때문이다. 마찬가지로 '사적' 공간에서의 사람과 사람 사이에도 대립과 화해의 계기가 존재한다. 정치적 의견이 일치하지 않는다고 상대와 관계를 맺을 수 없는 것도 아니고, 반대로 정치적 의견이 일치하더라도 대립이 생길 수 있다. 이것은 정치적인 것을 둘러싸고 우리가 타협을 하거나 거래를 하면서 스스로를 형성할 때 필연적으로 벌어지는 일이기도 하다.

고대 그리스인이 '사랑'의 감정을 '에로스', '필리아(-philia)', '아가페' 세 가지로 나눠 명명한 것은 잘 알려진 사실이다. 에로스는 상대를 소유하고 자신에게 완전히 동화시키는 것을 목표로 하는 사랑이며, 필리아는 타인의 이질성을 인정하는 대신 자신의 존재도 받아들이며, 마지막으로 아가페는 타인이 이질이냐 동질이냐를 따지지 않고 그 존재를 인정하는 사랑을 뜻한다.

정치적으로 의역해 보면, 에로스는 다른 자[異者]를 흡수하고 동화시켜 가는 것을 본질로 하는, 아마 파시즘에 가까운 형태이다. 필리아는 자신이 어떤 인간인지를 스스로 이해했고 그것을 기초로 자유롭게 토론이나 논의를 하는, 자유로운 민주적 사회의 이미지에 가깝다. 남은 것은 아가페이다. 아가페는 상대의 입장이 어떤 것이든 그 입장을 존중한 채로 사랑하는 무조건적인 사랑이다. 가정이나 생활환경을 기초로 한 친밀권에서 정치의식은 이 아가페적인 것을 매개로 한, 관대하고 우아한 형태를 한 것이리라. 좋은 정치적 사회화와 나쁜 정

---

57　ゲオルク ジンメル,《闘争の社会学》, 堀喜望・居安正 訳, 法律文化社.

치적 사회화가 있다고 했는데, 좋은 정치적 사회화란 이런 아가페에 기초한 것이다.

우리가 타인에게 애착을 갖는 것은 그 타인이 문자 그대로 '타인'이기 때문이다. 자신과 완전히 같은 존재이기 때문이 아니다. 그러나 타인과의 이질성을 지나치게 강조하면, 그것은 애정 자체를 파괴시키는 이별이나 적대관계로 바뀐다. 그렇지만 우리는 자신과 완전히 다른 존재에 애착을 가질 수는 없다. 애착을 가져야 할 필연성이 애초부터 주어지지 않았기 때문이다. 즉, 정치와 인간 사이의 관계에는 원래 '통합'과 '대립'의 계기가 내장되어 있다. 이 당연한 일이 현실의 것이 됐을 때, 민주정치는 새로운 차원을 제 것으로 할 수 있을 것이다.

**3장**
———

**사이**
관계성의 정치로
신자유주의의 정치를
대체하기

우리는 정치에 대한 태도를 보통 어떻게 정할까? 더욱이, 무슨 생각으로 정치를 바라보고 판단하며 참여하고 싶다고 생각할까?

일반적으로 가장 친근한 정치 이벤트인 선거를 예로 들어 생각해 보자. 선거가 유일한 정치 참여 방식인 것은 아니지만, 민주주의에서 선거가 큰 의미를 갖는다는 데에 반대하는 사람은 드물 것이다. 그렇다면 한 표를 쥔 사람들은 무엇을 기대하고 무엇을 판단 재료로 삼아 투표소로 나서는가?

"투표는 유권자의 의무"라고 보통 선전되지만, 일본 헌법은 투표를 국민의 권리 중 하나로 꼽고 있다. 설령 투표가 의무라고 쳐도, 사람들이 오로지 의무감으로만 (더욱이 기권에 대한 벌칙이 없는 일본에서) 투표를 하고 있는 것은 아닌 듯하다. 사실상 사람들이 왜 투표하느냐는 옛날부터 커다란 수수께끼이다.

민주당으로 정권 교체가 이루어진 선거가 시행된 해인 2009년 총선의 의식조사에 따르면, 유권자들이 소선거구에서 투표할 때 가장 고려한 것은 "후보자의 정책이나 주장"(36.3퍼센트)이었고, 그 다음이 "후보자가 속한 당"(34.0퍼센트), "정권교체를 하고 싶어서"(33.9퍼센트), "국가 전체의 정치[에 대한 고려]"(32.7퍼센트)라고 응답했다(선택지가 있고 복수 응답 가능). 반면 "후보자의 인품"(26.8퍼센트)과 "지역의 이익"(18.5퍼센트), "직업의 이익"(6.0퍼센트)이라고 응답한 사람은 오히려 적다.[1]

이렇게 보면, 상당수 유권자는 자신의 의사가 무엇인지를 스스로 명확히 이해하고 있다. 후보자나 정당의 정책을 정밀하게 조사한 후 실현되기 원하는 정책을 고른 다음에 투표했다고 할 수 있다.

## 어리석은 사람일수록 투표한다?

이런 유권자 접근법에 대해서는 2장에서도 언급했듯이 정말로 따지고 보면, 사람들이 오히려 투표하러 가는 것이 신기할 정도다. 이것이 미국 정치학자 다운스가 제시한 저 유명한 '합리적 투표자의 역설'이다. 다운스는 합리적인 투표자, 즉 "자신의 목표를 향해 자신의 지식을 최대한 활용하고 희소한 자원을 가장 적게 투입해서 최대의 성과를 얻은 인간"[2]에게는 오히려 투표하는 것이 비합리가 된다고 지적

---

1   밝은 선거 추진 협회[이하 '명추협(明推協)], 〈제45차 중의원 의원 총선거의 실태〉, 2010년 3월.

2   Anthony Downs, "The Public Interest: Its Meaning in a Democracy", *Social Research*, vol. 29, no. 1, 1962, p. 5.

했다. 이를 설명해 보자.

유권자는 자신의 이익을 정치의 장에서 실현하고 싶다고 생각해 투표소로 발걸음을 옮긴다. 이런 경우의 유권자는 선거에서 얻을 수 있는 이익과 선거가 자신의 한 표로 결정될 가능성이 투표하는 데 들어가는 비용보다 크면 투표한다. 그러나 실제로는 자신의 한 표로 선거가 결정될 가능성은 한없이 영(0)에 가깝다. 미국의 상하 양원 선거 5만 6천 건을 조사한 경제학자에 따르면, 이 중 한 표 차로 당락이 정해진 선거는 7개뿐이다.[3] 즉, 이론상으로나 경험상으로나 자신의 한 표로 선거가 정해지는 일은 거의 있을 수 없다.

원래 현대처럼 여론 조사가 발달하고 그 정밀성이 점점 높아지면, 선거가 있기 전에 대략적인 정세가 판명되며 이른바 예상 밖의 결과가 나올 가능성은 적어진다. 이렇게 생각하면 오히려 사람들이 투표를 하러 갈 유인도 한없이 낮아진다.

참고로 앞서 언급한 명추협의 조사에서는 기권한 유권자에게 그 이유도 물었다. 투표 당일에 볼일이 있었다, 몸이 좋지 않았다 같은 응답을 깊게 들여다보면, 자기 하나쯤 투표하지 않더라도 대세가 바뀌지는 않기 때문에, 선거를 하기도 전에 누가 당선자가 될 것인지를 이미 알아버렸기 때문에 등의 응답이 많다. 이와 반대로 정당이나 후보자의 정책 차이를 몰랐다는 응답이 가장 적었다. 유권자들이 생각보다 실리적으로 투표를 사고한다는 것을 알 수 있다.

구체적인 예에 적용해 보자. 어떤 유권자에게 정당 A가 정권을 쥘

---

3   Casey Mulligan and Charles Hunter, *The Empirical Frequency of a Pivotal Vote*, NBER
    Working Paper no. w8590, November, 2001.

경우와 정당 B가 정권을 쥘 경우에 연간 20만 엔의 득실이 생긴다고 하자. 정당 A가 소비세 인상, 부양공제 폐지를 정책으로 내세웠기 때문에 이 유권자에게는 연 20만 엔이 사라질지도 모른다. 때문에 이 사람은 정당 B가 이기기를 바란다. 이 유권자가 추산한 바로는, 자기가 속한 선거구의 입후보자와 유권자 수를 생각해 보면, 자신의 한 표가 투표 결과를 결정할 가능성은 3만분의 1이었다. 더 나아가 전국 선거구 중 자기가 속한 선거구의 결과가 정권의 향방을 좌우할 확률은 300분의 1이다. 이렇게 계산하면 이 유권자가 일부러 투표소에 가서 얻을 수 있는 금전적 가치는 20만 엔을 3만×300=900만으로 나눈 금액, 즉 0.02엔이다. 투표소로 가려면 지하철 요금 130엔을 내야 하는 이 유권자는 이를 엄밀하게 계산했기 때문에 기권을 선택한 것이다. 이것이 합리적인 계산 아래의 합리적인 판단이 되는 것이다.

어떤 사회학자는 일본에서는 '민도(民度)'가 낮은 지역이 투표율이 높다는 '역설'이 있다고 지적했는데,[4] 그도 그럴 것이 '민도'가 높다는 것을 혹시 "자신이 바라는 것을 최소한의 비용으로 실현하는 것이라고 알고 있다"고 정의할 경우, 기권이 오히려 '민도'가 높음을 증명하기 때문이다. 투표는 오히려 어리석은 인간이 하는 것이다.

'합리적 투표자의 역설'이라 불리는 이 사고 실험은 정치학에서는 큰 퍼즐의 한 조각으로 아주 진지하게 논의되어 왔는데, 이에 대해서는 여러 가지를 지적할 수 있다. 다운스는 자신이 제기한 문제에 대

---

4   宮台真司ほか, 《学校が自由になる日》, 雲母書房, 2002. [옮긴이] '민도(民度)가 높다, 낮다' 등의 표현은 일본의 특유한 표현으로, 문화의식이나 시민의식의 수준이 높다, 낮다 등의 의미이다. 그러나 여기서의 '민도'는 합리성과 같은 말이다. 즉, 민도가 높다는 것은 합리성이 높다는 것이고 민도가 낮다는 것은 비합리적이라는 뜻이다.

해 설명하기를, 유권자는 투표에 들어가는 비용을 굳이 무시하고 있기 때문에 투표가 성립한다고 했다('합리적 무시'). 그렇지만 만약 다운스의 진단이 옳다면, 투표에 들어가는 비용을 영(0)에 가깝게 하면 투표하러 가는 유권자들은 자연스럽게 늘 것이라고 가정할 수 있다. 앞의 예로 말하면, 투표에 들어가는 비용이 0.02엔 이하면, 투표하고 싶다고 생각하게 될 것이다.

실제로 이런 가정에 기초하여 선거를 실시한 국가가 있다.


## 스위스의 실험

스위스는 직접민주제 이념에 최대한 충실하려고, 1년에 몇 번이나 국민투표를 실시하는 국가로 알려져 있다. 스위스에서는 투표율을 올리려고 1970년대부터 우편으로 하는 투표를 인정하고, 몇몇 주에서는 인터넷 투표를 인정하기도 했다.

보통 생각하면, 다운스의 가정을 받아들인다면, 투표소에 가는 것보다 우편으로 투표하는 것이 투표 비용을 떨어뜨릴 것이다. 그리고 투표 비용을 낮추면 투표율이 다소 오르리라 추측할 수 있을 것이다.

그런데 스위스에서는 그 반대 현상이 벌어졌다. 투표와 관련된 비용을 낮추자 투표율이 높아지기는커녕 낮아지는 사례가 많이 관찰된 것이다.[5] 게다가 투표소로 가는 비용이 높고 인터넷이나 우편투표 때

---

5    Patricia Funk, "Social Incentives and Voter Turnout: Evidence from the Swiss Mail
     Ballot System", in *Journal of the European Economic Association*, 2008.

문에 그 비용이 결정적으로 떨어질 [인구] 과소 지역이나 작은 주에서는, 그때까지 높은 투표율을 보였던 지역일수록 투표율이 떨어지는 경향이 보였다(1000명 이하의 시·읍·면 연방선거 투표율은 평균 2.5퍼센트 낮아졌다). 스위스를 봤더니, 투표율은 확실히 올랐으나 고작 2·3퍼센트포인트 정도의 증가에 그쳤다. 왜일까?

이런 실태를 규명한 연구자는 우편 발송 방법이 채택됨으로써 유권자는 투표할 의무(형식적이나마 스위스에서 기권자는 처벌을 받는다)로부터 자유로워지고, 작은 커뮤니티에서는 투표소로 걸음을 옮길 경우 얻을 수 있었던 사회적 존경이 상실됨으로써 투표하는 것의 매력이 사라졌기 때문에 투표율이 떨어졌다고 설명했다. 자신이 투표하러 가는 훌륭한 시민임을 과시하는 것도 중요했던 것이다.

이처럼 투표라는 행위에도 사회의 다양한 관계성이 반영되어 있다. '합리적 투표자의 역설'이 있는데도 왜 사람들이 투표하는가에 관해 다양한 '수수께끼 풀이'가 있었다. 혹시 한 표 차로 선거가 정해질 경우 후회하고 싶지 않다는 감정을 유권자가 갖고 있기 때문("최소한의 후회(minimum regret)")이거나, 어떤 이유로든 한 번이라도 투표한 경험이 있는 사람은 그대로 투표하는 경향이 있기 때문("접착 효과")이거나, 타인의 투표 여부를 추정한 뒤 투표 여부를 정하기도 한다(기권율이 높으면 자신의 한 표의 무게도 증가한다) 등등이 그것이다. 아무튼 투표할지 여부는 투표 비용의 높고 낮음이나 자신의 한 표가 지닌 무거움과 가벼움이 아니라, 어떤 외부적 요인, 그것도 사회나 타인과의 관련성을 무시하고서는 논할 수 없다.

사족을 붙이면, 이 장의 서두에서 인용한 다운스는 그 인용문 뒤에서 투표자가 자신의 사적 이익만을 고려하여 투표하는 것이 아니라,

시민으로서의 역할 때문에 공공적 가치를 고려하여 투표하며, 또 그런 의식이 없으면 원래 민주정치는 성립되기 어렵다고 자기 견해를 수정했다.[6]

## 장사를 통한 관계

친근한 정치 참가 방법인 투표라는 행동조차도 다양한 역학이 있어야 비로소 성립된다고 지적했다. 사회는 인간과 인간 사이의 상호 작용으로 모습을 드러낸다. 그것도 개인의 의도나 의식을 넘어서는 형태로, 여하튼 간에 사람들의 행동을 제약하여 성립된다.

여기서 정신과 의사 압펠도르페르의 지적을 훑어보자. 그는 근대의 특징이 교회 권력을 경유하지 않은 프로테스탄티즘의 영향을 받아 돈을 매개로 한 수평적이고 자유로운 관계가 구축된 데 있다고 한다. 자신들의 노동의 대가로 금전을 지불받고, 그 금전으로 자기에게 필요하지만 자기 힘만으로는 얻을 수 없는 서비스나 재화를 구입하고, 나아가 타인의 노동을 사게 된다. 이 때문에 자본주의는 세계로 확산되었고, 자유와 한 쌍을 이루면서 퍼져 나갔다. 소비자에게는 자신의 자유라는 자원을 최대화하려면, 더 싸고 더 좋은 품질의 재화나 서비스를 구입하는 것이 합리적이다.

그러나 이렇게 하면 서비스나 재화를 구입하는 소비 활동은 교환

---

6    Anthony Downs, "The Public Interest: Its Meaning in a Democracy", *Social Research*, vol. 29, no. 1, 1962.

이상의 의미를 갖지 않게 되어 버린다. 화폐를 상대에게 제공함으로써 관계는 시작될지 모르지만, 상대가 서비스나 재화를 제공한 시점에서 이 관계는 종료되기 때문이다.

압펠도르페르의 논의에서 독특한 것은 여기서부터이다. 그는 말한다. 그러면, 예를 들어 자신이 다니는 정육점은 왜 항상 덤을 주거나 고기를 어떻게 요리하면 좋은가에 관해 조언을 하는가라고. 다시 말하면, 왜 화폐 이외의 가치를 교환할 인센티브가 생겨나는 것일까?

정육점이 이렇게 하는 것은, 이런 가격에 포함되지 않는 서비스를 고객에게 제공함으로써 그 손님을 단골로 만들고, 그래서 매상이 올라가기를 기대하고 있기 때문일 수도 있다. 그것은 예를 들면, 주문한 고기의 가격에 포함되지 않는 것을 타인에게 '억지로 떠맡김'으로써, 즉 '의리'를 느끼게 함으로써 지속적인 관계성을 구축하려는 행위이다. 그러나 우리는 이런 정육점의 가격 외부에 있는 '증여'를 얻는다고 손해를 입지는 않는다. 오히려 자신이 고른 상품에 대해 자세히 알게 될 뿐 아니라 덤을 받기도 하는 등 혜택을 입기도 한다.

압펠도르페르가 이것보다 더 중요하다고 말하는 것은, 이런 관계가 구축됨으로써 소비자인 우리가 그 정육점 주인에 대해, 또는 정육점이라는 장사에 대해 존경과 경의를 갖게 된다는 것, 그리고 그런 관계성을 통해 우리 자신이 존경과 경의를 차지한다는 것, 나아가 우리 자신의 사회생활이 원활해지는 데 있다는 것이다.[7]

결국, 사회적 관계성은 시장이나 단순한 화폐와 재화·서비스의 교환에서는 생겨나지 않는다. 채무-채권 관계로 말하면, 채무자가 진

---

7    Gérard Apfeldorfer, *Les Relations Durables*, Editions Odile Jacob, 2004.

빚은 자신의 자유라는 자원이 감소하고 있는 상태이기 때문에 (여기에 이자가 붙는다면 더욱더) 채무를 한시라도 빨리 갚는 것이 합리적인 행동이다. 또 채권자도 자신의 채권이 부도를 맞을 수도 있기 때문에 한시라도 빨리 되찾으려고 하는 것이 합리적이다. 그러나 이런 종류의 교환에서 생겨나는 것은 오히려 순간적이고 쉽게 바뀌는 관계성밖에 없다. 이에 대해 압펠도르페르가 보여 주는 '장사'를 통한 '증여'와 '의리'의 관계는, 화폐처럼 명료한 가치를 갖지 않은 것을 매개로 삼음으로써 영속적이고 순환적 관계성을 인간과 인간 사이에 만들게 되는 것이다.

1장에서 봤듯이, 문화인류학자들은 그동안 이처럼 원초적인 관련성에 무게를 둔 사회가 상당수의 부족 사회에서, 근대 이전부터 존재했음을 밝혀냈다. 개인들 사이의 관계가 수평적이냐 수직적이냐의 차이가 있기는 하지만, 이들 사회는 기본적으로 신이라는 존재를 가정하고 있고 또 신 앞에서는 평등하기 때문에, 개개인은 서로 의리와 증여로 이루어진 관계를 맺도록 요구된다는 것이 증여관계의 기본적인 메커니즘이었다.

## 시곗줄과 머리빗의 교환의 끝에 있는 것

증여관계가 전근대적인 것의 흔적이라고 해도, 이것이 없으면 사실상 현대에서도 사람들 사이의 신뢰나 유대 같은 가치는 생겨나지 않는다. 심리학자 고자카이 도시아키는 이것을 유명한 오 헨리의 〈크리스마스 선물〉을 예로 들어 설명한다.

〈크리스마스 선물〉은 어떤 가난한 부부가 크리스마스를 앞두고 아내는 남편의 금 시곗줄을 사기 위해 자신의 아름다운 머리카락을 팔고, 남편은 아내에게 머리빗을 선물하기 위해 자신의 금시계를 팔아 버린다는, 서로 엇갈린 선택을 하는 이야기이다. 이 유명한 짤막한 얘기에서 남편이 아내를 생각하는 마음, 아내가 남편을 생각하는 마음이 물건보다 소중하다는 교훈을 끌어내는 경우가 많다.

고자카이는 이 이야기를 교훈으로 받아들이는 데서 그치지 않고 한걸음 더 나아가 고찰한다. 그는 이 이야기에서 남편에게도 아내에게도 수중에 머리카락과 시곗줄이 남아 있지 않았기에, 확실히 서로 손해를 봤다고 한다. 그러나 만약 아내가 스스로 빗을 사려고 남편 몰래 시계를 마음대로 팔아 버리고, 남편은 시곗줄을 사려고 아내의 머리카락을 마음대로 잘라 버리는 행동을 했다면 어찌 될까라고 묻는다. 그런 경우, 두 사람이 실제로 소유할 수 있는 것은 머리빗과 시곗줄이라는 원래의 스토리는 달라지지 않지만, 두 사람 사이에 사랑과 신뢰가 깊어지는 것이 아니라 이혼할 정도로 서로를 의심하게 될 것이라고 지적한다. 즉, "아무리 근대 개인주의가 판을 치더라도, 현실의 인간세계는 직접적인 상호관계 없이는 성립하지 않는다. … 수지타산의 불균형을 적극적으로 받아들일 수 있는 상태를 신뢰관계라고 부르지" 않으면 안 된다.[8]

선거나 투표 얘기에서 벗어난 듯 보이지만, 여기서 본 증여나 의리에 의한 사회의 관계성은 정치와 무관치 않다. 역시 고자카이가 지적하듯이, 극장에서 불이 나 사람들이 일제히 달려 나가면 출구가 막히

8    小坂井敏晶, 《責任という虚構》, 東京大学出版会, 2008, 233頁.

고, 모두가 불타 죽을 수 있다. 그래도 타인에게 깔아뭉개지지 않으려면 출구 쪽으로 달려가야 한다. 설령 화재가 났다는 것이 오보임을 본인이 알고 있다고 해도, 이웃도 그 사실을 알고 있는지 여부를 확신할 수 없는 한, 역시 달려갈 수밖에 없다. 이런 장면에서 사람과의 관계가 없으면 모두가 손해를 보게 된다.

이것이 시사하는 의미는 공동체와 관련된 일을 처리하는 정치라는 행위에도 적용된다. 자신의 행동은 단독으로 결정되는 것이 아니다. 앞서 소개한 '합리적 투표자의 역설'이 역설인 까닭은, 그것이 그 어떤 관계성 아래에도 놓이지 않는 유권자를 상정하고 있기 때문이다. 익명성이 높고 관계성이 얕을수록, 즉 자신과 타자가 맺는 관계의 대체성이 높을수록, 사람들은 정치 행위에 소극적으로 참여할 이유를 잘 찾아낸다.

스위스가 투표율을 높이려고 고안한 조치가 실제로는 투표율을 감소시켜 버린 배경에는 그런 짝짜꿍이가 있다. 원래 자신의 이익만을 기준으로 태도를 정한다면 그 행위의 결과에 대한 책임은 자신만 지기 때문에, 정치에 참여하지 않는다고 해도 비난받지 않을 것이다. 그뿐만 아니라 이런 사람이 늘어나는 세계에서는 그 사람의 정치 참여 여부로 정할 수 있는 범위가 자연스레 좁혀지기 때문에 그 사람은 정치에 참여하고 싶다고 생각할 유인을 점점 잃게 될 것이다.


## '신자유주의'의 모습

그렇다면 일회성으로 청산되지 않는 관계성, 안정적이고 장기적인 관계에 기반한 정치를 구축할 수 있다면, 이 관계성은 사람들을 정치로 향하게 할 뿐 아니라 선거라는 경로에 한정되지 않고 사지가 튼튼한 민주정치를 만들어 낼 수 있다고 상정할 수는 없을까?

1980년대 이후 '신자유주의(neo-liberalism)'가 세계적인 조류가 되는 가운데 정치는 점점 개인화됐다. 신자유주의라고 하면, 경제정책이나 권위적인 정치 자세를 상기하는 것이 일반적이며 이런 해석이 틀린 것은 아니다. 구매력보다 인플레이션 억제에 무게를 둔 금융정책이나 공급 측면 개혁의 중시, 공공 부문의 축소와 작은 정부의 지향, 노동시장의 유연화, 권위주의적이고 국가중심주의적인 정권 운영 등은 모두 신자유주의가 지닌 특징이다.[9]

그러나 이런 공식적인 정치경제의 차원 이상으로, 신자유주의는 커다란 전환을 사회에 초래했음이 강조돼야 한다. 신자유주의가 진정으로 비난받아야 하는 것은 격차를 확대시키거나 권위주의적 정치를 하기 때문이 아니다. 그것은 타인에 대한 불신을 전제로 사회 전체를 짜 맞추려고 한 '신자유주의 분위기·양식(mode)'[10]을 초래한 데에 있다.

영국의 정치학자 콜린 헤이는 신자유주의의 특징이 공공선택론을 필두로 하는 합리적 인간관에 있음을 자세히 설명했다.[11] 그에 따르면 정치에 참가하는 다양한 행위자(정치가, 공무원, 일반 시민)는 각자

9   Andrew Gamble, *The Free Economy and the Strong State: the Politics of Thatcherism*, Macmillan, 1988, 2nd ed., 1994.

10  [옮긴이] 이하 '모드(モード)'를 양식과 분위기로 모두 읽을 수 있으나 번역의 경제성을 위해 '양식'으로 다소 딱딱하게 옮긴다.

11  Colin Hay, *Why We hate Politics*, Polity Press, 2007. [콜린 헤이, 《바보야! 문제는 정치야!》, 하상섭 옮김, 한국외국어대학교출판부 지식출판원, 2009.]

자신의 이익이나 효용을 최대화하는 존재로 보는 것이 공공선택론의 아류인 합리주의적 선택론이며, 신자유주의는 이런 인간관을 기초로 삼아 왔다고 한다('합리적 투표자의 역설'도 이 범주에 포함된다). 헤이가 문제시하는 것은 이런 합리주의적 인간관이 현실 정치에 적용됨으로써 생겨난 결과이다.

만약 정치가도 공무원도 시민도 자신의 이익에만 의거하고 또 정치적 활동을 하는 것이 자신의 이익을 실현하기 위해서라는 생각이 만연해 있다면, 어떤 결과가 생겨날까? 우선 정치 불신이라는 결과를 초래한다. 정치가나 공무원이 시민의 이익을 위해 일하는 것이 아니라면, 유권자는 정치에 아무런 기대도 하지 않을 것이다. 공무원은 납세자의 '혈세'를 사리사욕으로 탕진하는 존재일 수밖에 없기 때문이다. 더욱이 문제는 이런 회로가 일단 만들어지면, 유권자는 이런 정치 엘리트로부터 자기 이익을 지키는 것을 가장 중시하게 된다는 점이다. 이렇게 각자가 서로 합리적인 인간이라고 간주함으로써 공동체 전체의 후생이 손상된다. "사회 따위는 존재하지 않는다. 존재하는 것은 개인뿐이다"고 적절하게 말했던 것은 신자유주의를 대표하는 정치가의 한 명인 영국의 마거릿 대처 총리였다.

물론 '신자유주의 양식'이 대두하여 지배적이게 된 데에는 많은 이유가 있다. 정부의 재량적 금융정책에 대한 비판자였던 밀턴 프리드먼 등이 노벨경제학상을 수상한 것은 1976년이고, 공공선택론의 기초를 만든 제임스 뷰캐넌이 이 상을 수상한 것은 1986년인데, 이 사이에 신자유주의의 사회관이 정착됐다. 더욱이 1970년대 이후 개인을 공동체에 붙들어 맸던 계급과 종교, 출신 같은 유대가 좋든 싫든 느슨해지는 동시에 대부분의 선진국이 저성장 시대로 접어들었고 새로운 정치사회의 원리가 모색되어야 했기 때문이다. 프리드먼도 뷰캐넌도 개인적 자유에 대한 철저한 옹호자였다. 그러나 일단 이런 합리주의적 인간관이 확정적이게 되면 '합리적 투표자의 역설'은 가설이기를 그치고 현실의 것이 되어 버린다.

1980년대에 대두한 신자유주의는 자신의 논리를 관철시킴으로써 생각지 못한 부작용을 낳았다. 정치가나 공무원이 자기 이익적인 존재라면, 어떻게 정치에 중립성과 형평성을 가져올 수 있을까?

그 해답으로 나온 것이 공적인 정치 행위자를 정치 자체에서 제외해 버리는 것, 즉 '탈정치화'를 진행하는 것이었다. 1990년대 이후 일본을 포함한 선진국에서 진행된 공공 부문의 민영화와 NPM(New Public Management, 신공공경영) 도입 같은 통치 개혁이 이를 상징적으로 나타낸다.

민영화나 NPM의 결과, 공공 부문의 운영 지침이나 정책은 당파성이 없는 '전문가'가 정하게 됐다. 하지만 그 지침이나 정책의 기준이 되는 것은, 일회성의 단기적인 매상과 효율성, 소비자의 평가밖에 없다. 이런 필요(needs)를 채우지 못할 경우 경쟁 원리의 이름으로 퇴출되기 때문에, 공공 부문이 민주정치에서 맡는 장기적인 기능이라는 관점은 전혀 고려되지 않는다. 또 전문가라고 해도, 아니 전문가의 비중이 커질수록, 전문가를 회유하거나 조작하려는 역학이 모든 곳에서 작용하게 된다. 그것은, 예를 들면 보건 위생 기관에 많은 자금을 제공해 금연 캠페인에 대항한 미국 담배 기업이나, 후쿠시마 원전 사고로 백일하에 드러난 일본의 '원자력 마피아'를 볼 것도 없이 당연한 것이다. 이렇게 공동체와 관련된 것은 공동체 구성원에 의해 정해진다(그것은 공동체의 모든 구성원을 구속하는 결정이기 때문이다)는 민주정치의 원칙이 침해된다. 그것도 민주정치의 기반이 되는 사람들의 관계성을 파괴하면서 말이다.

일본과 마찬가지로 프랑스에서도 2000년대 들어서 우체국이 개혁되었다. 그로 인해 우체국 풍경이 달라졌다. 창구에서 정중히 이용자를 맞고 우편이나 보내는 편지의 종류에 따라 어떤 우표를 붙일지 상세하게 상담해 줬던 우체국 직원이 사라지는 대신 동전을 투입하는 기계가 들어섰다. 우체국 직원도 책임량을 채우기 위해 필요 이상의 말을 이용자와 나누려 들지 않는다. 분명 이용자를 짜증나게 했던, 우체국 바깥까지 길게 늘어서 있던 줄은 없어졌다. 그러나 그와 아울러 공공서비스를 이용하는 자신도 공적인 것의 일부라는 감각은 완전히 상실되어 버렸다.


## 정치에서의 '관여·약속'은 어떻게 생기는가

'신자유주의 양식' 아래서의 관계성은 정치가와 시민 사이뿐만 아니라, 시민과 시민 사이에서도 상호 불신과 의구심을 지배적으로 만들었다. 그들의 관계는 쉽게 바뀌고 순간적인 것에 불과하게 됐으며, 그로 인해 결과적으로 공동체 자체가 잘게 토막 난다.

신자유주의 양식아래서의 관계성에 관해, 사회심리학자 야마기시 토시오는 다른 각도에서 설명한다. 야마기시는 특정한 닫힌 집단 안의 사람들 사이에서 관계가 이어지고 '안심[하는] 사회'라면, 그만큼 상대에 대한 여러 가지 정보 부족이 보완되며('거래비용'의 절감), 그 선순환에 의해 서서히 집단 내부에서 신뢰관계는 깊어진다고 설명한

다.[12]

야마기시는 한편으로 현대처럼 사회 질서가 가변적이고 낯선 타인이 계속 증가하는 시대에서는 닫힌 공간이나 관계에서 '거래비용'을 낮추는 '안심 사회'보다는 모르는 타인을 군이 신용함으로써 '기회비용'을 낮출 수 있는 '신뢰사회'가 적합하다고 한다. 왜냐하면 특정 집단 내의 '안심'할 수 있는 동료들과만 교제를 유지·발전시키면, 그 밖의 집단이나 사람들에 대한 '신뢰'는 저해되기 때문이다.

타인과 공존하는 사회에서 사람들 사이의 신뢰를 더 발전시키려면, 우선 타인과 어떻게 지속적인 관계를 맺을 것인가라는 '관여·약속 문제'를 해결해야 한다. 이것이 해결되지 않는 한, '신자유주의 양식'도 해소되지 않는다. 야마기시에 따르면, 이렇게 하려면 개인은 아무튼 자신이 타인을 신뢰하고 있음을 먼저 보여 주는 행위를 할 필요가 있으며, 또 이렇게 하도록 유인을 높이는 제도를 만들 필요가 있다고 한다. 야마기시가 실제로 한 사회실험에 따르면, 낯선 타인을 신뢰하는 사람이 상대의 신뢰도 받고, 장기적으로는 이득을 본다고 한다.

이것은 상대가 자신을 배신하지 않는 까닭은 배신하지 않는 편이 분명 상대방에게 이익을 가져다주기 때문이라고 보는 '안심'의 사고방식과는 다르다. 인간은 자기 이익을 최대화하는 존재라는 이해에 입각하고, 또 자기는 이런 사람에게 절대로 속지 않을 것이라는 기준에 비추어 행동하는 사람은, 결국 신뢰할 수 없는 사람과 관계를 가질 경우 지속적인 관계를 맺을 기회를 스스로 내치게 된다. 즉, 자기 이익을 의식적으로 추구하지 않고 상대를 신뢰함으로써 관여·약속

---

12　山岸俊男,《信賴の構造—こころと社會の進化ゲーム》, 東京大学出版会, 1998.

문제를 해결하는 쪽이 사회의 총체적 이익은 물론이고 자신의 이익도 실현해 갈 수 있는 방법이다.

물론 여기서 문제는 그렇다면 어떻게 사람과 사람 사이의 '신뢰'를 높이는가라는 점이다. 야마기시처럼 하는 편이 이득인데, 왜냐하면 결국 이것은 개인의 이익을 기준으로 설득하는 절묘하고 대담한 곡예이기 때문이다. 그러나 사람에게 "상대를 신뢰하라"고 호소한다고 해서 그것만으로 사람들 의식이 바뀌는 것은 아니다. 거기서 나서야 하는 것이 바로 정치이다. 그 예를 아래에서 살펴보자.


## 태머니 홀의 사례

미국 정치사에서 유명하고 악명 높은 정치 단체로는 '태머니 홀(Tammany Hall)'이 있다. 이 조직은 원래 18세기 말 뉴욕 주민의 상호부조 조직으로 생겨났지만, 그 후 20세기 초반까지 표를 매수하는 공작을 벌여 뉴욕시의 정치·행정을 좌우하고, 표심 잡기를 담당한 이른바 '정치 메시지'로서 군림했다. 이 시대의 뉴욕시장과 주지사는 태머니 홀의 지원 없이는 뽑히지 못했으며, 민주당의 유력 후보자조차도 태머니 홀의 지원이 없으면 후보자 지명을 따낼 수 없을 정도였다고 한다. 이 태머니 홀의 이름이 일약 유명세를 치른 것은 태머니 홀의 정식 멤버가 아닌데도 이 조직의 지원을 받아 제퍼슨 대통령 시대(1801~1809년)에 부통령이 된 정치가 애런 버(Aaron Burr, Jr.)이다. 그는 미국 건국의 아버지 중 한 명인 알렉산더 해밀턴과 결투를 벌여 해밀턴을 죽인 인물로도 알려져 있다.

태머니 홀이 미국 정치에 큰 영향력을 갖게 된 이유 중 하나는 '미국의 현관'이라 불리는 뉴욕시에 매년 수십만 명씩 유입된, 아일랜드와 독일, 이탈리아, 폴란드 이민자들 때문이었다. 이민자들은 대체로 영어를 잘하지 못했는데 태머니 홀이 이들을 점찍어 자신들 마음대로 선거 때 조종한 것이다. 심지어 미성년자도 유권자로 등록시키고 미리 준비한 투표용지를 주면서 투표소에 줄을 서게 했다. 태머니 홀은 이런 식으로 선거구마다 몰표를 챙겼고 태머니 홀의 인간들은 대부분 '보스'로 불리게 됐다.[13]

태머니 홀은 민주당(전에는 민주공화당) 내에서 영향력을 휘둘렀지만, 원래부터 당파적인 조직은 아니었다. 태머니 홀을 실질적으로 움직인 것은 뉴욕시의 상업이나 은행업을 생업으로 삼았던, 이른바 명사들이었다. 바로 이 때문에 그들의 목적은 명쾌했다. 즉, 정치적 영향력을 행사해 자신들의 비즈니스를 유리하게 이끄는 것이었다. 가령 1800년 대선을 앞두고 애런 버는 뉴욕에 상수도를 두루두루 설치하겠다고 공약했는데, 이 인프라 정비를 위해 새로운 은행을 설치할 것을 제안했다. 그로 인해 그는 막대한 이익과 지지를 얻게 됐다.

이렇게 보면, 태머니 홀이 단순히 신세계에 당도한 신참자를 먹잇감으로 삼은 조직으로 보일 것이다. 그것도 사실이다. 그러나 이민자들이 그들에게 일방적으로 이용당한 것은 아니다. 원래 태머니 홀은 이런 중요한 '고객'들을 보살핌으로써 비로소 영향력을 발휘할 수 있었다. 원래부터 미국은 사회 복지 제도가 발달되지 않은 나라이다. '약속의 땅'에 새롭게 도착한 이민자 대부분은 극빈 속에서 살 수밖

---

13  Oliver E. Allen, *The Tiger : The Rise and Fall of Tammany Hall*, Addison-Wesley, 1993.

에 없었다. 이런 현실에서 반쯤이나마 공적인 부조 시스템으로 기능했던 것이 태머니 홀이었다. 엄동설한일 때에는 몸을 녹일 수 있는 석탄과 식량을 제공하고, 또 '귀화위원회'를 통해 귀화 신청자를 뒷바라지하는 것이 그들의 일상 활동이었다. 이민자 관리를 하던 앨리스 섬은 태머니 활동가가 파견돼 이민자들을 뒷바라지하던 장소이다. 지금은 이곳에 '이민박물관'이 들어서 있는데, 당시 태머니 홀이 작성한 이민자용 팸플릿이나 여타 관련 물품들이 놓여 있다.

미국 민주당이 본격적으로 탄생한 1830년대에는 잭슨 정권에 의해 '엽관제도'[14]가 중앙·지방을 불문하고 전면적으로 채택된 시대이기도 하다. 이것도 태머니 홀의 영향력을 더욱 크게 만드는 계기가 됐다. 시정(市政)의 구석구석까지 파견된 '보스'가 자신의 권한을 이용해 이민자들의 일자리를 보살피게 됐기 때문이다. 그중에서도 유명한 것이 조지 플런키트(George Washington Plunkitt)라는 태머니 홀 출신 상원의원의 활동이다. 그는 인터뷰에서 정계에는 "정직한 뇌물 수수 정치인과 부정직한 뇌물 수수 정치인"이 있다고 하면서, 자신은 "정직한 뇌물 수수 정치가"로 분류된다고 당당하게 얘기한 인물이었다. 플런키트는 아일랜드 이민자 후손으로 정육점에서 일한 후에 토지 전매를 통해 큰돈을 번 정치인이다.

그의 말에 조금 더 귀를 기울여 보자. 플런키트는 이렇게 말한다. 가령 뉴욕시가 새롭게 공원을 건설한다는 얘기가 있다고 하자. 자신은 이런 얘기를 일찌감치 듣고서는 예정지 주변의 토지를 매수하여 시에 비싼 가격으로 되팔아 치운다. 여기서 생긴 자금으로 잠재적인

---

14 [옮긴이] spoils system. 선거에서 승리한 정당이 자기당 소속 당원에게 정실(情實)적으로 관직을 주는 정치적 관행을 가리킨다.

지지자들을 돌본다. 이런 행위는 자기 이익만 생각하는 단순한 '약탈자'와는 다르다. 자신의 이익(돈), 공공의 이익(공원 건설), 당의 이익(표의 획득)이라는 세 가지를 양립시키기 때문에 자기는 '정직한 뇌물 수수 정치가'라는 것이다.[15]

"정직한 조지"라고 불렸던 그는 기록에 따르면, 자신의 선거구에서 한밤중에 불이 나더라도 소방차와 비슷한 시간대에 달려가며, 아침에는 법정에서 경범죄로 체포된 유권자를 면회하고, 오후에는 장례식에 참석하며, 그 사이사이에 취직자리를 찾기 위해 뛰어다닌, '뒷바라지'를 매우 잘한 좋은 정치가였다. 그는 화재로 집을 잃은 가족에게 현금과 옷을 마련해 주고, 그들이 공화당 지지자인 경우에는 몇 개월에 걸쳐 돌봐 줬다고 한다. 플런키트는 가난한 자야말로 [자신에게는] 세상에서 "가장 감사한 존재"라고 했다. 왜냐하면, 그들은 부자보다 친구가 많아 다음 선거에서 많은 표를 데려왔기 때문이다. 1924년에 막대한 재산을 품고 죽은 그의 장례식 조사는 "그는 정치란 정직함도 효율도 진보적인 비전도 아니고 더 좋은 일자리, 더 싼 밀가루, 더 좋은 비즈니스 환경임을 이해했다"는 것이었다고 한다.

오늘날의 유권자들은 이런 정치 모습에 대해 틀림없이 눈을 부라릴 것이다. 태머니 홀을 단순히 가난한 자의 친구였다고 치부해 버릴 수는 없다. 때로 태머니 홀은 얼음 값을 왕창 올려 독점 기업의 매출이 더 올라가게 하거나, 이런 공공사업체로부터 뇌물을 받기도 했다. 빈곤층이 더 살기 쉬운 도시 환경을 만들고자 한 것이 아니다.

15  William L. Riordon, *Plunkitt of Tammany Hall: A series of very plain talks on very practical politics*, St. Martin's Press, 1993.

그러나 [일자리 등을] 알선해 주는 대신에 표를 얻는 것, 그리고 뒷바라지를 하는 대신에 표를 손에 넣는 것이 정치의 기본적인 기능 중 하나임은 부정할 수 없다. 정치가 제공해야 할 것이 주거나 노동허가증인지, 다리나 도로인지, 임금인상이나 사회보장인지 등과 같은 논의는 또 다른 것으로 생각해야 한다. 여기서 문제 삼는 것은 사람들이 정치와 왜, 어떻게 관계를 맺는가 그리고 정치는 얼마나 사람들 사이를 매개할 수 있는가라는 점이다.

적어도 '신자유주의 양식'과 비교하면, 이런 정치가와 유권자 사이의 '교환'은 장래에 확실하게 이루어질 수 있는 물질적 보증이 없는, 굳이 말하면 '증여'와 '의리'에 기초한 관계이다. 태머니 홀이 추천하는 후보자에게 표를 던지지 않는다고 해서 그 유권자가 괴롭힘을 당하거나 박해를 받았다는 사실은 적어도 일반 유권자에 한해서는 확인할 수 없다. 상상력을 조금 깔고 보면, 이 시대에 태머니 홀의 후보자에게 한 표를 던진 유권자는, 권력이란 자신들의 막연한 지지를 얻는 것이 아니라 어떤 형태로든 더욱이 자신에게 직접적으로 영향을 미치는 것이라고 기대했을 것이다. 태머니의 정치가도 그들의 기대를 충족시키는 것이 자신의 권력과 돈의 기반임을 충분히 인식했을 것이다. 그렇지 않다면, 시대 배경을 빼더라도, 플런키트가 당당하고 자신만만하게 자기는 '정직한 뇌물 수수 정치가'라는 식으로 말할 수는 없다.

이렇게 생각하면 적어도 태머니 홀과 그 혜택에 관여했던 사람들(그중에는 많든 적든 정치인도 포함된다)에게는 상호 약속·헌신의 관계를 토대로 한 '안심 사회'가 구축되었다고 말할 수 있을 것이다. 사회 속의 관계성을 어떻게 안정시키는가, 즉 관계의 불확실성을 어떻게 줄이는가는 어느 시대에나 큰 문제였다. 이에 대한 한 가지 처방전은 특정한 상대와 맺는 관계를 직접적인 이익을 통해 지속해 나감으로써 배신이나 다양한 불확실성을 배제하는 것이었다. 이것은 정치에서 자기 이익을 추구하는 '신자유주의 양식'과는 다르다. 유권자들은 보살핌을 받기 때문에 태머니 홀이 말한 바를 들어준 것이며, 태머니 홀은 자신들의 권력 때문에 그들을 소중히 여겼다. 이것은 상호 의존적 관계다.

정치가와 유권자의 이런 '끈적끈적한' 관계는 깡패의 세력권 안에서 장사를 하는 상인과 이 상인에게서 지대를 갈취하는 야쿠자의 관계, 혹은 매춘을 하는 창녀와 포주의 관계와 전형적으로 비슷하다고 말할 수 있을 것이다.

이런 관계에서 결정적으로 결여된 것은 어느 한쪽이 일방적으로 관계를 파기하고 다른 관계를 구축할 '자유'이다. 앞의 야마기시 말을 사용하면, '기회비용'으로서의 자유이다. 그러나 그것은 또한 관계를 서로 일방적으로 파기할 수 없다는 것을 의미한다. 이것은 정치인과 유권자, 야쿠자와 상인, 포주와 창녀의 관계에서도 매한가지이다. 그리고 적어도 야쿠자가 휘두르는 폭력, 포주가 사용하는 협박과는 달리 민주정치에서 정치인은 표를 매수하는 것 이상의 수단은 쓸 수 없다. 게다가 설령 돈을 지급했다고 해도 그 표가 자신에게 오리라고 확신할 수 없다는 각오도 해야 한다. 이런 의미에서 민주정치에 있어서 정치가와 유권자의 관계는 본래 평등한 관계이다. '증여'가 이루어짐으로써 '의리'를 느낀다고 한다면, 이는 상당히 부자유한 것일지도 모른다. 다만 그 부자유는 관계의 안정성과 표리일체의 관계에 있다.

착각하지 말아야 할 것은 여기서 말하는 것이 정치가의 부정·부패를 특별히 너그러이 봐줘야 한다거나 구태의연한 이익정치가 권장되어야 한다는 얘기가 아니라는 점이다. 사람들이 정치와 관계를 맺는 경우 정치에 무엇을 기대하는지, 그 기대의 모습에 따라 어떤 정치가 생겨나는지에 큰 차이가 생긴다는 것을 말하려는 데 있기 때문이다. 신자유주의의 정치를 경험한 우리로서는 이를 더 명확하게 이해할 수 있을 것이다.


## 은고주의가 지속되는 이유

태머니 홀은 1968년 민주당에 의해 뭉개지고 숨통이 끊어졌지만, 태머니 홀의 옛 구성원은 다음과 같이 회고했다.

> 어수선한 이 시대의 정치가는 이제 유권자의 곁에 없다. 옛날에는 유권자를 만나러 6층의 값싼 아파트 계단을 뛰어올라 갔다. … 엘리베이터가 바삐 움직이는 시대에 계단은 이미 시대에 뒤처져 버렸다.[16]

태머니 홀의 활동은 직접적인 이익의 교환을 통해 성립된 전근대적 정치의 산물처럼 보일지도 모른다. 적어도 태머니 홀의 활동에는 그 이상의 무엇인가가, 즉 '안심'을 제공하는 정치가 있었다. 여기서 물어야 할 것은 유권자를 안심시키지 못하는 정치가 과연 정말로 성립될 수 있느냐이다.

---

16  Allen, Oliver E., *The Tiger: The Rise and Fall of Tammany Hall*, Addison–Wesley, 1993, p. 283.

좀 더 정치학적으로 설명해 보자. 태머니 홀처럼 유권자에게 공급한 어떤 서비스나 재화(이것은 직업일 수도, 알선일 수도, 도로일 수도 있다)와 유권자의 표가 교환된다는 것은 많은 국가나 시대에서, 또 현대에서도 많든 적든 관찰되는 현상이다. 이런 개인적인 관계를 기초로, 특정한 정치권력을 지지하는 것에 대한 보답으로 어떤 보수를 얻을 수 있는 정치의 방식은 "선심성 공약"[17]과 '후견인'(patronage), 더 일반적으로는 "정치적 은고주의(clientelism)"[18] 등으로 불리며, 전근대적인 '후진적' 정치의 대명사처럼 취급돼 왔다. 그리고 특정한 정치가의 권력에 관여해 물질적 이익을 자의적으로 배분하고, 유권자의 주체적 선택을 제약하는 정치는 비판적이고 자유로운 시민에 의한 수평적 관계가 구성해 내는 정치를 저해하는 것일 뿐 다른 아무것도 아니라는 이미지를 갖게 됐다. 만약 민주정치를 "주체적이고 자율적인 개인에 의한 자기 통치"로 정의한다면, 이 "정치적 은고주의"는 이와는 정반대 방향으로 나아가는 것이라고 해석되는 것도 당연할지 모른다.

지금부터 자세하게 서술하듯이, 정치학에서 말하는 은고주의는 문화인류학이나 역사학의 연구를 발전시키는 형태로 1960년대에 나온 개념이다. 은고주의가 정치적으로 바람직하지 않은 것 혹은 더 나아가 타기(唾棄)되어야 할 것이라는 규범적 지위를 획득하게 된 것도 정치에서의 가치 규범에 따른 바가 크다.

---

17 [옮긴이] 원래는 pork barrel(돼지 사료). 특정의 선거구만을 우대하는 보조금·법안을 가리키는데, 의원이 공공사업이나 공공시설 설립 계획 등을 자신의 선거구에 갖고 가서 그 고장 선거민에게 환심을 사는 수단으로 삼는다.
18 [옮긴이] 은고주의(clientelism)란 두목과 부하의 관계에 의존하는 사회를 가리킨다.

당초 은고주의는 전근대적 사회구조, 그것도 산업화 이전의 사회 구조를 짙게 반영한 것이기 때문에, 경제적으로 발전하거나 사회의 유동성이 높아지면 혹은 민주주의가 더 잘 기능하게 되면 점차 소멸된다고 가정되었다. 그러나 실제로는 현대에 이르러서도 개발도상국뿐만 아니라 선진국에서도 정치적 은고주의라고 불리는 현상이 일반적으로 계속 이어지고 있다. 예컨대 대통령의 권한이 막강한 국가(미국, 프랑스, 브라질)에서는 새로운 대통령 취임과 함께 많은 인재가 대통령에 대한 충성도나 그때까지의 지원 정도에 따라 교체된다. 혹은 경제 개혁이 진행될 경우에는 불가피하게 생기는 일부 사회계층에 대한 악영향을 메우기 위해 의도적으로 경제적·사회적 배려가 이루어지는 일도 있다. 구체적으로 말하면 일본의 경제산업부 장관과 농업부 장관이 국제 협상에 참가해, 일본의 중소기업이나 농가의 이익을 지키려는 것도 넓은 의미의 은고주의나 다름없을 것이다. 이런 태도는 '국익'이라는 형식에 의해 뒷받침될 수도 있으나, 개별 정치가에게는 이것이 재선이나 지지율을 높이기 위한 수단임을 뜻하기 때문이다.

거액의 재정적자를 안고 2008년에 일어난 리먼 쇼크 때문에 시장의 불신임을 겪은 그리스는 처음으로 금융 위기의 희생물이 된 국가이다. 유럽연합(EU)나 국제통화기금(IMF)에 의한 구제정책이 확정된 가운데, 비대한 공공 부문과 비효율적인 행정 부문과 함께 문제시된 것이 그리스의 은고주의였다. 그리스는 정치 엘리트가 주체가 되어 급속한 근대화와 민주화를 이뤄 냈다. 하지만 그 속도가 너무 빨라 정부가 전근대적인 영역을 통합할 수 없기 때문에 지역 원로나 정당에 의존했으며, 통치제도에 지방을 종속시키려고 했기 때문에 정치적 은고주의가 잔존하게 됐다고 지적된다.[19] 반대로 원래 강력한 왕정을 바탕으로 한 중앙집권국가였던 스웨덴 등은 국민국가를 완성시키는 데에 은고주의에 의존할 필요가 없었고 그래서 "깨끗한(clean)" 정치를 실현할 수 있었다고 말할 수 있다. 이런 역사적 관점 없이 정치는 이해할 수 없다.

즉, 정치적 은고주의는 해당 국가나 지방이 어떤 역사를 거쳤는가와 크게 관련돼 있다. 그리스를 예로 들어 정치적 은고주의가 바람직하지 않다고 단죄할 수도 있다. 하지만 은고주의가 민주정치에서 모종의 기능을 맡고 있다면, 이는 은고주의가 간단히 사라지지는 않을 것임을 뜻한다.

그 때문에 정치적 은고주의를 생각할 때 필요한 것은, 정치적 은고주의가 왜 생기느냐가 아니라 정치적 은고주의가 왜 없어지지 않는가, 형태를 바꾸면서도 지금까지 왜 다양한 곳에서 발견되는가라는 관점이다. 여기서는 정치적 은고주의에 대한 선행 연구를 정리하지 않을 것이고, 연구의 관심을 은고주의가 왜 이렇게도 강력한가로 바꿀 것이다. 그 결과, 정치적 은고주의가 다음의 세 가지 특징을 갖고 있음이 드러난다.

하나는, 은고주의가 표나 정치적 지지를 얻기 위해 정치적·경제적인 재화(직위나 공공사업)를 그 대신 제공한다는 구도로만 환원되는 것이 아니라, '정치적 보호자patron'(정치가나 보스)와 '정치적 클라이언트'(유권자와 지지자) 사이의 장기적이고 지속적인 관계에 의해서도 지

---

19  Apostolis Papakostas, "Why is there No Clientelism in Scandinavia?: A comparison of the Swedish and Greek Sequences of Development", in Luis Roniger and Ayşe Güneş-Ayata (eds.), *Democracy, Clientelism, and Civil Society*, Lynne Rienner Publishers, 2001.

탱된다는 점이다. 이것은 예를 들면 특정한 공공사업을 둘러싼 뇌물수수 등이 은고주의의 한 단면일 뿐이며, 은고주의는 보통 다양한 재화의 집합을 등가적으로 교환하는 '패키지 딜(package deal)'이 있어야 성립된다는 것과 관련되어 있다.

구체적인 메커니즘을 통해 살펴보자. 어떤 단계에서 보호자와 클라이언트의 관계가 시작된 경우, 이들은 서로 재화를 요구하고 서로에게 각자가 필요한 재화를 융통해 준다. 그렇다고 해서 이들이 마음대로 이를 제공할 수 있는 것은 아니다. 유권자는 직장을 구하고 있는 데도 정치인들이 연금을 늘리려고 해 봤자, 또 정치인들이 표를 구하고 있는 데도 유권자가 자기 소유의 물건을 제공해 봤자, 이는 거래로서 성립되지 않는다. 은고주의가 성립하기 위한 조건은, 상대가 요구하는 것을 [자신이] 제공할 수 있는지, 상대가 [자신에게] 제공할 수 있는 것과 없는 것은 무엇인지를 판단하고 또 이런 것들에 대해 값어치를 매기는 것이다. 이것은 시장의 등가 교환과 다르며, 보호자와 클라이언트가 각각 제공할 수 있는 재화의 가치가 각각의 보호자와 각각의 클라이언트마다 다르다는 데서 유래한다. 보호자가 가진 A라는 재화와 클라이언트가 가진 B라는 재화가 등가일 보증은 없으며, 이런 경우는 예를 들면 A=B+C가 될 수 없을까라는 식으로 교섭이 이루어지지 않으면 교환관계는 만들어지지 않는다. 그리고 그때마다의 정치·경제 상황에 따라 각각이 제공할 수 있는(즉 요구할 수 있는) 재화의 가치는 바뀌기 때문에, 그 시점에서 한쪽에는 A+C=B가 될 수도 있고, 이런 경우에는 손실분을 보충해 달라는 요구가 나오게 된다. 이런 '증여'의 연쇄적 응답에 의해, 보호자와 클라이언트의 관계는 '[끊으려야 끊을 수 없는] 더러운 인연'처럼 장기적인 것으로 되지 않을 수 없게 된다. 간단하게 말하면, 은고주의는 부단한 교류와 거래를 보호자와 클라이언트에게 요구하는 것이다.

정치적 은고주의가 지닌 또 다른 특징은, 특히 신흥민주주의 국가에서는 약자가 정부에 요구를 들이대는 정치적 수단이 된다는 것이다. 이런 국가들에서는 정치 엘리트가 안정적이고 폐쇄된 권력 기반을 갖고 있는 경우가 많아 정치적 반응성이 부족하고, 유권자의 요구에 귀를 기울일 인센티브도 별로 없다. 그래서 오히려 유권자가 클라이언트로 자발적으로 변모하여 이런 통치자를, 즉 정치가를 자신의 보호자로 마음대로 조작해 버린다. 그렇게 함으로써 약속·관여 관계를 구축하고 자신이 원하는 것을 획득하려는 것이다. 무언가를 요구하고 이를 얻은 경우에만 정치적 지지를 '내미는' 것이다. 이 경우 정치가에게는 상대의 지지를 정말로 얻을 수 있을지 없을지 불확실성이 남아 있지만, 클라이언트가 원하는 것을 제공했다는 실적을 바탕으로 클라이언트들의 지지를 획득할 수 있기 때문에 정치가들도 보호자가 될 유인이 작동하게 된다.

통치자로부터 사회의 이익을 끌어내는 기능을 담당하는 것이 다원주의적 정치체제에서는 로비활동을 하는 압력단체일지도 모른다. 하지만 압력단체와 같은 이익 매개 형식을 가진 국가도 그렇지만, 원래 이익단체를 통한 이익의 매개가 다원적이라는 보장이 없으면, 결과적으로 '약육강식'의 이익 매개 구조가 출현할 것이다. 브라질이나 아르헨티나 같은 남미 국가들은 정치적 은고주의 정도가 높지만, 이들 국가에 특징적인 것은 민주화형·사회운동형으로 분류되는 은고주의가 많다는 것이다. 즉, 일부 엘리트층에 편중된 자원과 자본에 대해 자신들의 몫을 요구하는 형태로 은고주의가 발생한다. 그리고 이들 민주화형·사회운동형의 은고주의는 물질적인 요구라기보다는 사회제도의 개방성이나 국가자원의 몫(권한 이양)을 요구할 경우 발생하기 쉽다고 한다. 이런 종류의 정치적 은고주의는 대의제 민주주의에 부족한 기능을 보충하는 작용을 하기도 한다.[20]

정치적 은고주의의 마지막 특징은 감정을 기반으로 하는 공동체의 통일성을 키워 내는 효과를 갖는다는 것이다. 예를 들면 아르헨티나 빈민촌의 정치적 은고주의를 분석한 연구자는, 정치가 주민의 요구에 부응하여 일자리나 마약 밀매에 이르기까지 다양한 재화를 제공하고 있음에도 불구하고, 클라이언트와 원활한 관계를 유지하려면 위와 같이 재화를 제공하고 편의를 도모해야 할 뿐 아니라 주민이 권력자를 승인한다고 하는 비물질적 이익까지 부수적으로 일어나야 한다고 한다. 이것은 빈자들이 요구하는 것이기 때문에 재화를 제공할 능력이 있는 쪽, 즉 정치가나 권력자가 스스로 제공해야 한다. 평상시의 일상생활에서도 부자가 빈자에게 단순히 돈을 준들 그다지 고마워하지 않는다. 오히려 이런 식의 은고주의는 단순히 통치자가 하는 협박으로 바뀌어 버리고 시민의 자존심을 상하게 해 결과적으로 상호 신뢰관계에 금이 가게 하기 때문이다. 거기서는 "호혜 관계와 계산은 존재하지만, 권력자의 내집단(inner circle)이 내리는 승인이 훨씬 더 유의미하다."[21] 이런 승인을 통한 감정적 결합이 보호자와 클라이언트 사이에 존재하기 때문에 양자의 관계는 어느 한쪽이 우위를 차지하는 것이 아니라, 헤겔이 말하는 '주인-노예'의 관계처럼, 서로가

---

20  Simona Piattoni (ed.), *Clientelism, Interests, and Democratic Representation*, Cambridge University Press, 2001.

21  Javier Auyero, *Poor People's Politics*, Duke University Press, 2000. p. 53.

서로를 필요로 하는 평등주의적인 관계가 형성되며, 이런 식으로 공동체의 강도는 높아진다. 정치적 은고주의란 집단을 통한 개인의 욕구(needs)를 고려하는 것이며, 따라서 개인의 문제를 공공적 문제로 전환시키는 기능을 갖고 있기에 사회에 플러스로 작용할 것이다.[22]

다만 이것들은 정치적 은고주의에 대한 거시적 관점의 논의이다. 어떤 문화인류학자가 레바논 북부 마을에서 실시한 현지 조사를 통해 증언하듯이, 보호자와 클라이언트 사이가 평등하더라도 경우에 따라서는 전자가 후자에 폭력을 가하는 경우가 있다. 이런 경우 국가가 법적으로 개입하지 않아서 결국 보호자의 정치적 영향력만 확대시키는 것으로 끝나 버릴 가능성도 있다.[23] 모든 정치현상과 마찬가지로 정치적 은고주의에도 플러스와 마이너스의 양면이 있다.


## 강령, 카리스마, 은고주의

그렇다면 일반적인 정치가와 유권자의 관계성에서 은고주의는 어떻게 자리매김되는가? 여기서는 정치학자 키트셸트의 논의를 따라 분류해 보자.[24] 그는 정치계급과 유권자 사이에는 일반적으로 말해 세 개의 관계성(linkage)이 있다고 지적한다. 그것이 강령(정치 프로그램)적

---

22  Ayşe Guneş-Ayata, "Clientelism: Premodern, Modern, Postmodern", in Luis Roniger and Ayşe Guneş-Ayata (eds.), *Democracy, Clientelism, and Civil Society*, Lynne Rienner, 1994.

23  Michael Gilsenan, "Against Patron-Client Relations", in Ernest Gellner and John Waterbury (eds.), *Patrons and Clients*, Duckworth, 1977.

24  Herbert Kitschelt, "Linkages between Citizens and Politicians in Democratic Polities", in *Comparative Political Studies*, vol. 33, 2000.

관계, 카리스마적 관계 그리고 은고주의적 관계이다.

강령적 관계는 정당을 중심으로 구체적인 정책들이 유권자에게 제시되고, 유권자가 이런 정책들 중에서 선택한다는 연계(linkage) 방식이다. 카리스마적 관계는 영향력이 매우 큰 한 명의 정치가의 능력을 유권자가 신뢰하고, 이 정치가에게 일종의 백지위임장을 주는 경우의 연계 방식이다. 그리고 여태까지 말했듯이 은고주의적 관계는 정치계급이 정치적 지지를 얻는 대신 지지자들에게 재화를 제공하거나 편익을 도모하려는 경우를 가리킨다. 일본 정치로 말하면, 각각 마니페스토형, 극장형, 이익정치형으로 분류되는 관계라고 말할 수 있을 것이다.

여기서 중요한 것은 키트셸트가 논증하듯이, 연계 방식(mode)으로서 은고주의적 정치가 질적으로 뒤처지는 것은 아니라는 점이다. 은고주의가 지배적인 양식이 되면 확실히 폐쇄적이거나 현상 유지적 정치가 초래된다고 지적할 수는 있다. 그렇지만 카리스마 연계나 강령적 연계가 은고주의 연계에 비해 뛰어난 것도 아니다. 분명 카리스마 연계는 알기 쉽고 정책 혁신을 일으킬 수도 있지만, 한번 신임을 받은 카리스마 정치가는 속인적(屬人的) 요소에 기반해 지지를 받는 것이고, 또 선출된 후에 유권자의 기대에 부합하는 정책을 수립한다고는 할 수 없다. 그리고 강령에 근거한 관계는 유권자가 무엇에 투표하는지 알기 쉽다는 장점이 확실히 있으나, 그 강령이 누구를 겨냥해 제시된 것인지가 꼭 명확한 것은 아니며, 일단 정권을 쥔 후에는 그 강령을 융통성 있게 혹은 반대로 경직되게 해석하는 탓에 정치 자체가 유권자의 기대에 부응하지 못할 가능성이 있다. 더욱이 유권자는 어디까지나 강령만 보고 투표할 수밖에 없으며, 어떤 정치인을 당선시키고 싶은지 같은 의견은 반영되지 않는다. 이런 의미에서 마니페스토 선거도 만능이 아니다.

키트셸트의 문제의식은 각각의 연계가 어떤 조건에서 선택되는가라는 점에 있지만, 다른 한편으로 [그는] 은고주의 연계가 민주정치에 있어서 정치와 시민 사이의 보편적인 관계 중 하나이기도 하다고 주장한다. 은고주의 연계는 민주정치에서 중요하다고 여겨지는 정치적 반응성과 설명 책임에서 다른 연계들보다 뒤처진다고 흔히 간주되지만, 키트셸트는 반드시 그렇다고 잘라 말할 수는 없다고 한다. 왜냐하면 보호자와 클라이언트의 관계가 직접적이고 교환관계를 바탕으로 한 것이기 때문에 보호자가 특정 재화의 공급을 게을리하면 정치적 지지가 철회되듯이, 이런 식의 모종의 긴장관계가 통치자와 피통치자 사이에서 항상 작동되기 때문이다. 그러나 정치인의 카리스마나 정당의 강령을 통한 관계에서는 이런 식의 긴장관계가 작동되지 않는다.

키트셸트가 말하듯이, 마르크스와 엥겔스는 물론이고 J. S. 밀 같은 자유주의자도 민주주의와 자본주의가 양립 가능하다고 간주하지 않았다. 민주주의와 자본주의 사이의 위태로운 균형은 선진국과 신흥민주주의 국가 혹은 개발도상국에서 다음과 같은 이유 때문에 성립됐다. 즉, 선진국에서는 복지국가가 완성되어 빈부격차가 메워지고 계급 간 불균형이 시정될 수 있었기 때문이다. 또 신흥민주주의 국가 혹은 개발도상국에서는 특히 정치적 은고주의 때문에 오히려 부의 재분배가 가능해졌기 때문이다. 다시 말해, 사회보장의 그물망이 느슨한 국가와 사회에서 정치적 은고주의는 복지국가를 보완하고 더 나아가 대체하는 기능을 맡고 있다.

정치적 은고주의라고 말하면 부정·부패 같은 더러운 이미지를 떠올릴지 모른다. 그러나 키트셸트의 다른 연구에 따르면, 은고주의적 정치를 펼치고 있다고 여겨지는 국가와 그 국가의 부패도 사이에는 분명한 상관관계가 발견되지 않는다.[25] 은고주의와 부패를 동일시하는 것은 신흥민주주의 국가나 개발도상국 일반이 은고주의 정책을 취하고 있다는 것과 이들 국가에서는 다른 어떤 요인 때문에 부정한 일이 발생하고 있다는 것 사이에 '관찰상의 일치'가 생겨난다는 것, 다시 말해 우리의 편견 때문에 생겨난다고 말하는 편이 적절할 것이다.


## 교환의 정치를 향해

여기서의 목적은 정치적 은고주의가 나쁜 것이냐 좋은 것이냐를 따지는 데 있지 않다. '교환관계'로 이루어진 정치적 관계의 보편성과 그 메커니즘을 지적하는 것이었다. 섣부른 인상에 비추어 논의하는 것에서 한 걸음 더 나아가면, 주고받는 재화의 내용은 다르더라도 정치적 은고주의처럼 통치자와 피통치자가 뭔가를 교환하는 것은 예로부터 이어진 정치의 모습이었다. 유권자 표가 통치자의 정책이 되고 통치자가 펼치는 정책이 유권자가 던지는 표가 되듯이, 정치가와 유권자의 순환적 연관 속에서 이들 사이에서 다양한 것이 교환되면서 대화가 진행된다. 이것은 일시적이고 쉽게 바뀌는 '신자유주의 양식'

---

25 Herbert Kitschelt, "The demise of clientelism in affluent capitalist democracies", in Herbert Kitschelt and Steve I. Wilkinson (eds.), *Patrons, Clients and Policies*, Cambridge University Press, 2007.

아래서의 정치적 관계와는 다른 것이다.

정치학자 고바야시 마사야는 정치적 은고주의가 지닌 사정거리를 다음과 같이 단적으로 설명한다.[26] 고바야시는 클로드 레비스트로스의 문화인류학이나 이를 비판적으로 응용한 아이젠슈타트와 로니거의 정치적 은고주의 논의를 검토하면서, 정치에서의 교환은 시장에서의 교환으로 상징되는 '특정적인 교환'과 다르며, 사회적 상호 작용에 진입해야 한다는 의무를 수반하는 공동체에 속한 개인들을 지원하는 '일반교환'이라고 말한다. 달리 말하면, 시장에서의 교환관계는 개개인이 자신의 이익(시간이나 자유)을 최대화하는 '수평적'인 교환인 반면, 정치적 은고주의는 '수직적'인 사회관계를 축으로 한 교환이다. 여기서 정치적 은고주의는 "'열린' 시장, 권력의 교환 혹은 투쟁에 있어서의 위험과 불확실성에 맞서 안전성을 확보하는 보험 시스템으로서 기능하게"[27] 된다고 한다. 그렇다면 정치가 안전이나 안심을 제공하는 것 자체를 비난할 수는 없다.

고바야시와 마찬가지로 정치이론가 욘 엘스터는 정치를 시장으로 보는 시각에 반대한다. 정치는 미리 고정된 개인의 선호가 그대로 반영되는 장소, 즉 자신이 원하는 것을 요구하는 시장과는 다르다. 그 개인이 무엇을 원하는지, 무엇이 주어져 있는지는 사회 상황에 따라 달라진다. 무엇보다 개인이 원하는 것만을 추구해서는, 자신 이외의 공동체의 다른 구성원들에게 사회적인 재분배를 행한다고 하는 정치의 기능은 실현되지 않게 된다. 이런 의미에서 정치는 개인이 자신

---

26  小林正弥, 《政治的恩顧主義論(クライエンテリズム)—日本政治研究序説》, 東京大学出版会, 2000.

27  위의 책, 160頁.

의 편익을 실현하기 위한 도구나 수단이라고 할 수 없고 그렇게 해서도 안 된다. 다른 한편으로, 엘스터는 정치를 단순한 '목적'으로 보는 것, 즉 사람들이 모여서 의견을 나누고 합리적 결론에 도달하기 위한 포럼이라고 여기는 견해에도 반대한다. 사람들이 아무리 토의에 참가해도, 시간이 유한한 탓에 합리적 해결책이 나온다고는 할 수 없고 그렇다면 결단을 내려 사람들에게 편익을 돌려줘야 하기 때문이다.[28] 이런 엘스터의 분류를 따르면, 정치는 사람들의 수단으로 왜소화되는 것도 아니고 사람들의 활동 목적으로 존재하는 것도 아닌, 그 중간에 있는 것이다. 그렇다면 수단과 목적을 연결할 수 있는, 개인과 정치를 결부시키는 어떤 행위가 상정되어야 한다. 정치"에 의해 살아가는" 것도, 정치"를 위해 살아가는" 것도 아니라, 정치를 타인과 "만들어 내기" 위해서는 아무래도 자기 이외의 존재와 뭔가를 계속 교환해야만 한다.

애덤 스미스는 《국부론》(1776년)에서 "심지어 나쁜 군주조차도 농민들이 수입에 대해 기대하는 것 이상으로 신민들에게 동정심을 느낀다. 그는 자기네 집안의 영구적인 위대함이 신민의 번영에 달려 있음을 알고 있으며, 자신의 일시적인 이익을 위해 그 번영을 결코 황폐화시키려 들지 않는다"고 말했다. 이 스미스의 지적이 옳다면, 군주와 신민 혹은 더 나아가 정치와 시민의 관계는 신민이나 시민이 군주나 정치에 일방적으로 복종하는 것이 아니며, 선거철에만 표와 정책을 교환하는 것도 아니다. 그런 식으로 보는 것 자체가 이미 '신자

---

28  Jon Elster, "The market and the Forum: Three Varieties of Political Theory", in Jon Elster and Aanund Hyland, Aanund (eds.), *Foundations of Social Choice Theory*, Cambridge University Press, 1986.

유주의 양식'하에서만 정치를 진단할 수 있게 됐다는 증거이다.

서둘러 결론을 내자. "자기가 원하는 선거 결과를 실현하기 위해 여러 가지를 고려하여 자기의 한 표를 행사한다", "이런 결과를 실현하기 위해 정보를 적확하게 입수하려고 한다"는 것을 "현명한 유권자"[29]라고 보는 전제는 뒤집혀야 한다. 이런 유권자상은 자신이 원하는 것을 손에 넣는 '시장'으로서의 정치 말고는 아무것도 낳지 못할 것이다.

경제인류학이라는 분야를 구축한 칼 폴라니는 경제에는 '형식적 의미'와 '실체적 의미'가 있었지만, 경제를 목적과 수단의 관계에 비춰서 파악하는 '형식적 의미'가 우위를 차지했기 때문에 사람들의 생활을 보장한다는 '실체적 의미'가 모조리 감춰져 버렸다는 데서 근대 사회의 병리를 봤다. 그리고 함무라비 왕조시대나 고대 그리스에서는 경제 개념, 더 나아가 화폐, 교역, 시장이 서로 독립적이며, 화폐나 교역은 단순한 교환 수단이나 매개가 아니라 호혜나 재분배의 원리에 기초하여 행해져 왔다고 역설했다.[30] 그의 입론에 따르면 원래 노동, 토지, 화폐는 개별적으로 발전한 것이며 이를 경제의 '형식적 의미' 아래에 통합시킨 것은 유럽의 특수한 발전 경로일 뿐이다. 따라서 이미 허구(fiction)로 이루어져 있는 경제적 원리를 고스란히 정치에 대입시켜 사고하는 것은 폐해를 갖고 있다.

이것은 곧바로 다음을 시사한다. 인간, 더욱이 정치세계와 관련된

---

29  北野和希, "行き場を失った「賢い有権者」─維新,巧みな戦略で比例第2党に", 《世界別冊 政治を立て直す》, 岩波書店, 2013, 32頁.

30  Karl Polany, Conrad M. Arensberg, Harry W. Pearson, *Trade and Market in the Early Empire: economies in history and theory*, Fress Press, 1957. [칼 폴라니, 《초기 제국의 교역과 시장》(1957), 이종욱 옮김, 민음사, 1994.]

인간은 자기 이익을 합목적적으로 성취하는 것을 목적으로 하는 존재가 아니라, 타자와 다양하게 관계 맺음으로써 성립된 관계성, 그것도 물질적인 것뿐 아니라 승인이나 자존심의 충족 등이 동기가 되어 관계를 맺을 가능성이 있다는 것이다. 정치를 시장으로 파악하는 것에서 도출되는 인간상은 자기 이익과 대상 사이의 거래관계에서만 살아가는 일원적이고 순간적인 존재이지만, 교환관계에서 파악하는 인간상은 대상에 대한 애착이나 생각, 그것을 통해 자존심이나 사회적 승인을 채우는 다원적인 존재로 승화되어야 할 것이다.[31] 그것은 인간이 정치라는 공동 작업에 관여하려면 타자의 존재를 반드시 전제해야 하며, 타자의 존재를 전제하려면 물질적·비물질적인 것을 불문하고 각자가 자력으로 충족시킬 수 없는 유형무형의 재화의 교환이 관계성의 구축을 위해 필요하기 때문이다. 원하는 것을 얻을 수 없어서 정치에서 물러서는 것이 아니라 자기가 갖고 있는 재화를 교환하면서 원하는 것을 실현해 가는 것이 정치이며, 정치의 존립 조건이다.

## '증오(hate)'가 생기는 이유

영화로도 만들어진 마이클 코넬리의 작품 《링컨 차를 타는 변호사 (*The Lincoln Lawyer*)》(2005년)는 미국의 변호사를 중심으로 펼쳐지는 서스펜스 소설인데, 사실상 증여관계 때문에 빚어지는 '정의'를 묘사하

---

31   Lars Udehn, *The Limits of Public Choice*, Routledge, 1996.

고 있다. 이야기는 행실이 나쁘고 오로지 배상금을 목표로 한 변호만 수임하는 변호사가 함정에 빠져 피고인이 살인범이라는 것을 알면서도 피고인을 변호해야 할 처지에 놓인 데서 시작된다. 그러나 이 작품의 묘미는 '계약'과 '정의' 사이에서 고심하는 변호사를 다룬 일반적인 줄거리 전개를 갈아 치우고, 정의가 '증여관계'에 의해 관철될 수 있다는 보편을 그려 내는 데에 있다. 주인공인 변호사는 피고인이 정말로 살인범이 아닌지를 조사하는 과정에서 자신이 과거에 유사한 사건을 담당했음을 떠올린다. 당시 용의자의 무죄를 믿지 않고 사법 거래를 통해 유죄로 만들어 버렸던 것에 깊은 죄의식을 품게 된다. 그리고 수감되어 있는 전 피고인이 있는 곳으로 달려가 "내 죄를 밝힐 기회를 원한다"며 용서를 구하고 진범을 밝혀내는 데 성공한다. 자신에게 거액의 사건을 의뢰한 범죄 집단의 도움을 받는 대신, 변호 비용을 공짜로 해 주고 전 부인과 재결합해 가정이 있는 사람으로서의 책임감에 눈을 뜨기도 한다. 대차관계[빌리고 빌려 주는 관계] 속에 자리 잡음으로써 자신이 저지른 죄를 변제하고, 정의가 실천되는 과정을 그리고 있는 작품이다. 사람과의 지속적인 관계를 전제로 하지 않으면, 정의라는 관념조차 잃어버릴 수 있다.

이런 이야기는 사람들의 수평적 관계에서뿐만 아니라 정치와 유권자 사이의 수직적 관계에도 들어맞는다. 정부는 시장과 다르며, 개인 혼자서는 조달할 수 없는 공공재를 제공할 수 있는 유일한 기관이다. 안정적이고 고정적인 집단이 존재해야 비로소 공공재가 제공될 수 있기 때문이다. 매도자와 매수자가 교체 가능한 시장과 달리, 공공재는 고정적이고 안정적인 관계성을 전제하지 않으면 본래 획득할 수 없다.

    개인이 요구하는 것을 주는 것이 정치의 사명과 기능이라고 보는 견해는 최종적으로 타인을 수단으로 다루게 된다는 것을 마지막으로 강조해 둔다.

    미국의 정치철학자 마사 너스바움은 루소의 《에밀》의 논의를 빌린다. 아이가 생득적으로 갖고 있는 '나르시시즘', '취약성', '부끄러움', '불쾌감'이라는 요소가 사회구조에 영향을 미친다는 것이다. 가령 아이는 태어난 직후에는 자기에게만 관심을 갖고 자신의 요구만을 충족하고자 한다. 그러나 이 나르시시즘은 울어 봤자 젖을 먹을 수 없다는 경험을 통해 자기 존재가 얼마나 취약한지를 인식하고, 그리하여 나르시시즘에서 이탈할 실마리가 생겨난다. 그리고 이런 이탈은, 이번에는 타인에게 신세를 지지 않으면 자신의 존재조차 불안정해진다는 부끄러움의 감각을 낳는다. 이 수치심은 불쾌감의 원천인 자신의 배설물을 [타인이] 수발을 들어주기에 느껴진다.

    너스바움이 지적하는 것은 이런 '나르시시즘'부터 '불쾌감'에 이르기까지의 감각이 사회적 태도로 전화[변형]되는 논리이다. 사람은 자신의 나르시시즘에서부터 삶을 시작하고, 욕구를 자기 혼자서 채울 수 없다는 취약성을 느끼면서 부끄러워한다. 그러나 그중에는 자신에게서가 아니라 타인에게서 불쾌감의 원천을 찾아내고 자신의 자존심을 채우려는 사람들도 있다. 이들은 자기가 생각한 대로 할 수 없는 존재가 자신을 돌본다는 점 때문에 자존심에 상처를 입는다. 그래서 자신이 얕잡아 볼 수 있는 대상(하층 계급이나 약자)을 다시 찾아냄으로써 자기를 회복할 수 있는 사람들이 산출되는 것이다. 그리고 이

것이 증오한다(싫어한다)는 감정의 원천이 된다.[32]

이런 현상이 생겨나는 이유는 자기를 단위로 하여 이익을 채우려 하는 욕구인 나르시시즘이 근원에 놓여 있기 때문이다. 자기가 태어난 이 세상이 자기의 욕구를 충족시키기 위해 존재한다고, 또 자신의 이런 욕구가 반드시 채워져야 한다고 전제할 경우, 이 전제는 사회 속에서 자기보다 약하고 차별당하는 존재를 찾아내는 메커니즘을 낳는다.

너스바움이 말하듯이, 이 세상은 자기의 이익이 그다지 실현되지 않는 취약한 사람들로 구성되어 있으며, 자존심이란 타인을 거쳐야 비로소 채워질 수 있음을 알게 됐을 때, 사람들은 자신의 것을 타인에게 내어 주는 것이 아닐까?

《에밀》에서 루소는 말한다. "인간에게 자연스러운 유일한 정념은 자신에 대한 사랑, 즉 넓은 의미에서의 자존심이다. 자신에 대한 이런 사랑은 우리 자신에게는 좋고 유용할지도 모른다. 그리고 이것은 타자와 관계하지 않기 때문에, 타자에게 무관심해진다. 그것이 좋은 것이 되느냐 아니면 나쁜 것이 되느냐는 타자와의 관계에 의한다."[33] 정치가 악을 이루는가, 선을 이루는가는 선험적으로는 정해지지 않는다. 그러나 타자와의 관계성 없이 정치가 존재하지 않는다는 것은 확실하다.

---

32  Martha Nussbaum, *Not for Profit: Why Democracy needs the humanities*, Princeton University Press, 2010, 2013.

33  Jean-Jacques Rousseau, *Émile*, in Œuvres complètes, t. 4., Gallimard, 1762, 1969, p. 267.

**4장**
—

**무리**
무리 지어
행동한다는 것

2011년 동일본대지진 후 '총리 관저 앞 시위'로 결집한 원전 재가동 항의운동, 그리고 이를 전후해 일어난 도쿄·신오쿠보의 '반한 시위'는 1960년대의 안보투쟁부터 세면 약 반세기 만에 일본에서 '거리의 민주주의'가 부활했음을 예견하게 만드는 사건이었다. 이런 일련의 시위에 관해서는 찬반양론이 있었다. 기존의 정치로 환원되지 않는 민중의 목소리가 커지는 것은 좋은 일이라는 의견이 있고, 다른 한편에서는 시위를 해 봤자 바뀌는 것은 없고 오히려 정치적 혼란만 가져온다는 논의도 있었다. 개중에는 시위가 테러 행위나 매한가지라고 한 정치가도 있다.

이런 논의를 겪으면서 '관저 앞 시위'를 주관한 노마 야스미치는 시위가 있는 사회가 좋냐 나쁘냐, 시위로 원전이 멈출 것이냐 아니냐고 묻는 것 자체가 난센스라고 한다. 반대자들이 있는 한 원전을 멈출 수 있다는 가능성을 추구하는 것은 당연하다고 말했다.[1] 사람들(노마의 말에 따르면 '보통 사람들', '다양한 사람들')은 공포든 희망이든 공통된 것을 함께 발견했을 때 그 실현 가능성을 내걸고 무리 지어 목소리 높여 주장하게 된다.

과거를 돌이켜 보면, 19세기부터 20세기 중반에 이르기까지 시대는 '군중'의 것이었다. 19세기 중반부터 유럽 각국에서는 민주화 운동이 본격화됐으며, 제한 선거이기는 하지만 그때까지 '교양과 재산'을 지닌 자들에게만 한정됐던 선거권이 개방되었으며, '군중'이 대거 정치의 세계에 뛰어들었다.

그러므로 그때까지 정치에 종사한 적이 없었던 사람들이 참여를 요구하고 무리를 이루는 것에 크게 경계하는 것도 늘 있었다. 19세기 영국의 민주화 과정의 한복판에서 밀은 다음과 같이 썼다.

나는 부적절함이 생겨나지 않게 주의를 기울이더라도 평등한 투표[권]가 그 자체로 좋은 것들 중 하나라고 간주하지 않는다. 나는 무관하거나 [필연적 관련이 없거나] 우연적인 상황에 근거한 특권의 불평등보다 반대할 여지가 적다고 하더라도, 평등한 투표가 그저 상대적으로 좋은 것일 뿐이라고 생각한다. 잘못된 표준을 승인하고 투표자의 정신에 악영향을 끼치기 때문에 원리적으로 잘못됐다고 생각한다. 무지가 지식만큼이나 많은 정치권력을 지닐 자격을 갖추고 있다고 국가의 헌법[구성]이 선언하는 것은 유익이 아니라 유해이다.[2]

---

1 野間易通, 《金曜官邸前抗議—デモの声が政治を変える》, 河出書房新社, 2012.

2 J. S. Mills, *Considerations on Representative Government*, 1861. [존 스튜어트 밀, 《대의정부론》, 서병훈 옮김, 아카넷, 2012.]

밀이 살던 시대의 영국에서는 유권자 수를 몇십 배로 확대하는 선거법 개혁이 이루어졌다. 밀은 노동자 계급이 자기 이익을 실현하기 위해 '계급입법'을 통해 다수파의 전제(專制)를 일으킬까 봐 걱정하고 두려워했다. 선거권이 확대되는 과정이 불가피하고 필요하다고 간주하면서도, "정치적 지식수준이 낮은" 사람들이 정치에 무질서하게 뛰어드는 것은 바람직하지 않다고 경종을 울렸다. 이 시대의 군중을 작가 플로베르도 멋들어지게 관찰했다. "이 꿈틀거리는 군집은 썰물이 다시 밀물이 되어 밀려오는 강처럼 멈추지 않고 흐른다. 긴 신음소리를 내면서 예측할 수 없는 충동에 자극을 받아 거리로 기어올라갔다." 밀의 경계심을 불러일으키기에 충분한 광경이다.

이마무라 히토시는 《군중 : 괴물의 탄생》[3]에서 19세기 이후의 군중론을 소개하면서, '군중이 된다는 것'은 "인간이 인간(이성적으로 사고하는 존재)이 아니게 된다는 것"이라고 파악했다. 군중은 사람들 사이의 차이를 지워 버리고, 서로의 욕망을 모방하며, 사회질서를 자주 폭력적인 형태로 혼란에 빠뜨리는, 무정형이고 특정한 공간을 넘어서 발생하는 존재이기 때문이다.

단, 이마무라는 군중을 업신여겨야 할 존재로만 파악하지는 않았다. 오히려 그의 군중론의 핵심에 있는 것은, 근대자본주의가 인간존재를 교환 가능한 것으로 얕잡아 보고 사람과 사람 사이의 관계가 사물을 통해서만 구축되는 '물상화'가 전면화되는 사회이며, 바로 여기서 군중이 필연적으로 생겨난다는 것이었다. 근대사회는 개개인의 '계약'으로 이뤄진 사회를 약속했으나, 자본주의의 폭력성은 그런 질

---

3　今村仁司, 《群衆—モンスターの誕生》, ちくま新書, 1996.

적인 개인을 낳는 것을 허용하지 않았다. 그래서 사회의 원초적 형태를 추구하는 행위로서 '무리를 이루는 것'이 생겨났다는 것이다.

흥미로운 것은 이 '군중'이라는 존재가 주목을 받은 시기가 사회란 무엇인가라는 물음을 학문적으로 캐묻기 시작한 시기와 맞물려 있다는 것이다. 근대에 들어서면서, 군중을 긍정하는 것이든 부정하는 것이든 많은 사상가나 학자가 '군중'에 대한 고찰을 남겼다. 1880년대 이후가 되면, 이탈리아의 스키피오 시겔레(Scipio Sighele)나 프랑스의 에티엔 푸르니알(Etienne Fournial) 등의 군중 연구가 나타난다.

20세기 후반이 되자, 적어도 서양사회에서는 보통선거에 의한 민주주의가 정착된다. 군중에 대한 관심은 사회 속에서 집단이 어떻게 행동하는가를 과학·심리적 관점에서 설명하려는 베버적인 집합행위론과, 이런 집단행동을 하는 대중의 비합리성을 강조하는 토크빌적인 대중론으로 분화되었다. 미국 사회학자 콘하우저는 유명한《대중사회의 정치》[4]에서, 이 두 가지 관점이 그대로 민주주의적인 대중 비판과 귀족주의적인 대중 비판의 계보를 낳았음을 강조한다. 이 장 첫머리에 소개한 일본에서 벌어지는 시위에 대한 찬반도 이런 계보의 연장선상에 있다.

그러나 앞으로 보겠지만 민주주의적인 대중 비판도 귀족주의적인 대중 비판도 실제로는 군중을 비합리적인 존재로 간주한다는 점에서는 같다. 군중이나 집단을 비합리적이라고 간주하는 두 개의 군중론의 흐름에 공통되는 것은 무엇인가, 이 둘을 가교하는 실마리는 없는가, 그리고 근대자본주의에 내재된 폭력성은 군중에 의해 억제될 수

---

4    W. Kornhauser, *The Politics of Mass Society*, The Free Press 1959(reprinted by Transaction, 2008). [윌리엄 콘하우저, 《대중사회의 정치》, 제민각, 1990.]

있는가? 이 장에서는 몇 가지 고전적인 군중론을 실마리로 삼아 이런 물음들에 대해 생각한다. 그리고 군중을 말하는 것은 고스란히 지금의 사회를 말하는 것으로 연결된다.

## 군중론의 대두와 전개

군중(군집)(영어로는 crowd, 프랑스어로는 foule)이란 말에는 기묘한 울림이 있다. 군중이란 문자 그대로 사람들이 "무리 지어 모이다"를 가리킨다. 이 말에는 사회는 원칙적으로 개인으로 구성돼 있으며, 그 개개인이 집합하여 '군중'이 발생한다는 전제가 놓여 있다. 근대의 군중론을 정밀하게 조사한 프랑스의 사회심리학자 모스코비시는 이런 개인의 집합체로서의 군중관은, 이성에 따라 스스로를 평가하고 감정 없이 사물을 판단할 수 있으며 사람은 인과를 알고 행동해야 한다는 '자기'[私]의 개념이 생겨난 르네상스기 이후에 보이게 됐다고 지적했다. 이 이성적인 자기 개념이 생겨났기 때문에, 군중은 이 반대의 것, 즉 감정으로 움직이고 분별이 없으며 어떤 어리석은 짓도 할 수 있는 존재로 파악되기에 이르렀다고 한다.[5]

또한 이런 사실로부터 모스코비시는 특히 사람들의 정념을 기초로 하는 '군중사회론'을 경제적 이해관계를 논의의 기초에 두는 '계급사회론'과 대립시킬 경우, '군중사회론'이 '계급사회론'과 마찬가지로 또 다른 거대이론(grand theory)이라고 한다.

---

5   Serge Moscovici, *l'Age des Foules (nouvelle édition entierement refondue)*, Edition Complexe, 1981, p. 25.

군중의 심리학은 이익과 이성에 기초한 정치의 불가능성을 선언한다. 사람들은 가입한 정당이나 후보자에게 투표하는 것이 아니다. 더 나아가 개인적 이익을 얻기 위해 행동하는 것이라고도 생각되지 않는다. 시장에서의 구매자와 판매자처럼 사람들이 득실로 움직인다고는 생각할 수 없는 것이다.[6]

만약 르네상스가 근대의 선구였다면, 르네상스 시대가 목표로 한 것은 이성적인 타협이나 거래, 개인에 대한 설득으로 성립되는 정치였다. 특정 목표나 결과에 도달하기 위해 어떤 수단을 사용하면 좋을지 판단하고, 믿음보다는 논리를, 감정보다는 판단을 우선함으로써 사회의 이해관계를 조정할 수 있다고 본 것이다. 통치자는 피통치자보다 이를 우월하게 잘할 수 있고, 따라서 사회 전체를 통제할 수 있다고 생각됐던 것이다. 이런 사고의 전형을 보여 주는 것이 사상가인 마키아벨리의 《군주론》이었다.

이런 사회관은 19세기에 확립되는 부르주아 민주주의 혹은 나중에 그 지위를 노리게 된 사회주의도 공유하는 것이었다. 이것들 사이에는 자유주의에 의한 합리성이냐, 계획주의에 의한 합리성이냐의 차이밖에는 없었다.

그러나 사회 속에서 실제로 생겨난 군중은 이런 낙관적인 합리주의에 찬물을 끼얹었다. 군중의 일원이 된 개인은 자신의 이익을 집단 속에 매몰시키고, 사고와 계산을 중단해 버리는 존재가 된다. 개개인의 이성이 호소하면 개인들이 집단을 이룰 때도 이성적인 결과를 도

---

6  위의 책, p. 48.

출할 수 있다는 근대 계몽주의의 전제에 커다란 의문을 던지는 존재가 바로 군중이었던 것이다. 그리하여 군중은 계속 기피 대상이 됐다.

군중의 시대에 유명한 고찰을 남긴 세 사람이 귀스타브 르 봉, 가브리엘 타르드, 지그문트 프로이트이다. 이들의 군중관은 크게 다르고 심지어 정반대의 입장을 취하는 듯 보이기도 한다. 그러나 이들은 모두 군중의 비이성성을 강조한다는 점에서는 일치한다. 각각 살펴보자.

## '감염'하는 사람들

르 봉의 《군중심리》는 당시 출현한 '군중'의 심리적 동태를 해명하려는 고전일 뿐 아니라 본격적인 사회심리학 저작으로도 알려져 있다. 또 그의 군중론은 집단에 관한 심리학이기도 했다(사실 르 봉은 의사였다).

그는 "요즘 크게 화제가 되기 시작했지만, 우리는 이것에 관해 거의 아무것도 알지 못하고 있다"고 군중을 소개한다. 그가 이 책을 쓴 목적은 군중의 발생이 불가결해진 시대에 지배자가 군중을 어떻게 구슬리면 좋은지를 밝히는 데 있었다. 이 시대부터 이미 군중은 기피해야 할 것으로 간주됐다.

어쩌면 그 때문인지 르 봉의 책은 군중심리에 관한 깊은 통찰로 넘쳐나고 있다.

---

7  Gustave Le Bon, *Psychologie des Foules*, 1895. [귀스타브 르 봉, 《군중심리》, 이재형 옮김, 문예출판사, 2013 ; 귀스타브 르 봉, 《군중심리》, 김성균 옮김, 이레미디어, 2008.]

우선 르 봉은 군중의 특징을 이렇게 말한다. 군중은 여럿이서 행동하기 때문에 불가항력적인 힘이 생겨나며, '본능 그대로' 행동한다. 또 그 구성원들 사이에서는 '감염'이 생겨나, 일종의 최면술에 걸린 듯한 상태에 빠지게 된다. 아무리 명석하고 이지적인 인간이라도 일단 군중의 일원이 되면, 이성보다 감정을 우선시하고, 추리보다 상상력을 작동시키며, 사실보다 이미지에 의해 움직이기 때문이다. 그러나 이런 심리적 작용은 군중 속에서 생겨나 확산되기 때문에 사람에게 작용하는 힘도 눈덩이처럼 점점 더 커진다고 한다.

이런 심적인 작용은 지금도 일상적으로 볼 수 있다. 가령 2013년 2월, 도쿄 스기나미 구에서 어머니 60명이 자기네 아이들을 관인보육원에 맡길 수 없다며 '행정 불복 심사법'을 근거로 구청에 이의를 제기한 사건이 있었다. 이것을 보도한 TV뉴스에서 어떤 엄마는 "혼자라면 참겠지만, 모두가 하게 하면 저도 참여하고 싶어진다"고 카메라를 향해 심정을 토로했다. "참여하고 싶어진다." 빨간불인데도 모두가 길을 건너면 두렵지 않은 것이다. 집단의 일원이 되는 것이 개인에게 큰 힘을 주고, 그 개인은 집단에 녹아들어 간다. 이런 메커니즘은 이후의 집단 심리 분석으로도 계승된다.

또한 르 봉은 군중심리가 강력한 상호 작용 효과를 가지고 있지만, 그다지 지속적이지는 않다고 말한다. 오히려 강력하면서도 쉽게 바뀌는 것이 그 특징이라고 말한다. 르 봉은 이런 특징을 띠게 된 이유로, 사람들이 확고부동한 신념을 점점 더 갖기 어려워지는 시대 배경, 그리고 이 때문에 군중의 힘을 접하면 이것에 저항할 수 없게 된다는 것 등을 꼽는다. 이는 개인이 취약하기 때문에 군중이 된다는 식으로, 둘 사이에 인과[관계]가 있음을 의미한다.

르 봉은 당시의 정치가 '여론'이라 불리는 군중의 의견에 의해 점점 더 좌지우지되고 있다는 흥미로운 지적도 한다. 과거에는 정부나 소수의 문필가, 신문 등이 여론을 '조정'했지만, 오늘날 정치가는 여론을 따라가기에 급급하고 문필가는 영향력을 잃었으며 신문은 여론을 그저 반영할 뿐인 상황이 되고 있다는 것이다. 이런 상황에서 정치는 더는 '이성'이 아니라 '감정의 문제'라는 것이 르 봉의 시대 진단이다.

이런 르 봉의 군중론은 두 가지 특징을 갖고 있다. 하나는 개인과 집단을 대립적으로 파악하는 것이다. 전자는 이성적일 수 있지만 후자는 감정에 의해 지배된다고 본다. "인간은 군중의 일원이 된다는 사실만으로도 문명의 단계를 몇 개나 낮춰 버린다. 고립됐을 때는 어쩌면 교양 있었을 사람들이 군중에 가담하면 본능적인 인간, 즉 야만인으로 변해 버린다."[8] 르 봉의 분석에 따르면, 집단은 유추를 작동시켜서 이성적으로 행동할 수가 없다. 개개인이 [무리를 지어] 모여 행동하면, 원래의 목적이 아무리 이성적이었더라도, 그 목적은 감정에 의해 자극돼 왜곡되고 급진화되며 반드시 원래의 목적에서 벗어나게 된다는 것이 그의 군중관이었다.

또 다른 특징은, 르 봉이 이런 추세를 더는 바꿀 수 없다는 비관적 전망을 가졌다는 점이다. 군중의 행동은 이제 모두의 것이 되어 버렸다. 르 봉은, 예를 들어 선거에서 많은 유권자가 정서[감정]에 따라 한 표를 던지고 있는 현실을 비판하면서도, 보통선거를 철폐하고 제한선거(그의 말을 사용하면 '유능한 자에 한정된 선거')를 도입한다고 해서 더

---

8    Gustave Le Bon, 위의 책.

좋은 결과가 나오지는 않는다고 한다. 왜냐하면 일반적인 문제에 대해서는 전문가도 뾰족한 해결책을 갖고 있지 못하며, 그들의 사고와 행동도 일반 유권자와 별반 다르지 않기 때문이다. 르 봉은 보호무역주의 같은 '일반적 문제'에 대해 경제학자들도 의견의 일치를 볼 수 없다는 것을 인용하면서, 전문가의 판단이 서민의 판단보다 뛰어나다는 보증은 어디에도 없다고 한다. 의회의 장에서도, 의원들의 행동이나 반응이 경우에 따라서는 군중과 다르지 않다고도 관찰한다.

즉, 누구나 똑같이 한 표를 행사할 수 있는 사회가 된 시대에서 사람들이 어떤 신분인지, 교양을 갖고 있는지 없는지가 더는 대세에 영향을 주지 않는다는 것의 증거가 바로 르 봉이 꿰뚫어 본 군중이기도 했다. 누구나 군중과 다를 바 없는 행동과 사고를 하는 것이다.

르 봉의 이 저작은 군중 연구의 개척자적인 존재이며, 이후 프로이트의 집단심리학에도 영향을 준 기념비적 작품임에 틀림없다. 그러나 그의 군중관은 철저하게 부정적인 것이기도 했다. 프랑스 역사를 연구하는 바로우즈(Susanna Barrows)는 세기 말의 집단심리학이라는 학문 자체가, 군중을 무식하고 공포스러운 존재로 여긴 역사가 이폴리트 텐(Hippolyte Adolphe Taine)의 역사관, 당시의 대중소설, 또 질서 유지를 우선시하는 치안 당국의 영향이 짙게 반영된 이데올로기의 산물이었다고 지적했다.[9] 사회학 및 심리학과는 연이 없었던 르 봉의 《군중심리》는 선행연구를 자기 생각인 양 고스란히 받아 적은 측면이 있으며, 시대의식의 흐름에 편승한 것에 불과했다고 바로우즈는 말한다. 예를 들면 르 봉은 사회에 만연한 알코올 의존증이나 출산율

---

9   Susanna Barrows, *Distorting Mirrors : Vision of the crowd in late nineteenth-century France*, Yale University Press, 1981.

저하에 강한 위기감을 품었으며, 드레퓌스 사건(1894년)에서 반-드레퓌스 편에 선 바 있다. 이런 점에서 르 봉의 이 책은 타고난 비관주의와 우국충정의 마음에서 비롯된 산물이었다고 할 수 있을지도 모른다. 군중의 비이성적인 측면을 강조한 것은, 무엇보다 '과학을 통속화'하는 데에 능하고 당시의 정치가나 인기 지식인과 교제를 했던 르 봉의 재능과 영향력에서 비롯된 면도 있다.

20세기 초반 프랑스는 확실히 '아름다운 시절(belle époch)'을 맞이하고 있었다. 잦은 정변(政變)과 대규모 전쟁 이후 화려한 만국박람회가 개최되었고 자동차·라디오가 보급되었으며, 영화 등도 발명되었다. '물랭루즈(moulin rouge)' 같은 환락 문화가 대중적으로 활짝 꽃핀 동시에 철도망이 정비되어 지방에서 도시로 인구가 몰려들었던 불안정한 시기이기도 했다. 정치적으로도 과거의 엘리트층에 대한 불만이 축적되고, 총파업이나 아나키스트에 의한 테러가 연달아 일어나는 등 어수선한 가운데 다양한 사람이 시대의 지침을 모색했다. 이 시대에는 드레퓌스 사건뿐만 아니라 블랑제 장군의 쿠데타 소요[10]도 일어났다. [전과는 달리,] 사람들은 권위에 반항하려는 목적으로 모이는 게 아니라, 특정 사회·정치적 목표를 실현하기 위해 거리에 모여 대화를 나누고 시위와 파괴 행동에 힘쓰고 있었다. 르 봉에게 '군중의 시대'란 또한 '사회의 낡은 대들보가 번갈아 붕괴'되는 시대를 의미했다.

르 봉은 군중이 늘 범죄 집단처럼 행동하는 것이 아니라 때와 경우에 따라 '무의식적인 영웅적 행위'를 산출해 내는 경우가 있다고 말

---

10　[옮긴이] 1880년대에 제3공화제를 위협한, 블랑제(Boulanger) 장군을 중심으로 한 쿠데타에 가까운 반정부 운동을 가리킨다.

하기도 했다. 세계의 역사에 아로새겨진 영웅적 행위는 냉정하고 골똘히 생각하는 것에서는 결코 생겨나지 않는다. 그러나 르 봉에게 군중은 바로 이 때문에 두려워해야 할 것이었다.


## '군중'에서 '공중'으로

분명히 《군중심리》는 과학적 엄밀성을 결여하고 있을 뿐 아니라 르 봉의 정치적 입장이 반영되어 있다. 이런 의미에서 이 책은 연구서라 기보다 과학의 옷을 빌린 보수파의 정치적 팸플릿에 가깝다고 평가하는 편이 나을 수 있다. 다만 확인해 둬야 할 것은 사회 변동과 더불어 정치사회의 무대에 등장하고 '군중'이라는 명사(名辭)로 불리게 된 인간 집단이 기존 질서를 파괴하는, 정체를 알 수 없는 공포의 대상이 되었다는 사실이다. 이런 점을 생각하지 않으면, 르 봉이 이 책을 쓰게 된 동기나, 그의 분석이 널리 받아들여지게 된 이유를 설명할 수 없다.

　르 봉이 착수한 군중 연구는 [아무튼] 그 후 가브리엘 타르드의 《여론과 군중》[11]이 등장함으로써 더욱더 정교하고 치밀하게 전개된다. 르 봉과 달리 타르드는 사람들의 집합체를 '군중'이라는 말이 아니라 이보다 더 관념적인 '공중'(public)이라는 말로 대체하고, 공중이 르 봉의 지적처럼 반드시 불관용적인 것, 감성적인 것은 아니라고 했다.

---

11　Jean-Gabriel de Tarde, 1901, *L'opinion et la foule*, Félix Alcan, 1901. [ガブリエル・タルド, 《新装版 世論と群集》, 稲葉三千男 訳, 未来社, 1989. 가브리엘 타르드, 《여론과 군중 : SNS는 군중의 세계인가 공중의 세계인가?》, 이상률 옮김, 이책, 2015.]

"필자(타르드 – 인용자)는 현대를 '군중의 시대'라고 여기는 건필가 르 봉 박사의 의견에 찬성할 수 없다. 현대는 공중의 혹은 공중들의 시대이다."[12] 군중이냐 공중이냐는 명칭의 차이는 대상의 차이를 뜻하지 않는다. 집단이 지닌 성격과 그 메커니즘으로서 무엇을 찾아내는가에 따라 집단을 어떻게 호칭하는가가 달라지는 것이다.

타르드는 '군중'과 '공중'은 동심원 상태에서는 겹치면서도, 둘이 의미하는 바는 분명히 다르다고 한다. 우선 공중은 사람이 복수의 공중에 속한다는 것을 의미하는 반면, 군중의 경우는 소속이 단일함을 가리키는 말이다. 그뿐 아니라 군중은 '육체의 접촉에서 생겨난 심리적 전염의 다발'을 의미하는 반면, 공중은 '순수하게 정신적인 집합체로, 육체적으로는 분리되고 심리적으로만 결합되는 개인들의 산란분포'이다.[13]

이렇듯 정의가 다르다는 데에서도 알 수 있듯이, 르 봉과 비교할 때 타르드는 집단의 '심신'보다 그 '정신'에 주목한다. 즉, 사람은 집단으로 행동하고 있어도 감정적으로 반응할 뿐만 아니라 추상적인 것도 이해할 수 있으며 공통의 관심을 가질 수 있다는 것—타르드가 말하는 "제2단계의 힘을 갖기에 이른 군집"[14]—즉, 새로운 세기에서 군중은 '공중'으로서 파악되어야만 한다는 것이 강조된다. 그 때문에 타르드가 파악하는 '여론'도 비합리적인 것이 아니라 신문이나 여러 계층의 대화를 반영한, 오히려 적극적인 역할을 하는 것으로 정의된다.

그렇다고 해서, 다시 말해 군중의 시대가 지나가고 공중의 시대가

---

12  위의 책, 일본어판 21頁.
13  위의 책, 일본어판 12頁.
14  위의 책, 일본어판 16頁.

도래했다고 해서 사람들이 완전히 이성적으로 됐다고 진단되는 것은 아니다. 타르드는 군중과 공중이 번갈아 나타난다고 본다. 그는 군중의 종류를 그 특성과 국면에 따라 '기대'(구경거리를 보는 관중), '주목'(연설 등을 듣는 청중), '시위'(확신이나 애증의 표현), '활동'(축제와 파괴 행위) 네 가지로 나눴는데, 이 모든 것이 군중에도 공중에도 있을 수 있다고 한다. 설령 군중이 감정을, 공중이 관념을 집단행동의 핵으로 삼고 있더라도, 집단을 만들어 내는 원인이 크게 다른 것은 아니다. 행동 원리는 다르더라도 발생 원리는 동일하다. 더욱이 타르드는 공중도 군중도 자율성을 결여하고 있으며 정보나 여론에 크게 영향을 받는 존재라고 판단하고 있는 점에서는 르 봉과 견해가 같다. 타르드가 말하는 군중과 공중 사이에 명확한 경계선이 있는 것은 아니며, 이 둘은 긴밀하게 붙어 있는 존재이다. 그의 표현을 빌리면, 둘 모두 "불관용하고 교만하고 다혈질적이고 시건방지다. … 군집도 공중도, 알코올 중독자와 약간 닮았다."[15]

분명히 르 봉이 군중에 대한 공포심을 부추겼다면, 집단행동이 당연시된 시대에 살았던 타르드는 군중을 공중으로 바꿔 부르고 군중에 대한 공포심을 누그러뜨리려 했다.

그러나 잘 읽어 보면, 르 봉과 타르드가 묘사하는 집단은 연속선상에 있다. 예를 들어 타르드는 거리의 사람들이나 우연히 전차 안에 있던 사람들이 폭발이나 탈선 같은 사건에 직면했을 때, 그 집단은 "동일한 감정에 흔들리고 동일한 목적을 추구"하는 "결합"을 보이

---

15  위의 책, 일본어판 15頁.

게 된다고 한다.[16] 그리고 이런 결합 형태가 더 조직화되고 항상적이게 된 경우, 그것은 교회나 군대처럼 조직집단으로 불리게 된다는 것이다. 즉, '군중'과 '공중'의 차이는 비이성적이냐 이성적이냐만을 지표로 하는 것이 아니라 사람들의 무리를 어떻게 평가하는가라는 인식론적 차이에서도 생긴다. 군중도 공중도, 직업집단처럼 소속된 사람들의 기능으로 성립되는 것이 아니라, 오히려 "사상이나 정열의 일치"에서 생기는 '화음'(unisson)을 기반으로 한 덩어리라는 의미에서는 다를 바 없다.[17] 더욱이 타르드에게 그 '화음'은 군중과 비교한다면, 공중이 강한 것이었다.

## 군중의 평등성

지금까지 봤던 르 봉과 타르드의 군중론은, 현대의 '군중'에 대한 시각과 많은 부분에서 비슷하다고 할 수 있을 것이다. 물론 군중에 대한 접근법은 국가나 맥락에 따라 크게 달라진다. 그러나 사람들의 '무리'가 기존의 질서를 위협하고 사회의 물질적 조건뿐 아니라 질적 조건—사회 속에서 살아가는 우리가 기존의 것에 대해 보내는 신뢰나 오래전부터 계속되어 온 사회의 모습—을 위기에 노출시키는 동시에 새로운 시대를 준비한다고 보는 인식은 지금도 마찬가지다. 시대의 물결은 언제나 군중을 발생시켜 왔다.

---

16   위의 책, 일본어판 171頁.
17   위의 책, 일본어판 38頁.

지금까지 봤듯이, 르 봉과 타르드는 사람들 사이의 상호 작용이 군중의 발생 메커니즘임을 '감염'과 '화음' 같은 말에 입각해 주장했다. 이 상호 작용을 정신분석 입장에서 더 구체적인 형태로 고찰한 것이 바로 프로이트의《집단심리학과 자아분석》[18]이다. 본래 개인을 대상으로 하는 정신분석을 대담하게 집단에도 적용하려고 시도한 효시적인 인물이, 공과가 모두 있긴 하지만 프로이트이다.

프로이트가 군중의 심리에 흥미를 가진 이유도, 시대가 다르긴 하지만 르 봉 및 타르드와 공통적이다. 프로이트가 살던 당시의 유럽은 제1차 세계대전을 거쳐 구조적인 사회 변화를 겪고 있었다. 프로이트가 친숙한 채 성장했던 합스부르크 제국이 소멸되고, 공산주의와 이를 적대시하는 파시즘 사이에서 동요하는 시대를 맞이했다. 이런 급진적인 정치운동의 담당자는 전쟁에서 돌아온 귀환병이며, 군중은 극단적인 이데올로기 아래에서 동원되고 조직화되고자 했다. 프로이트가 사람들을 차별 대우하거나, 거꾸로 사람과 사람을 연결시키는 요인이 무엇인지를 탐구하려 한 것은 당연했다고 할 수 있다.

프로이트가 전개한 정신분석의 사정거리는 매우 넓은데, 그의 정신분석에 대해서는 이미 방대한 선행연구가 있다. 이것들을 일일이 검토하는 것은 본론에서 벗어나는 것이기에, 우리의 논의를 프로이트의 군중론에 한정시켜 전개해 보자. 참고로 말하면, 일본어 번역본에서 '집단심리학'이라고 번역하고 있는 프로이트의《집단심리학

---

18 Sigmund Freud, *Massenpsychologie und Ich-Analyse*, 1921. ; Sigmund Freud, "Psychologie des foules et Analyse du moi", in *Essais de Psychoanalyse*, Payot, 1981. [지그문트 프로이트, "집단심리학과 자아분석",《문명 속의 불만》, 김석희 옮김, 열린책들, 2004. ; 지그문트 프로이트,《집단심리학과 자아분석》, 이상률 옮김, 이책, 2015.]

과 자아분석》의 독일어 원제에서 사용되고 있는 '집단'은 "사람들, 집단, 군중"을 의미하는 '마센(Massen)'이다. 프로이트가 참조한 르 봉의 《군중심리》에 있는 '군중'이라는 단어도 독일어 번역본에서는 '마센(Massen)'으로 번역되었다. 그렇기 때문에 여기서 '집단'과 '군중'은 동의어로 봐도 좋다.

르 봉 및 타르드와 비교해 프로이트에게는 두드러지는 점이 있다. 프로이트는 개인과 집단을 별개로 간주하여 고찰을 시작한 것이 아니라 어떤 집단에 속해 있는 개인을 관찰 대상으로 삼았다. 과감하게 말한다면, 이성적인 인간이 군중이 됨으로써 미지의 것으로 전환된다는 식의 견해를 취한 것이 아니라, 인간이란 원래 어떤 집단에 속해 있다는 전제에서 이야기를 시작했다는 것이다. 여기서 프로이트의 세계관과 시대가 서로 공명하고 있음은 어렵지 않게 볼 수 있다. 그리고 그의 설에서 독특한 것은 개인들 사이의 연결을 거쳐, 결국 집단 심리가 본래의 인간 심리라고 결론짓는 데 있다. 더 살펴보자.

타르드와 마찬가지로 프로이트도, 르 봉의 설에 대한 비판에서 시작한다. 다만 타르드와 달리, 프로이트는 르 봉의 분석 방법을 비판의 표적으로 삼는다. [프로이트가 보기에] 르 봉은 개인들이 어떤 작용을 통해 연결되는지, 왜 개인이 일단 군중의 일원이 되면 변화하게 되는지를 충분히 설명하지 않고 있다는 것이다.

프로이트는 르 봉의 관찰을 전면적으로 부정하는 것이 아니다. 가령 개인들끼리 서로 "감염됨"으로써 개인의 전능감(全能感)이 커지고, 군중이 더 강력해진다는 점은 인정한다. 프로이트의 논의가 지닌 특징은, 군중심리 속에서는 상이한 목표와 논리가 서로 갈등을 빚는 것이 아니라 이것들이 병존한다고 본 점에 있다. 군중심리가 인간의 무의식이나 신경증과 동일한 현상이라거나 군중의 행동이 아이의 행동과 닮아 있다는 분석은 르 봉의 견해와 크게 다르지 않다. 개인들끼리 연결되는 그 구체적인 메커니즘에 대한 설명이 다른 것이다.

프로이트의 가설은 이렇다. 르 봉이 '피암시성'이라고 부른 메커니즘, 타르드가 '모방'이라고 명명한 집단 내에서의 개인의 이질성을 지워 버리는 메커니즘은 프로이트의 용어로 하면 '리비도'의 기능이다. '리비도'는 "사랑이라는 말로 요약되듯이 모든 것에 관계하는 충동이며, 계량 불가능한 양적인 과다로 측정되는 에너지"라고 파악된다. 그의 말을 빌리면, 리비도란 대상을 특정하지 않는 '사랑'이며, 남녀관계에서의 성욕과 동일한 원천을 갖고, 스스로를 희생하거나 대상과 동일시하는 기능을 가진다. 군중의 혼의 핵심은 리비도에 의한 애정관계[중립적인 말로 하면, 감성적인(sentimental) 연결]라고 프로이트는 말한다.[19]

이와 같은 애정=리비도를 매개로 하기 때문에 집단을 구성하는 자 사이에서는 오히려 평등의 논리가 작동한다고 본 점에서 프로이트 입장은 르 봉과 유사하다. 다만, 프로이트는 집단 속에서 개인의 자기애(나르시시즘)가 억제되기 때문에, "이기주의에서 이타주의"로 나아가는 길이 열리고, 그로부터 '문명화'의 과정이 진행된다고 한다. 자기애는 대상(=집단)에 대한 사랑에 의해 감소하기 때문이다. 이와 같이 프로이트가 보기에 집단은 개인에게 적극적인 의미를 지니는 것이었다.

---

19 Sigmund Freud, "Psychologie des foules et Analyse du moi", in *Essais de Psychoanalyse*, Payot, 1981, p. 152.

프로이트의 이런 설명은 대상과의 동일시가 생겨남으로써 동정이라는 감정이 생기고 집단 내부에서의 유대와 평등성이 높아지게 되는 과정을 설명한다. 사람은 맨 처음에는 아이가 아버지에 대해 애착을 갖는 것처럼 대상에 대한 집착이라는 가장 원초적인 형식을 갖고 있다. 이어지는 단계로서 리비도의 대상에 대한 '자기 주입[투입, 투자]'이 있으며, 그리고 이 동일시가 반복됨으로써 생기는 [개인들 사이의] 연결이 구현되기에 이른다. 인간 집단은 이 마지막 단계에 자리매김되어 있는데, 이런 인간 집단에서는 개개의 이상적 자아가 집단 내부에서 통일되어 있기 때문에, 서로의 자아가 서로를 동일시하는 듯한, 극히 평등하고 응집도가 높은 집단으로 승화된다는 것이 프로이트의 설명이었다.

또한 특징적인 것이 프로이트 이론에서는 집단 내의 평등을 결과적으로 담보하는 '지도자'가 등장한다는 것이다. 르 봉은 감정적 집단과 대면할 경우 지도자가 이들을 뜻대로 다룰 수 있는 능력을 갖고 있을 것이라고 기대했다. 그에 반해 프로이트가 말하는 지도자란 집단의 이상을 내거는 지도자이며, 집단에 속한 개개인은 이 지도자를 통해 서로를 동일시하고, 이 때문에 구성원은 평등해진다는 것이다. 프로이트의 해석에서는 죽음을 당할 운명에 있는 '원-아버지[原父]'에 의해 인솔되는 '원시군족(原始群族)'은 오래가지 못한다. 그 반대로 동일시에 의한 우정 같은 사랑에 의해 결합된 형제들과 그들을 사랑하는 '지도자'가 이끄는 집단이야말로 '문명적 집단'으로 불리는 것이다.

이렇게 보면, 프로이트의 정신분석을 이용한 집단분석의 관찰 결과는 르 봉이나 타르드와 의견을 같이한다. 그렇지만 그 메커니즘을 자세하게 나눠서 설명함으로써 다음과 같은 적극적 의미가 발견됐다. 즉, 집단 내부에는 내재적 논리가 갖춰져 있으며, 아이처럼 "혼자 있을 때는 불완전한 인간"이 집단의 일원이 됨으로써 완전한 존재가 된다는 것이다.

프로이트는 이 논문에서 인간이 태초부터 군생하던 동물이라고 선언하고 있다. 이것은 인간관의 극적인 전환이라고 해도 좋다. 그의 말을 빌리면, 인간 본연의 모습은 혼자서 결핍된 채로 있는 "고립된 인간"이 아니라 "가장 오래된 인간 심리인 집단 심리"에 있다. 그리고 그에게는 그런 인간존재, 즉 집단의 일원인 인간이야말로 문명적인 인간이었다. 프로이트가 생각한 문명이란 자연의 폭력·위세[暴威]로부터 인간을 지키고 인간들끼리의 관계를 만드는 원인이자 그 결과이기도 했다.

문명의 기초로서의 인간집단과 군중을 동일시하는 프로이트의 논의에는 무시할 수 없는 비약이 있음을 인정하지 않을 수 없다. 그러나 그때까지 기피해야 할 것으로서의 군중관에 새로운 빛을 던졌음에는 틀림없다.

또 프로이트는 인간집단을 대 놓고 무조건 예찬했던 것이 아니다. 그는 집단화된 인간이 경우에 따라서는 매우 잔인해질 수 있음을 충분히 알고 있었으며, 무엇보다 나치의 오스트리아 병합으로 망명을 피할 수 없게 된 프로이트 자신이 그 희생자였다. 그러나 인간이 지닌 성질에 대한 이해와 통찰은 집단적 행동의 잠재적 가능성에 눈을 돌리게 했다. 적어도 그가 찾아낸 인간집단은 경제적 이유가 아니라, 명예나 자기 보존 같은 자기의식 때문에 발생하는 것이 아니라, 개개의 자아가 유지된 채 뭔가 '이상'을 공유함으로써 형성되는 것이었다.

## 군중상의 전환

제2차 세계대전을 끼고 있는 20세기 후반에는 많은 국가에서 민주화가 이루어졌고 보통선거제가 도입되었다. 그로 인해 민주주의가 이상적인 정체(政體)로서의 지위를 차지하게 되며, 정당과 노동조합을 기반으로 한 정치가 발달하고, 집단정치가 전면화되는 시대를 맞이하게 된다.

1950년대까지는 제2차 세계대전 전부터 물려받은 무서운 것으로서의 군중상이 아직 남아 있었다. 이 장의 첫머리에서 소개했던 콘하우저의 《대중사회의 정치》(1959년)는 이 새로운 주권자들을 '대중(mass)'이라는 말로 형용하고, 이들이 엘리트를 대신해 정치의 주역이 됐으나 이들의 의견을 하나로 정리했던 중간단체가 사라지고, 개인은 분단·고립되기 쉬워지며 선동에 의해 조작되기 쉬워진 상황에 경종을 울렸다. 그리고 전후가 됐기 때문에 오히려 전체주의적인 사회가 도래한다고 예측했다. 동시대의 재야 지식인인 에릭 호퍼도 《대중》(1951년)[20]이라는 책에서, 대중은 동일한 의식을 갖고 알기 쉬운 목적을 향해 맹목적으로 돌진하는 존재라고 했다.

이것보다 나중의 시대이지만, 1978년에 공개된 조지 A. 로메로 감독의 〈좀비〉(원제는 *Dawn of the Dead*)〉는 이런 대중사회의 무서움을 이미지화한 것이기도 했다. 말도 안 통하고 사고도 못하며 그저 피와 살을 먹어 치울 뿐인 좀비는 자신의 욕구를 채우기 위해 무리를 지어

---

20  Eric Hoffer, *The True Believer: Thoughts On The Nature Of Mass Movements*, Harper Collins, 1951. [에릭 호퍼, 《맹신자들 : 대중운동의 본질에 관한 125가지 단상》, 이민아 옮김, 궁리, 2011.]

다니며 다른 사람들을 감염시키는 군중의 화신이었다. 이 영화의 무대가 대중소비사회의 상징인 쇼핑몰이라는 것은 무엇보다 이런 견해를 상징적으로 드러낸다.

그러나 경멸되어야 할 것이라는 이런 군중상은 마침내 전환되지 않을 수 없게 됐다. 1960년대 후반 전 세계적으로 학생·노동운동이 일어나고 행동과학이 대두되면서 집단행동에 대한 더 세련된 이해가 진척됐기 때문이기도 하다.

이런 조류를 대표한 일련의 연구들은 '집합행위론'이라는 꼬리표 아래에서 전개된, 사회운동론이나 민주화론을 대상으로 한 연구들이었다. 이런 정치학이나 사회학의 진전은 실제의 역사적 움직임에 의해 자극을 받은 것이기도 했다. 1960년대는 (인종적 소수자운동, 페미니즘, 환경운동 등) 새로운 권리의식이 싹텄을 뿐 아니라, 식민지들에서 독립투쟁, 민족해방운동이 정점을 맞이한 시대였다. 미국이나 유럽, 일본에서 베트남 반전운동이나 대학·문화투쟁이 발생했으며, 민중의 직접적인 항의행동이 동시다발적으로 생겨난 시대였다. 평화운동이나 반전운동을 단순히 군중의 무목적인 분노라고 풀이할 수 없게 된 것이다.

이런 시대 배경에서 생겨난 집합행위론이 해명하려 한 어려운 문제 중 하나는 개개인이 왜 어떤 목표를 위해 모이고 행동하느냐는 것이었다. 이 시대에 발표되고 사회과학에 큰 영향을 준 멘슈어 올슨의 《집합행위론》(1965년)[21]은 이런 의문을 '무임승차 이론'이라는 형태로

---

21  Mancur Olson, *The Logic of Collective Action: Public Goods and the Theory of Groups*, Harvard University Press, 1965, 2nd ed., 1971. [멘슈어 올슨, 《집단행동의 논리 : 공공재와 집단이론》, 최광·이성규 옮김, 한국문화사, 2013.]

제기했다. 목표가 달성될 전망이 없는 경우에도, '합리적'이라고 하는 개인은 왜 그 목표를 위해 집단에 속하거나 공동으로 행동하는가. 본래라면, 사람들은 자신의 편익을 계산하고 비용이 편익보다 높은 경우 다른 사람에게 그 일을 맡겨 버리고, 그 후 얻을 수 있는 '집합재'에 '무임승차'하게 될 유인이 더 높은 것 아니냐는 것이 '무임승차이론'의 문제의식이었다. 자신이 대가를 지불하기보다는 타인이 비용을 부담하게 한 다음, 자신은 그것을 향유하는 편이 합리적이기 때문이다. 예를 들면 공동체 전체와 관련된 항의운동의 목적에 찬성하는 사람이라고 해도, 실제로 집회에 참석하기 위해 발걸음을 옮기는 것은 귀찮고 그 대신 이 운동의 성공 여부를 지켜보는 것이 편하다고 생각할 수 있다. 그래서 올슨은 금전이나 보장 같은 '선택적 유인'이 존재하거나 '무임승차'에 대한 감시 비용이 낮은 소규모 공동체가 아닌 한, 사람들은 집합행위를 벌일 가능성이 낮다고 결론지었다.[22]


## 이성적인 군중?

올슨의 문제 제기를 받고 집합행위론 분야에서 커다란 공적을 남긴 찰스 틸리는 집합행위를 "공통의 이해를 추구하는 사람들의 단결된 행위는 … 이해, 조직, 동원, 기회 등의 조합이 변화된 결과"라고 정의했다.[23] 그런 다음, 특단의 유인이 없더라도, 구조적 조건에 의해 사

---

22  Mancur Olson, 위의 책.

23  Charles Tilly, *From Mobilization to Revolution*, Addison-Wesley, 1978. [C.・ティリー, 《政治変動論》, 小林良彰 訳, 芦書房, 1984, 20頁.]

람들은 집합행위를 벌일 가능성이 있으며, 그것은 몇 가지 요인의 조합에서 생겨난다고 논했다. 그는 기존의 집합행위론을 개인의 아노미로부터 설명한 뒤르켐 사회학의 전통, 개인의 이해로부터 설명하려는 J. S. 밀의 전통, 집단의 신념 체계로부터 설명한 베버적 전통, 그리고 계급조직을 중시하는 마르크스주의의 전통 중 어느 하나로 분류된다고 한다. 이제 군중론은 군중에 대한 20세기 전반기의 관찰에서 벗어나 군중의 행동에 눈을 돌리고, 어떤 환경이나 조건에서 군중의 행동이 발생하고 성공 또는 실패하는가 같은 구조적 요인을 특정해야 한다고 했다.

이후 집합행위론 분야에서는 갖가지 분석 개념이 산출됐다. 예를들면, 혁명이나 운동의 옳고 그름은 체제에 항의하는 측이 어느 정도의 자원(지지자)을 갖는지에 의존한다는 '자원동원론', 정치 상황이 불안정해지고 정치 엘리트 내에서 분열이 일어났을 때 집합행위가생긴다는 '정치적 기회구조론' 등이다. 이런 논의에 따르면, 집단적인 행동은 자신의 행동이 기존 질서를 바꿀 수 있다고 판단했을 때, 즉 참여의 비용과 결과를 비교·고려하여 후자가 전자보다 웃돈다고 판단된 경우에 비로소 생겨난다.

이렇게 보면 20세기 후반에는 군중=집단에 대해 분명히 인식 면에서의 전회가 일어났다. 즉, 무정형적이고 비가지적인 군중이라는 기존의 이미지가 특정한 목적을 추구하는 이성적인 군중으로 승화된 것이다. 집합행위가 사회의 붕괴와 재생의 단절에서 생긴다고 주장한 허버트 블루머는, 지난 세기에 나타난 집합행위를 "원초적 집합

---

24  Herbert Blumer, "Social Psychology", in Emerson Peter Schmidt (ed.), *Man and Society: A substantive introduction to the social science*, Prentice-Hall, 1937.

행동", 현대적인 집합행위를 "사회운동"이라고 일찌감치 명명했다.[24] 바꿔 말하면, 20세기 이전에는 뒤를 돌아보고 감정적인 군중상이었다면 20세기에는 앞을 내다보고 이성적인 군중상이 일반화됐다는 것이다. 그것은 사회에서 관찰되는 군중이 하는 행동을 가리키는 말이 1970년대 들어서 '행동(behavior)'에서 '행위(action)'로 바뀌었다는 것에서도 알 수 있다.[25] 말하자면, "옛날의 군중에 대한 이론을 기각한 뒤, 지금의 참여자들이 합리적이라는 것을 증명하고 싶기 때문에 이 시대의 연구자들은 강한 감정을 비합리적이라고 봤다"는 것이다.[26]

물론 군중의 행동에서 적극적인 의미를 찾아내는 집합행위론 속에는 군중의 행동을 사람들의 합리성이나 이익에서가 아니라 사람들이 품고 있는 심성에서 설명하려는 입장도 있었다. 예컨대 사람들은 자신들이 품고 있는 현실 인식과 그 기대치가 크게 괴리됐을 때 집단적인 행동을 취한다고 한 테드 거의 '상대적 박탈감'[27] 논의나, 운동이 개인에게 특정한 프레임이나 세계관을 부여하기 때문에 개인은 참여의 의미를 체득한다고 했던 스노와 벤포드[28]의 논의 등이 그렇다. 이들은 정치나 사회구조 같은 '거시적 요인'보다는 사회적 변화에 기여하는 개개인의 심리나 인식에 초점을 맞춘 '미시적 집적'으로부터 사회운동을 설명하려 했다.

25  James Jasper and Jeff Goodwin, "Emotions and Social Movements", In Jan E. Stets and Jonathan H. Turner (eds.), *Handbook of the Sociology of Emotions*, Springer, 2006.

26  Jeff Goodwin and James M. Jasper (eds.), *Rethinking Social Movements : Structure, meaning and emotion*, Rowman & Littlefield Publishers, 2004.

27  Ted R. Gurr, *Why Men Rebel*, Princeton University Press, 1970.

28  David A. Snow, and Robert D. Benford, "Ideology, Frame Resonance, and Participant Mobilization", in B. Klandermans, H. Kriesi and S. Tarrow (eds.), *International Social Movement Research*, vol. 1, JAI Press, 1988.

더구나 이런 논의에서는 집합행위에 있어서 감정적 요인이 언급되긴 해도, 특정한 목표를 달성하려는 집단이 동원 전략으로서 사람들의 감정을 어떻게 이용하는가에 주목하는 것이 많았다.[29] 감정이 합리적으로 조작될 수 있다고 파악된다는 의미에서 감정에 의해 움직이는 군중, 르 봉이 말했던 '감염'이나 타르드의 '화음' 혹은 프로이트가 말한 '리비도'와 같은, 사람들의 행동을 이끄는 것으로서의 감정은 뒤로 밀려나 버렸다.

여기서의 목적은 사회운동론의 흐름을 소개하는 것이 아니다. 이에 관한 모든 연구를 언급하는 것은 애당초 무리다.[30] 그러나 어쨌든 현대 사회운동론은 총체적으로 말하면 공리주의적 관점을 중시하는 경향을 띤다. 즉, 개인이나 집단의 이익이 극대화되는 조건이란 무엇이며, 개인이 집합행위에 참여하는 것은 뭔가 유형무형의 보수가 있기 때문이라는 식으로 관심을 기울여 왔던 것이다(앞서 소개한 틸리도 J. S. 밀과 같은 해석을 우선시한다).

그러나 당시의 신좌파운동에 큰 영향을 줬을 뿐 아니라 그 자신도 이 운동에 관여·헌신하여 절대적인 지지를 받은 마르쿠제의 사유는 원래부터 이런 공리주의적 인간관을 부정했다. 마르쿠제는 자신의 책《에로스와 문명》[31]에서 프로이트의 문명 해석을 빌려 와, '쾌락원칙'과 '놀이'라는 인간의 자유로운 본능의 해방을 호소하고, 현실적

---

29  David A. Snow and Sarah. A. Soule, *A Primer on Social Movements*, W. W. Norton, 2010.

30  이에 대한 소개로는 Donatèlla Della Porta and Mario Diani, *Social Movements: An introduction*, 2nd ed., Oxford, Blackwell, 2006을 참조.

31  Herbert Marcuse, *Eros and Civilization : A philosophical Inquiry into Freud*, 1955, 2nd, Beacon Press, 1966. [헤르베르트 마르쿠제,《에로스와 문명》, 김인환 옮김, 나남출판, 2004.]

이상을 자유로운 '공상'으로 치환함으로써 자본주의로부터의 해방을 주장했다. 그리고 인간의 에로스에 달라붙어 있는 이런 정신을 지금까지의 정치이론이나 철학은 '유토피아'에 불과하다며 늘 폄하했다고 한다.

1960년대 학생투쟁을 뒤돌아보면서 이와오카 나카마사는 근대 휴머니즘이 르네상스 시기까지 유지됐던 정념이나 신성한 차원을 서서히 상실하게 했고, 존 로크로 대표되는 계몽주의적 이성이 근대 휴머니즘을 쫓아냈다고 말한다. 또 적어도 1968년의 반체제운동은 "원래 제어하기 어렵고 아나키한 욕망을 이성과 제도에 의해 제어하려는 일종의 허구성"에 대항하고자 한 운동, 인간성을 회복하기 위한 운동이었다고 해석한다.[32]

사회운동을 직접 연구한 사회학자 더그 맥아덤은 당시의 경험을 다음과 같이 재미있게 회고했다. 1970년대 반전운동에 몰두했던 그는 기대를 품고 사회운동론에 관한 대학 수업을 청강했지만, 교수는 개인의 생활환경과 사회적 불안정이 운동의 원인이라고 할 뿐, 자신이 왜 반전운동에 참여하고 있는지의 감각을 전혀 설명해 주지 않았다고 한다.[33] 개인이 어째서 집단행동에 참여하는지, 그리고 집단행동이 개인에게 어떻게 작용하는지를 지금 다시 한 번 설득력 있게 설명해야 하는 상황이 생겨난 것이다.

이 시대에 빈발했던 '새로운 사회운동'은 합리-비합리의 대립축을

32. 岩岡中正, "思想史にあける『一九六八年』―『近代』をめぐって", 《1968年』―時代転換の起点》, 岡本宏 編, 法律文化社, 1995, 48頁.

33 Doug McAdam, "Au dela de l'analyse structurale: Vers une compreherision plus dynamique du recrutement et du disengagement dans les movements", in Olivier Fillieule (ed.), *Devenirs Militants*, Belin, 2005.

넘어선 곳에 위치했다. 왜냐하면 집단적인 행동에 참여하는 사람들이 합리적인지 비합리적인지는 어디까지나 관찰자가 두는 전제에 따라 달라지며, 이것은 맥락에 따라 합리적이면서도 비합리적이거나, 창조적이면서도 파괴적이거나 하기 때문이다. 오히려 사회운동과 집합행위의 잠재력은, 집단적 행위가 선험적으로 규정될 수 없다는 점에 숨겨져 있었을 것이다.[34] 사회운동을 공리주의적 관점에서만 논한다면, 극단적으로 말하면 사람들은 집합을 하게 됨으로써 달성할 수 있는 운동 말고는 다른 운동에는 참여하지 않을 것이며, 성공한 사회운동 말고는 분석할 수 없다는 한계가 생길 수 있다. 개인에게 있어서의 '광기'가 집단에 있어서의 '광기'라고는 할 수 없다. 사람의 광기를 이용해 집단이 합리적 목적을 달성할 가능성은 충분히 있으며, 그 반대도 있을 것이다. 적어도 개인이라는 척도만 가지고 집단의 행동을 헤아리거나 군중이나 집단을 이상한 것이라고 파악하는 것은 개인주의 패러다임에 의한 과도한 인식적 추론이 될 수 있다.

사회운동 — 이를 집단행동이라고 부르든 집합행위라고 부르든 — 이 꼭 합목적적인 목표를 향해 조직적이고 질서 정연하게 진행되는 것은 아니며, 훨씬 부정형적이고 자기 언급적인 형태를 취한다. 이탈리아 사회운동 이론가이자 시인이기도 했던 알베르토 멜루치(Alberto Melucci)가 말했듯이, 사회운동은 현대사회에서 시스템이 완성되고 이렇게 완성된 시스템이 분산되고 있는 것에 호응하여 생기는, 국소적이고 다원적인 것이다. [사회운동과 같은] 집합이 어떤 계기나 동기에 의해 발생하는지, 그리고 그 후 어떻게, 경우에 따라서는

---

34  伊藤昌亮, 《フラッシュモブズ—儀礼と運動の交わるところ》, NTT出版, 2011.

다수의 목표들을 향해 나아가고 변용되는지를 미리 예측할 수는 없다. 그것은 집합행위가, 무언가 재화의 재분배를 목표로 하는 구체적 목표를 갖는 것이 아니라 상징적으로 수행되며 집합행위의 목적 자체도 참가자에 의한 부단한 재정의에 노출되어 있기 때문이다.

## 군중의 시대

이런 무정형적이고 확산적인 사회운동의 이미지는 2010년 말 튀니지에서 일어난 '재스민 혁명', 그 후에 아랍 세계로 확산된 혁명과 잇닿아 있다. 맥락은 다르나 같은 시기에 유럽과 미국에서 연쇄적으로 생긴 글로벌한 '분노한 자들'의 운동상과도 겹쳐질 것이다. 분권적인 자치를 실천한 그들의 "지금 당장 진짜 민주주의를"이라는 항의운동의 슬로건은 "우리에게 권력을"이라고 외쳤던 아랍세계의 목소리와 메아리친다.

튀니지, 리비아, 이집트, 시리아 등 중동국가들에서 시위나 항의 활동에 참여한 민중은 자유의 제약과 그 대가로 약속되었을 경제적 배분의 결핍에 불만을 품고 체제 전복이나 개혁을 요구했다. 2011년 봄, 스페인에서 젊은이를 중심으로 일어난 반정부운동은 체제 전복을 목적으로 하지는 않았으나, 스페인에서 번져 간 그리스나 포르투갈의 반정부운동은 정부의 긴축정책 때문에 생활이 곤궁해진 것에 대한 직접적인 이의 제기였다.

민중의 항의운동은 대서양을 넘어 '월가 점거(Occupy Wall Street)' 운동으로 나타났다. 서반구(西半球)에서는 아랍세계나 스페인에서 본

듯한 정치 구호가 아니라 오히려 그리스나 포르투갈의 항의운동과 흡사한, 정계·경제계에 대한 항의가 주를 이루었다. 이 운동의 확산에 공헌한 것은 학생이나 젊은이들뿐만 아니라 가족과 함께 항의운동을 하러 나온 사회의 중산층, 심지어 홈리스들이기도 했다.

수십만 명 규모의 젊은이를 동원한, 2011년 이스라엘에서 일어난 항의운동의 직접적 원인은 집세와 물가 급등이었지만, [이 운동은] 일부 공무원의 파업을 유발했을 뿐 아니라 아랍인과의 연대 행동을 초래하기도 했다. 이들 군중은 결코 특정한 리더를 내걸지도, 조직적으로 동원된 것도, 특정한 구체적인 목표를 갖고 있었던 것도 아니다. 튀니지나 이스라엘의 운동이 그랬듯이, 경우에 따라서는 한 무명인의 필사적인 항의 활동이 동심원적으로 확대된 것이기도 했다. 거기서는 운동 자체에 의해 생겨난 결과(압정의 전복)보다도 참여하는 것 자체의 상징성(이렇게나 분노하고 있다)에 무게가 놓였다. 운동이 전개되면서 다양한 참가자를 얻고, 더욱 새롭게 자기 생성을 이뤄 나갔다. 운동 내에서 다양한 의견이 통일되는 과정을 거침으로써 타인과 목표를 공유하게 되고, 운동 자체가 강화되어 갔다. 즉, 21세기 군중에 의한 집단행동은 20세기 초와 마찬가지로 다형태적(polymorph)이다.

20세기가 군중의 시대로 시작됐다면, 21세기도 여전히 군중의 시대인 듯하다. 전통적인 조직이 개인화로 용해되고 커뮤니케이션의 양이 비대해지는 가운데, 사람들의 끊임없는 이동에 의해 군중이 발생하며, 이들이 뿔뿔이 흩어지면서 또다시 새로운 군중을 산출하고 있다. 이렇게 산출된 새로운 군중은 국경이나 문화에 의해 더는 가로막혀 있는 것이 아니라 오히려 국경이나 문화의 차이를 새로운 힘으로 삼는 부정형의 군중이다. 개인과 개인이 기계적이고 비인격적인 관계에 놓여 있기 때문에 사람들이 군중이 된다는 역설이야말로 현대사회의 커다란 특징이다.

아랍의 봄과 분노한 젊은이들이 세계를 떠들썩하게 했던 시기에 프랑스에서 출간돼 이후 운동 진영에서 성경 같은 지위를 얻은 책이 있다. 스테판 에셀의 《분노하라》이다. 이 책은 순식간에 밀리언셀러가 됐고, 일본을 포함해 30개국 이상에서 번역됐다. 레지스탕스의 경험자이기도 한 에셀의 "창조한다는 것은 저항한다는 것이고, 저항한다는 것은 창조한다는 것이다"는 말은 집단행동의 성격과 그 가능성을 지적하고 있다.[35] 그는 사람들이 함께 연결되고, 동시에 움직이는 것 자체가 창조이며, 그것이 '대의(cause)'라는 말의 본뜻이라고 했다.

20세기 전반부에 과학철학자 바슐라르는 "인간은 고역이 아니라 기쁨 속에서 정신을 찾아낸다. … 인간의 욕망은 필요에 의해 산출되는 것이 아니라 기쁨에 의해 산출된다"고 말했다.[36] 여기서의 기쁨과 욕망을 리비도라고 바꿔 말해도 좋다. 그의 말이 옳다면, 사람은 필요가 있어서 행동하는 것이 아니라 행동함으로써 그 욕망이 산출되는 존재이다. 집단에 참여함으로써 야기되는 기쁨이 새로운 욕망을 불러일으키고, 그 욕망이 새로운 참여를 초래한다는 순환이 운동의 다형성을 설명하는 것이다.

---

35  Stéphane Hessel, *Indignez-vous!*, Indigene Editions, 2010, p. 13. [스테판 에셀, 《분노하라》, 임희근 옮김, 돌베개, 2011.]

36  Gaston Bachelard, *La Psychanalyse du Feu*, Gallimard, 1938, 1999, p. 39. [가스통 바슐라르, 《불의 정신분석》, 김병욱 옮김, 이학사, 2007.]

## 감정을 낳는 행동

사람의 감정은 상이한 것과 접촉하여 생겨난다. 익숙하고 예측 가능한 세계에서는 분노나 놀라움이 생기리라고 그다지 기대할 수 없다. 인간 행동의 다형성은 비슷한 사람들과 있다고 해서 생기는 것이 아니다. 상이한 사람들과의 접촉과 동일화를 거쳐 생겨난다고 해도 좋을 것이다. 그 경우, 사람은 어떤 성질의 것이든 정서적인 움직임을 겪게 된다. '감정(emotion)'이라는 말에는 원래 '운동(motion)'이라는 말이 포함되어 있다.

 '감정'을 '일어나는 것'으로 보는 문화론적 입장과 '주어지는 것'으로 보는 구조론적 입장은 서로 의견이 다르다. 그럼에도 불구하고, 사람들이 일치하여 어떤 집단행동을 할 때, 자신이 이질적이라는 인식과 이런 이질성이 강화되어야 한다는 의식에 의해 이런 행동이 뒷받침된다고 보는 점에서 같다. 왜냐하면 어떤 집단이든 자기가 속한 집단이 다른 집단과 다르다는 인식이 없으면 집단은 성립되지 않을뿐더러, 집단으로 행동할 이유도 없어지기 때문이다. 그 때문에 집단 안에서 상호 연대 의식이 고조되고 아울러 집단 안에서 양해된 의식과 의례, 공통의 코드 등이 요청된다.[37]

 구체적인 예를 들어 보자. 미국에서 1980년대에 설립된 HIV감염증(에이즈 환자) 지원 단체인 '권력을 해방하는 에이즈 연합'(ACT UP)은 그 전부터 게이운동에서 자주 사용된 직접행동의 수법을 여러 번 사용한 것으로 유명하다. '잽(Zap)'이라 불리는 이 수법은, 이성애자

---

37  Olivier Fillieule and Danielle Tartakowsky, *La Manifestation*, Presses de Sciences Po, 2008.

코드(약속한 사항)를 상징하는 유명인사(celeb)를 말로 공격하거나 일상적인 공공 공간을 점거함으로써 주목을 끌었다고 한다. 이런 방법은 당사자를 포함해 때마침 그 장에 있던 다른 사람들 사이에서 강한 감정적인 거부 반응과 더불어 동조도 이끌어 냈다고 한다.[38] 특정 인물이나 대상에 대한 분노나 공포로 이루어진 '혐오(disgust)'의 감정이 참가자 사이에서 공유됨으로써 운동은 강화되고 세를 늘리게 됐다고 한다. 즉, 이질성을 부각시킴으로써 장의 질서를 교란하는 동시에 집단의 응집성을 높이는 것이다.

이런 수법에는 찬반이 엇갈릴 것이다. '혐오'의 감정을 이용하는 것은 적대하는 집단과 사회 속에도 비슷한 감정을 불러일으킬 것이기 때문이다. 그러나 이처럼 사회 속의 '균열'을 백일하에 드러냄으로써 공적인 의사 결정에 영향을 미치거나 권력의 결정을 끌어낼 수 있는 것도 사실이다. 이런 식으로 '권력을 해방하는 에이즈 연합'이 치료약의 개선이나 보급에 큰 역할을 맡게 됐다는 것도 정말이다. 감정을 기초로 하는 한, 그 힘이 어떤 방향으로 향할지를 미리 규정할 수는 없다. 그래서 운동은 자기 생성적인 성격을 갖고 있으며, 감정의 뒤를 쫓아가는 식으로 운동 양식이 정해진다. 그리고 이번에는 이 양식 아래서 참가자의 새로운 감정이 생겨난다. 이런 식의 순환을 거치는 것이다. 이 순환 속에는 물론, 자신의 참여로 집단의 목표가 실현된다는 등의 성취감, 그 성취감을 다른 참가자와 공유할 수 있는 기쁨, 그 집

---

38  Deborah Gould, "Life During Wartime: Emotions and the development of Act Up", in *Mobilization*, vol. 7, no. 2, 2002. ; Christophe Broqua and Olivier Fillieule, "Act Up ou les raisons de la colère", in Traini C. (dir.), *Émotions. ... Mobilisation!*, Presses de Sciences Po, 2009.

단의 일원이라는 것에서 생기는 자부심 등 다양한 감정과 참가 이유가 포함돼 있다.

인간은 자신이 원하는 목표를 달성하려면 어떤 대상에 대해 작용을 가해야 하는지를 합목적적으로 추론하고 행동해야 한다. 즉, 어떤 수단을 사용해야 자신이 원하는 결과를 손에 넣을 수 있는가라는 의식이 합리적인 추론에 의해 연결된다. 그러나 인간이 인간과 관계를 맺을 때 인간 행동이 꼭 이런 논리를 따라가는 것은 아니다. 그것은 인간존재가—칸트의 도덕법칙처럼 인간을 수단이 아니라 목적으로 대우하는 것이라면—항상 도덕적인 색채를 띠고, 개인이 추구하는 목표가 현대에서는 한없이 다양화되고 자기 언급적이기 때문이다. 그리고 이때 공유되는 이상이나 목표는 강한 감정이 있어야만 그 강도가 더욱 커지게 된다.

작가 엘리아스 카네티는 유대인이면서도 프로이트와는 달리 나치 독일에 병합된 오스트리아에 머물면서, 군중에 관한 독특한 비평을 남긴 인물이다. 그는 주저인《군중과 권력》(원저는 1960년)에서 사람들은 함께함으로써 '낯선 것'과 접촉하는 두려움, '접촉 공포'를 극복한다고 말했다.

인간이 접촉의 공포로부터 해방될 수 있는 유일한 경우는 군중 속에 있을 때뿐이다. … 민 자가 곧 밀린 자요, 밀린 자가 곧 민 자인 것처럼 느끼게 된다. 갑자가 모두가 한 몸이 되어 행동하는 것 같아진다. 군중이 서로 밀착하려고 하는 것은 바로 이러한 이유 때문인 것 같다. 즉 군중은 개개인이 갖고 있는 접촉 공포를 가능한 한 완전히 지워 버리려고 한다. 밀고 밀리는 것이 격렬할수록 인간은 더 큰 안전감을 느낀다. 접촉 공포

의 전도(顚倒), 이것은 군중의 본질에 속한다.[39]

    카네티는 군중을 선동군중, 도피군중, 거부군중, 전복군중, 축제군중으로 분류했는데, 그것은 이러한 집단의 행동 원리에 주목한 것이다. 그는 군중에 대한 상세한 관찰을 통해 군중이 얼마나 다양한지를 발견했다. 그러면서 다른 한편으로 '군중'이라고 불리는 것의 본질은 인간이 타자와 더불어 있다는 것에 있다고 보는 관점을 관철시켰다.

    카네티의 군중론은 유대인 박해라는 자신의 경험에 비춰 보더라도, 양의적인 것일 수밖에 없다. 또 그는 바이마르 독일의 천문학적인 인플레이션을 해설하는 가운데, 화폐의 무한성을 신뢰했던 군중에게 인플레이션은 자신들의 가치가 폄하된 것으로 느껴졌으며, 역사적으로 금전과 결부됐던 유대인 배척이 이에 대한 보상 행위로서 나타났다고 논했다.

    이런 경험을 갖고 있었지만, 카네티는 군중을 단순히 위험하고 무지몽매한 존재라고 치부하려 들지는 않았다. 왜냐하면 아무런 근원적인 규정도 갖지 못한 인간존재는 생존을 위해 타자를 희생시킬 수밖에 없는 반면, 군중의 일원인 사람은 고립을 경험하지 않기 때문이라는 것이다. 반대로 사람들의 무리에서 떨어져 나온 개인은 위험한 쾌락을 추구한다.

    살아남는 것(Überleben*)에 대한 만족감은 일종의 쾌감으로서, 결코 만족

---

39 Elias Canetti, *Masse und Macht*, Claassen Verlag, 1960. [エリアス・カネッティ, 《群衆と権力(上)》, 岩田行一 訳, 法政大学出版, 1971, 4–5頁. 엘리아스 카네티, 《군중과 권력》(개정판), 강두식・박병덕 옮김, 바다출판사, 2010, p. 18.]

할 줄 모르는 위험스런 열정으로 변질될 수 있다. 살아남는 데 대한 만족감은 그것이 생겨날 수 있는 기회들을 양분으로 해서 성장한다. 자신이 그 가운데 살아 서 있는 시체 더미의 규모가 크면 클수록, 그리고 그러한 시체 더미를 보는 일을 자주 겪으면 겪을수록 시체 더미에 대한 인간의 욕구는 그만큼 더 강렬하고 거부할 수 없는 것이 된다.[40]

카네티의 비유를 계속 빌려 오면, 홀로 고독한 인간은, 전장에 많은 병사를 보내 수많은 사망자를 내고 승리하면 승리할수록 승리의 대가를 더 느끼고 영웅으로 기려지는 군의 지휘관과도 같다. 즉, 타자를 이용함으로써만 자신을 존립시킬 수 있는 것이다.

군중은 이처럼 타자의 희생을 딛고 세워지는 것이 아니라고 카네티는 말한다. 왜냐하면 군중의 의식은 자기 자신을 향하지 않기 때문이다. 카네티는 군중의 의식은 미래를 향한—그 목적은 다양하다—정념에 의해 자극을 받는다고 한다. 그때까지의 정념을 부정하고 새로운 정념을 역사에 주입하는 것으로 향한다는 것이다. 그것은 혁명일 수도 있고, 혹은 새로운 신화의 창조일 수도 있다. 아무튼 이렇게 역사적으로 아로새겨진 후에야 비로소 군중은 행동을 멈춘다. 멈추지 않으면 자신이 달성한 목표가 다시 파괴돼 버리기 때문이다.

많은 비유와 역사적 사실, 실제의 관찰을 섞은 카네티의 군중론은 간단하게 결론내리는 것을 허용하지 않는다. 그러나 그의 군중론이 탁월한 것은 개체적 존재에 머무는 인간의 광기를 그려 내고, 다른 한편 타자와 함께 존재함으로써 집단에 새로운 해방이 찾아온다는

---

40  위의 책, 일본어판 338頁. 한국어판, p. 305.

것, 즉 사람이 타자에 의존하고 의존되는 것에서만 해방의 계기가 있음을 역설하고 있다는 점이다. 개인은 자신의 힘을 타자를 희생시키는 것에서만 감지할 수 있기 때문에, 결국 자신에게 얽매이는 것으로부터 벗어날 수 없다. 또한 사람이 개체적 존재임을 전제로 한 채 집단을 움직이려면, 그것은 개인을 규율과 권력 관계 아래에 둠으로써만 가능해진다. 그것은 결국 인간의 존재 가치를 폄하하게 된다. 그렇기 때문에 군중과 개인은 대립하지 않는다. 오히려 양자를 나누기 힘들기 때문에 [군중과 개인에] 역사를 개척하는 힘, 그리고 평화를 가져오는 힘이 깃든다고 카네티는 역설한 것이다.

앞서 말한 로메로 감독의 〈좀비〉와 비교할 만한 것이 스티븐 소더버그 감독의 〈컨테이젼(Contagion)〉(2012년)이다. 이 영화는 백신도 없는 미지의 바이러스가 전 세계에서 유행하는 과정을 그린 세계적 재난(pandemic) 영화다. 하지만 실제로는 사람과 사람의 '접촉'이 주제다. 강력한 바이러스는 약간의 신체적 접촉으로도 감염되기 때문에, 사람들은 서로를 의심하며 거짓말과 기만이 사회를 뒤덮게 된다. 그러나 이 영화에서 해결책은 타인과 격리된 연구자가 개발한 백신이 아니라 스스로 본능적으로 사람들과 접촉해 감염된 여러 주인공이 정보를 주고받음으로써 마련된다.

집단에 의한 행동의 여지를 남기지 않으면, 정치는 개인의 행위만으로 유지될 수밖에 없어진다. 그러나 그것은 민주주의를 왜소화하고, 민주주의가 지금까지 살아남은 까닭인 미규정성이나 확장성을 저버리고 질식사하게 할 것이다.

앞서 봤던 올슨의 집합행위론은 사람들이 비용과 편익을 비교·고려하여 비로소 집합행위에 참여할지 말지를 결정한다는 정식에 기반해 설명하려고 시도했다. 그러나 이런 이분법을 채택하면 사람들이 왜 스스로 군중으로 되어 가는지를 설명할 수 없는 막다른 골목에 들어서게 된다.

이에 반해, 경제학에서 독자적인 지평을 개척한 앨버트 허시먼은 공적 행위의 특징이 "쾌락 부분(segment)이 비용 부분에 파고들어 비용 부분을 쾌락 자체의 경험으로 채워 버리는"데 있다고 한다.[41] 허시먼은 가령 '먹는다'는 행위가 식사라는 행위와 배가 부름으로써 얻는 안녕과 떼어 놓을 수 없듯이, 공적 행위에서 사람의 목적과 수단은 불가분한 관계에 있다고 지적한다. 분명히 '먹는다'는 것은 목적인 동시에 수단이기도 하다. 마찬가지로 목적과 수단이, 혹은 목표의 추구와 획득이 혼연일체라는 것이 공적 행위의 증명이 된다. 그 때문에 시위가 옳은가 옳지 않은가, 합리적인가 비합리적인가라는 물음에는 대답할 수 없다. 그와 같은 질문 자체가 무효이기 때문이다.

말할 수 있는 것은 사람들이 집단 행위에 참여하는 것 자체에서 기쁨과 만족을 찾아낸다는 것이다. 이런 감정에 의해 공적인 것이 산출된다. 이런 식으로 파악하지 않으면, 왜 사람들은 집합을 이루고 행동하는가라는 근본적인 의문을 풀 수 없다. 또 카네티가 고찰했듯이 집단 행위는 타자와 접촉하는 것이 지닌 공포를 제거해 주는 계기, 그리고 인간은 고립된 것도 아니고 혼자서 존재하는 것도 아니라는 감각을 일깨워 주는 계기, 오늘날에는 아마도 수가 줄어들어 버린 그런 계기이기 때문임에 틀림없다.

---

41 Albert Otto Hirschman, *Shifting Involvements: Private Interest and Public Action*, Princeton University Press, 1982. [アルバート·O·ハーシュマン, 《失望と参画の現象学—私的利益と公的行為》, 佐々木毅·杉田敦 訳, 法政大学出版局, 1988, 101頁.]

# 5장
___

## 공포
공포는
어디에서 오는가

정치가 공포와 두려움에 의해 유지된다고 말하면 케케묵은 옛날 얘기처럼 들릴까? 20세기가 "전쟁과 혁명의 세기"였다고 할 때 사람들이 흔히 상상하는 것은 이데올로기나 전체주의 체제가 초래한 '공포 정치'일지 모른다. 나치의 강제수용소에서는 유대인과 집시를 포함해 600여만 명이 살해됐고, 소련의 스탈린 체제 아래서는 2000만 명이 넘게 강제노동으로 목숨을 잃었다고 한다. 끝없이 이어질 이 목록에 중국 문화대혁명에서의 3000만 명, 폴포트 체제에서의 수백만 명을 덧붙여도 될 것이다. 정치학자 마이클 이그나티에프가 지적한 대로, 20세기의 인간상이란 선(善)을 행하는 존재가 아니라 악을 저지르는 존재이며, 희망보다 공포로 얼룩진 존재였다.[1]

---

1    Michael Ignatieff, *The Warrior's Honor: Ethnic War and the Modern Conscience*, Chatto & Windus, 1998.

그리고 21세기에 이르러 두드러진 것은 통치자들이 행사하는 일방적인 물리적 폭력에만 의거하지는 않는 [새로운 유형의] 공포정치이다. 그것은 피통치자들이 공유한 공포에 의해 생겨난 것이다.

돌이켜 생각하면, 성서(《창세기》)에서 처음 언급된 인간의 감정은 '사랑' 따위가 아니라 "알몸이었기에, 두려워서 몸을 숨겼다"는 아담이 느낀 '공포'이다. 그리고 개인의 공포가 집합적으로 공유되고 이와 동시에 상상에 의해 만들어 낼 수 있는 것으로 바뀔 경우, 개개인의 공포는 사회생활 전반에 파괴적인 타격을 입힐 것이다. 고용, 격차, 질병, 범죄, 환경 파괴 같은 개개인의 생활과 관련된 두려움이 누적될 때 공포는 사회적으로 공유되며, 그 공포가 초래하는 불안에서 벗어나고자 사람들은 정치에 구원을 청하고 이것이 비극을 낳는다.


## '절대적 감정'으로서의 공포

한신·아와지대지진과 동일본대지진, 혹은 그 전부터 많은 자연재해를 경험한 우리[일본인]에게 천재(天災)도 공포의 한 종류일 수 있다. 하지만 지진이나 해일을 피한 이재민에게 무서운 것은 천재 자체가 아니라 천재가 초래하는 파괴이며, 이 파괴 때문에 거주지는 물론이고 사람들과의 관계나 친숙하고 정든 생활공간을 잃었다는 점에 있음이 틀림없다. 즉, 우리는 아담의 말을 빌리자면, 세상에서 '알몸'이 되는 것을 두려워한다.

아리스토텔레스는 인간의 다양한 감정을 자세히 분류하여 고찰한 것으로도 유명한데, 그는 《수사학》에서 공포는 "고통을 초래하는 악"

이 예기치 않게 일어난다는 불안에서 생긴다고 했다. 그가 든 예를 따르면, 일반적으로 인간은 죽음에 대해 공포를 품지 않는다. 죽음은 언젠가는 반드시 일어나지만, 그래도 죽음이 금방 찾아오지는 않으리라고 가정하면서 살아가기 때문이다. 따라서 급작스레 예기치 않게 모습을 드러내는 "고통을 초래하는 악"이 공포의 원천이 되는 것이다.

더 나아가 공포란, 이번에는 레이몽 아롱의 말인데, 인간에게 가장 기본적인 감정이다. 그의 말을 빌리면 "국가 자체의 기저에 있는 감정"이다.[2] 바꿔 말하면 이데올로기나 도덕과는 달리, 공포란 싸울 여지가 없는 절대적인 것으로서 군림하고 있다. 이데올로기나 도덕에는 다른 입장이나 의견이 있을 수 있고, 그 시비를 다툴 수 있다. 그러나 공포는 누구나 언어로 표현할 수는 없을 수 있는 것으로, '믿는' 것이 아니라 '맛보는' 듯한 평등한 마이너스 감정이다. 이것이 공동체의 기초가 되기도 한다.

공포의 근저에는 미래를 예견할 수 없다는 체념과 등을 맞대고 살아가는 감정이 있다.

예컨대 1980년대 레이건 대통령 시대의 미국을 조사한 연구자는 경제 불황이 국가의 책임이 아니라 외부 요인 때문이라고 인식됐을 때, 정부가 그것에 유효하게 대처하지 못한다고 여긴 경우 유권자는 '분노'를 느끼며, 정부마저도 그것에 대처하기가 불가능하다고 여긴

2   Raymond–Claude–Ferdinand Aron, *Les Étapes de la pensée sociologique*, Gallimard, 1967. [レイモン アロン, 《社会学的思考の流れI》, 北川隆士口 訳, 法政大学出版局, 1974, 26頁.]

경우 '불안'을 느낀다고 한다.[3] 사람들은 자신이 처한 상황을 못 봤을 때 공포를 느끼며, 그 공포에 대처할 방도가 없으면 불안에 휩싸인다. 일본에서 전 지구화는 시장원리주의의 상징이라며 비판되고, 재일 한국·조선인은 배척 운동의 대상이 되며, 고용불안을 품고 있는 젊은이는 '블랙 기업'이란 말을 정착시켰다. 이런 짜증이나 불만을 젊은이의 무지나 사회의 우경화 같은 말로 묶어 버리는 것으로 그칠 수는 없다. 전망이 보이지 않을 뿐 아니라 전망의 불투명성에 대해 자신이 무기력하다고 느꼈을 때, 극단적인 행동이나 담론이 산출된다.

이런 패턴이 개인에게서만 발견되는 것도 아니다. 9·11 테러라는 공포를 경험한 미국에서는 '테러와의 전쟁'을 통해, 그리고 국가의 몰락을 경험하고 있는 유럽이나 일본에서는 이 책임을 전 지구화에 돌림으로써 공포에서 벗어나고자 한다.

공포의 원인이 물리적 결핍이나 폭력에만 있는 것은 아니다. 눈에 보이지 않고 상상되는 것이기에 공포는 눈덩이처럼 불어난다. 그러므로 개인 수준이냐 국가 수준이냐를 불문하고, 문제가 크냐 작냐를 불문하고, 공포는 보편적으로 존재하며 일상화[규칙화]되어 있다.

문제는 공포가 도처에 널려 있고 공포를 이렇게 편재시킴으로써 공포를 어디까지나 언제까지나 정치적 수단으로 이용한다는 데 있다. 나치 독일을 예로 들어 이 메커니즘을 설명해 보자.

나치의 권력 장악과 지배에 대해서는 수많은 뛰어난 연구가 있는데, 그중 사회학자 만하임은 대중사회론의 연장선상에서 나치가 심

---

3  Pamela J. Conover and Stanley Feldman, "Emotional Reactions to the Economy: I'm mad as hell and I'm not going to take it anymore", in *American Journal of Science*, vol. 30, no. 1, 1986.

리적으로 지배하게 되는 메커니즘을 그려 냈다. 그것은 개인이 어딘가에 소속될 수단을 해체함으로써, 즉 개인을 '알몸'으로 만듦으로써 사람들의 '마음속에 있는 저항력'을 빼앗는 메커니즘이다. 나치 지배의 핵심은 가족이나 정당 같은 전통적 집단을 파괴하여 개인을 원자화하고, 그렇게 원자화된 개인을 이번에는 나치가 통제하는 다양한 사회 하위집단에 다시 포섭하는 왕복 운동에 있었다. 나치가 조직한 하위집단에서 유명한 것이 여가 활동 집단인 '기쁨을 통해 힘을(KdF)'이었다. 노동조합을 비롯해 기타 다양한 관료와 의사, 경영자부터 학생 등에 이르기까지 분야·직능별 단체를 독자적으로 조직하여 벌거벗은 개인을 그 안에 포함시켰다.

개인에게 친숙하고 정든 세계가 어떻게 구성되고 어떻게 움직이는지를 볼 수 있게 해 주고 예측할 수 있게 해 주는 생활세계를 나치는 폭력으로 파괴하고, 이런 생활세계를 새로운 집단 아래서 조직함으로써 대중사회를 지배하는 데 성공했다는 것이 만하임의 진단이었다. 세계에 알몸으로 내던져지고 이것이 던져 주는 공포 때문에 놀라게 된 개인은 쉽게 동원될 수 있는데, 이런 것들이 순환함으로써 지배가 관철된다.

나치 지지자에서 반나치주의자로 돌아서고 전후에는 군축 활동가로 활약한 마르틴 니뮐러(Friedrich Gustav Emil Martin Niemöller) 목사의 유명한 말은 나치가 지배를 공고히 하는 데 공포를 어떻게 활용했는지 웅변적으로 표현하고 있다.

그들이 처음 공산주의자들을 덮쳤을 때, 나는 침묵했다. 나는 공산주의자가 아니었기에.

이어서 그들이 사회민주당원들을 가두었을 때, 나는 침묵했다. 나는 사회민주당원이 아니었기에.

그 다음에 그들이 노동조합원들을 덮쳤을 때, 나는 아무 말도 하지 않았다. 나는 노동조합원이 아니었기에.

그 다음에 그들이 유대인들에게 왔을 때, 나는 아무 말도 하지 않았다. 나는 유대인이 아니었기에.

그들이 나에게 닥쳤을 때는, 나를 위해 말해 줄 이들이 아무도 남아 있지 않았다.


오늘날의 일본에서도 이른바 컬트집단이 사회적인 지위(position)를 갖고 있지 못한 사람들만을 콕 골라내서 꼬시는 수법을 쓰고 있는데, 이는 기본적으로 나치의 지배 원리와 같다. 개인을 둘러싼 세계를 해체하고 (혹은 그것이 해체됨으로써) 사람들의 공포는 커진다. 그 공포를 에너지원으로 삼아 집단적인 힘을 얻는다. 사회학자 만하임이 말하는 '불안의 조직화'란 바로 이런 메커니즘이며, 불안을 조직할 수 있는 체제는 이런 식으로 강화된다.

이는 정치체제와 관계없는 보편적인 메커니즘일 수도 있다. 미국의 매카시즘도 불안의 조직화로 얼룩진 정치였다. 매카시즘은 이른바 '빨갱이 사냥'이라고 지칭된 정치운동이다. 1950년대에 상원의원을 지낸 매카시가 선두에 서서 공산주의 동조자들을 추방하자고 외치면서 '진보적' 문화인과 언론인을 고발했다. 당시 미국 노동자 5명 중 1명, 공무원 4000만 명이 매카시 위원회의 조사 대상이 되었다고 한다. 게다가 매카시즘은 나치와 달리 직접·물리적 폭력에 의해 유지된 것이 아니었다. 기업, 노조, 정당, 학교 같은 사회의 구석구석에서 동료 중 누가 '빨갱이'인지 고발하거나 밀고하는 일이 이어지는 등, 매카시즘은 사회 내부에서 공유된 공포정치였다. 매카시라는 한 명에 의한 억압이었던 것이 아니라, 사회의 적으로 간주된 이질적인 자들이 사회 내부에 숨어 있는 것 아니냐는, 타인에 대한 시의심(猜疑心)을 핵으로 한, '편집증(paranoia)'[4]이라고 부르는 것이 적절한 사회적 공포의 결과였다. 매카시즘은 나치처럼 공동체를 파괴하여 개인을 알몸으로 만드는 것이 아니라, 사람들의 관계 사이에 공포심이라는 씨앗을 심음으로써 미국 사회라는 공동체를 파괴했다.

### '공포의 자유주의'?

자유주의는 이런 시대 경험에 대한 방파제를 항상 요구했다. 자유주의는 이런 방파제가 환경과 미래를 예견 가능하게 만듦으로써 사람들한테서 공포를 떼어 내 불안에서 해방시키는 안전장치로 기능할 것이라고 기대했다. 예를 들면 그냥 방치해 두면 무질서와 아노미가 만연할 수도 있는 세상에 [방파제로서의] 관용의 정신과 법의 지배는 예측 가능성을 도입하며, 그리하여 개인이 안정된 삶을 영위할 수 있게 할 것이라고 기대하는 것이다. "○○을 했을 때에는 벌한다"는 규칙이 관철되는 것이 자유 사회의 원칙인 반면, "○○을 하지 않으면 벌한다"가 전체주의 사회의 규칙이다. 개인이 어떤 행위를 선택하는가 여부는 규칙에 의해 허용되는 것이기 때문에, 개인은 규칙이 허용

---

4    Richard J. Hofstadter, *The Paranoid Style in American Politics*, Vintage Books, 1964.

하는 범위 안에서 자신의 환경과 장래에 대해 예견을 할 수 있고, 예견할 수 있기 때문에 안심을 확보할 수 있는 것이다.

주디스 슈클라(Judith Nisse Shklar)는 〈공포의 자유주의〉라는 유명한 논문에서 예측 가능성을 빼앗길 것이라는 '공포'에 대한 '두려움'이야말로 자유주의가 의거하는 근거라고 지적한다.

그녀가 말하는 '공포의 자유주의'라는 개념은 자유주의가 유일하게 의거하는 원리가 바로 공포에 대한 감수성이라는 것을 뜻한다. 특정한 세계관을 갈구하거나 특정한 공동체를 옹호하게 되면, 이는 반드시 누군가의 공포심을 자극하게 된다. 따라서 공포를 피하려면 철저히 '비-유토피아주의적'이어야만 한다고 슈클라는 역설했다.

앞의 만하임의 말을 끌어들이면, 나치가 행했던 것은 '기능적 합리성'이며, [바로 그렇기에] '실질적인 비합리성'을 추구한다는 도착적인 정치였다. 인간을 말살하는 데서 그치지 않고, 최종적으로 국가의 붕괴를 초래한 정치는 비합리적인 것이라고밖에는 말할 수 없다. 그러나 나치는 그 비합리를 냉정하고 계산된 방법으로 행했다는 데에 그 특징이 있었다. 20세기에 있던 대부분 학살에서는 정확한 사망자 수조차 파악할 수 없는 반면, 나치 수용소에서 죽은 인간의 수는 정확히 기록되었다. 그 행위가 역사적 검증을 겪게 된 것도 정권이나 관료 조직이 기능적 합리성을 갖췄기 때문이다. 당시 전문가들은 정권 안에서 '인종의 단절'을 어떻게 효율적으로 수행할 수 있는지를 논의했다. 바로 그 때문에 슈클라는 목적과 수단을 비교·고려해서 어떻게 효율적으로 실현할 것인가를 고민하는 정치에 방파제 역할을 할 수 있는 것은 "어떤 이상을 추구하고 타인을 희생시킬 위험을 무릅쓰

기를 거부"하는 '공포의 자유주의'라고 했다.[5]

공포에 대한 감수성을 높이고 그 공포심을 지렛대로 삼아 공포 자체를 멀리하는 것—인간이 악을 행하는 존재임을 인정할 수밖에 없다면—, 이것은 인간이 악을 행하는 존재임을 인정할 수밖에 없는 경우 유력한 처방전인 듯이 보인다.

그러나 공포에 관한 고찰을 여기서 그쳐서는 안 된다. 나치즘과 매카시즘이 생겨난 이유를 돌이켜 생각해야 하기 때문이다.

원래 나치즘이 핵심 지지자를 넘어 독일 시민의 지지를 폭넓게 받을 수 있었던 것은 사유재산제를 부정하는 공산당에 의한 혁명이 현실에 임박했다고 시민들이 느꼈기 때문이다. 1928년 코민테른 대회에서는 사회민주주의 세력과도 절연하고, 혁명을 수행하기 위해 필요한 내전을 벌일 수 있는 조건을 만들어 내야 한다고 선언했다(이른바 '제3기'론). 이 무렵 공산주의자와 경찰병력 사이에 물리적 충돌이 생겼고, 의회선거에서는 나치당과 공산당이 '제3극'의 지위를 놓고 다투게 된다. 나치당이 약진할 계기가 됐던 것은 공산당원이 저지른 국회 방화사건이다. 1933년에 일어난 이 사건은 나치당이 스스로 꾸며 낸 계략이라고도 불리는데, 이 사건이 터지자 헌법의 기본권이 정지됐으며, 공산당원이 일제히 검거됐다. 이런 식으로 공산당원이 실질적으로 배제되면서, 나치당이 약진하게 된 것이다. 나치와 공산당은 정치체제의 급진화를 두고 서로 다투면서 물리적 충돌을 반복했

---

5    Judith N. Shklar, "The Liberalism of Fear", Nancy Rosenblum (ed.), *Liberalism and the Moral Life*, Harvard University Press, 1989. [ジュディス・シュクラー, "恐怖のリベラリズム", 大川正彦 訳, 《現代思想》, 29권 7호, 2001, 132頁.] ; Stanley Hoffman (ed.), *Political Thought and Political Thinkers*, The University of Chicago Press, 1998.

으며, 바이마르의 공화파는 체제 유지를 위해 나치를 이용하려고 했고, 대공황으로 인한 몰락의 공포에 떨고 있던 중산층은 [이런 상황에서] 나치를 지지했다. 독일 전체는 승전국이 쥐락펴락하는 베르사유 체제 아래서 독일이 몰락할까 봐 두려워했다. 이런 것들이 나치 독일을 존립하게 만든 조건 전부인 것은 아니지만, 독일 안에서 꿈틀거리던 공포가 나치 독일이라는 또 다른 공포를 불러들였다는 아이러니한 경위에 대해 눈을 감기는 힘들다.

　매카시즘도 마찬가지다. 1950년에 한국전쟁이라는 '뜨거운 전쟁'이 발발하자 핵무기 사용까지도 고려했던 미국이 보기에 소련은 현실적인 공포의 대상이었다. 경제적으로만 봐도 당시 소련은 미국을 곧 추월하리라 예측될 정도로 경이로운 성장을 하고 있었다. 이런 상황에서 미국 내의 공산주의자는 매카시가 주장한 것처럼 '파괴 분자의 결집'이라기보다는 소련과의 경쟁에서 질지도 모른다는 공포심이 찾아낸 대상이기도 했다. 제2차 세계대전 전후에 한층 더 빛났던 미국의 자유민주주의가 상이한 정치체제에 의해 패배당할지도 모른다는 공포가 매카시즘을 지탱하는 요인이기도 했다. 실제로 한국전쟁이 끝나고 흐루쇼프의 스탈린 비판을 거치면서 매카시 선풍은 부득이하게 수습되어 갔다. 미국 정치사 연구자인 후루야 준이 지적하듯이, 매카시즘은 반공주의라는 딱지만으로 묶인 것이 아니다. 이것에는 소련에 대한 공포에 더해서 집산주의에 대한 혐오, 복지국가에 대한 반감, 연방정부에 대한 불신 같은 "다종다양한 신조나 반감이 거의 미분리의 성운상태(星雲狀態)로 소용돌이치고" 있었다.[6] 이런 공포

---

6　古矢旬,《アメリカニズム―「普遍国家」ののナショナリズム》, 東京大学出版会, 2002, 242頁.

의 감정 근저에는 전후의 경제 성장으로 급속히 부유해진 하층 계급의 대두에 대한 중산층의 위기감이 있었다. 중산층은 이런 불만을 사회 변화를 주창하는 진보파 탓으로 돌리려 한 것이다.

즉, 공포는 확대, 감염된다. 만약 공포가 새로운 공포를 불러들인다면, 슈클라가 권장한 '공포의 자유주의'가 꼭 최적의 처방전이 된다고는 할 수 없을 것이다. 설령 모든 공포에 민감해진다고 해도, 이를 피하기 위해 새로운 공포를 불러들인다면, 공포의 연쇄를 영원히 끊을 수 없을 것이다. 원초적이고 절대적인 감정인 공포라는 감정이 골치 아픈 이유가 여기에 있다. 그리고 현대에는 바로 이런 공포가 전면화되고 있다.

현대정치를 관찰하면서 철학자 지젝은 다음과 같이 지적한다.

우리는 국가권력이 실천되는 주된 형식이 탈정치화된 행정과 이익조정의 논리일 뿐이라고 하는 새로운 시대에 들어서고 있다. 감정을 유일하게 흔드는 것은 공포뿐이다. 이민자에 대한 공포, 범죄에 대한 공포, 괴한의 침입에 대한 공포, 국가 개입에 대한 공포, 환경 파괴에 대한 공포, 나아가 다양한 학대에 대한 공포 등이다('정치적으로 올바르다'는 것도 자유주의적 형식을 두른 공포정치에 지나지 않는다). 이런 이유 때문에 2000년대 최초 10년 동안의 주된 문제란 반이민의 정치가 극우 세력들에게만 머물지 않고 지배적인 정치 담론이 됐다는 것에 있다.[7]

영화감독 레오스 카락스(Leos Carax)도 마찬가지로 다음과 같이 말

---

7    Slavoj Zizek, "L'union européenne doit forger sa culture commune", in *Le Monde*, 24 fevrier 2011.

했다.

9·11은 사람들에게 공포를 심어 줬습니다. 공포는 사람들을 아이로 퇴행시킵니다. 테러리스트도 미국 대통령도 너무 어린애 같습니다. 그리고 가상적인 현실이 퇴행을 부추기고 있습니다. 영원히 아이인 채로 있을 수도 있습니다.[8]

여기서 제기되는 것은 정치가 더는 적극적인 가치를 나타낼 수 없게 됐다는 것이다. 탈정치화로 인해, 사회적으로 공유되어야 할 가치를 정치가 지시하지 못하게 됐기에, 우리 혹은 대통령과 테러리스트들은 원초적이고 절대적인 감정인 공포만을 공유하게 됐다고 하는 척박한 광경이다.

정치는 이렇게 딜레마를 품게 된다. 왜냐하면 현대에는 그 어떤 적극적인 정치상이나 이데올로기도 파탄을 면할 수 없음이 명확해졌기 때문이다. 희망을 버려야 했다. 이성을 내세운 유토피아주의가 덮쳐왔을 때, 이를 깨뜨리는 것은 부정을 부정하기 위한 또 다른 유토피아주의였을 것이다. 그러나 자유와 고통에서 해방되려면 좋든 싫든 정치성이 따라다닌다는 정치의 전면화를 겪은 것이 20세기라는 시대 경험이기도 했다. 그런 정치가 파탄 난 후 사람들이 공유하는 유일한 공통의 감정이 공포다.

---

8 "현실? 허구? 변신하는 남자", 〈아사히신문〉 2013년 4월 5일 자 석간.

## 아렌트가 말하는 공포

그런데 여기서 눈여겨보아야 할 것은 '공포'가 정치에 작용할 경우에 나타나는 특유한 복잡함이다. 공포의 근저에는 모든 적극적인 근거나 목적에 대한 혐오감이 있다.

그렇기 때문에 20세기 후반 이후 공포에 대한 성찰은 저절로 불균형적인[가치중립적이지 않거나 중립적이지 않은] 것일 수밖에 없다. 이것을 솔직하게 표현한 사상가 중 한 명이 한나 아렌트였다. 나치의 피해자이기도 한 아렌트에 관해서는 이미 많은 것이 소개되고 언급되었다. 마르크스주의의 협소한 인간관을 쇄신하고자 사람들의 차이나 다양성을 옹호하고 인간의 '활동'을 통한 구성적 권력을 권장했다는 것. 혹은 《예루살렘의 아이히만》을 통해 악의 평범성을 폭로했다는 것.

아렌트의 이런 독특한 사상은 점점 더 현실성(actuality)을 갖고 재해석되고 있지만, 여기서는 그녀의 주저인 《전체주의의 기원》과 《예루살렘의 아이히만》에 주목해 정치에서 공포가 맡는 역할을 재확인해 보자. 《전체주의의 기원》은 '공포'와 여기서 생기는 악에 대한 비할 데 없는 해설서이고, 《예루살렘의 아이히만》은 공포의 자동 생성성이라고도 부를 성질을 적나라하게 드러낸 것이다.

《전체주의의 기원》은 요약하면 나치즘과 볼셰비즘이 어떻게 생겨났는가를 자세히 서술한 책이다. 그러나 이 책의 목적은 단순히 나치나 스탈린 지배를 기술한 것이 아니라(지금은 오히려 역사적인 실증을 견뎌 낼 수 없다고 지적되고 있다), 19세기적인 질서가 무너지고 왜 공포 정치가 출현하게 됐는지, 그리고 그것을 배후에서 뒷받침한 '외로움(lonelyness)'이란 무엇인지를 파헤치는 데 있었다. "전체주의의 지배

본질은 테러[공포-인용자]이지만, 그러나 이 테러는 (전제정치에서와 마찬가지로) 자의적으로, 권력을 갈망하는 한 개인이 명령하는 대로 행해지는 것이 아니라, 인간과는 무관한 과정과 그 과정의 자연법칙 혹은 역사법칙에 따라 행해지는 것"이다. 이 테러는 "정치적·공적 영역이 소멸한 뒤에도 남아 있는 인간 사이의 모든 관계를 파괴하고, 다른 한편으로는 이렇게 고립화되고 서로 분리된 사람들이 정치 활동 … 에 동원될 수 있는 상황"을 만들어 낸다고 한다.[9]

아렌트에게 전체주의에 의한 공포는 어떤 권력체나 정치지도자에 의해 산출되는 것이 아니다. 그것은 공통의 이해도 계급의식도 갖고 있지 못한 '대중', 19세기까지만 해도 있었던 '공동의 세계'를 상실한 '대중' 내부에서 산출되는 것이었다. 여기서의 대중은 어떤 계층을 가리키는 것이 아니라 자신의 성공을 유일한 판단 기준으로 삼아 향락적인 몰아(沒我)를 옳다고 생각하는 인간을 의미한다. 세계가 예견 가능하지 않게 되면, 개인은 세계에 대해 생각하기를 멈추고, 관심을 자신에게만 집중시키게 된다. 무엇보다 생존이 목적이 되기 때문이다. 이런 개인의 불안 위에 성립되었던 것이 전체주의였다. 20세기에는 독재자가 폭력을 휘둘러 공포정치를 한다는 알기 쉬운 도식이 더는 통용되지 않는다. 공포정치는 반드시 집합적인 심리에 의해 산출된다.

다시 말해 대중이 특정한 이데올로기나 세계관으로 끌려 들어간 것이 아니라 '고립되고 버림받는' 사람들의 자아를 대신 메우기 위해

---

9    Hannah Arendt, *The Origins of Totalitarianism*, Harcourt, Brace and Company, 1951. ハンナ・アレント, 《全体主義の起原(3)》, 大島かおりほか 訳, みすず書房, 1974, 277-278, 296頁.

날아든 것이 전체주의였다. 전체주의라는 권력은 무색무미이며, 아렌트의 말을 빌리면 양파처럼 한 꺼풀 한 꺼풀을 벗겨도 본질에 이르지 못하는 '무-구조성'이 전체주의의 특징이다. 이는 전체주의의 근저에 사실성이나 역사적 경험이 전혀 없고, 테러를 활용해 인류사회에서 정치적 운동을 철저하게 전개하는 것에 주안점을 둔 영구적 운동이기 때문이다. 따라서 전체주의에서는 권력의 자명성이 오히려 걸림돌일 뿐이다.

원자화된 개인이 그 실존적 불안을 메우기 위해 공허한 이데올로기를 추구한다는 구도는 역사에서 반복적으로 나타났다. 이미 알려져 있듯이 19세기의 미국 사회를 둘러본 토크빌은 근대사회가 부평초처럼 뿌리가 없다는 느낌과 평등주의를 초래했고 이런 것들이 개인의 [자기 자신으로의] 매몰과 냉담(정치적 무관심, apathy)을 유발했다고 말했다.

아렌트의 모티프는 이것과도 다르다. 아렌트는 계급사회의 붕괴가 개인의 냉담(apathy)의 원천이라는 데 동의한다. 그렇지만 이는 토크빌이 말하는 평등한 사회가 도래한 결과가 아니라 사람들의 공동성이 붕괴된 데 따른 것이라고 한다. 그녀는 '평등주의'가 대중을 산출한 것이 아니라고 분명히 밝힌다. 나아가 토크빌이 봤던 대중은 결사나 중간단체를 결성함으로써 민주정치를 활성화할 수 있다고 여겨졌으나, 아렌트가 말하는 대중은 경우에 따라서는 자신의 목숨을 공허한 목적을 위해 망설이지 않고 내놓기도 하는, 믿음을 완전히 상실해버린 존재였다. 토크빌이 봤던 19세기의 대중도 확실히 '고독'했겠지만, 그들은 힘을 합쳐 새로운 세계를 함께 창출해 낼 정도의 잠재력을 가진 희망의 씨앗이기도 했다. 그러나 아렌트가 본 20세기의 대중은 세계를 움직이는 것이 아니라 세계의 상실을 개탄하는 수동적인 존재에 불과했다.

　이런 아렌트의 비관주의적인 시각은 그녀 특유의 철학에서 비롯된다. 그녀의 《인간의 조건》은 인간이 타자와의 사이에서 생긴 추상적 목표를 이루기 위한 상호 행위(작업이나 노동과도 다른 '활동')를 통해서만 비로소 완전한 존재가 될 수 있다고 설파한 책이다. 즉, 사람은 뭔가를 위한 수단 혹은 뭔가를 실현하기 위한 도구로서가 아니라 공통세계(=공공성)를 함께 만들어 내는 '활동'을 하고 이런 공통세계를 충족시킬 수 있다고 한다. 그러나 전체주의를 성립시킨 사람들은 타자와 공유했던 세계가 붕괴됨으로써 자신을 성립시키는 근거가 자신뿐이게 되며, [그리하여] 전체주의를 만들어 냈다. 원래는 타자와 공유하는 것이 이 세계에 '상식(common sense)'을 가져왔다. 그리고 '공유하는 것(common)'이 없어졌을 때 대중은 현실적인 감각도 사고할 방법도 없이 "그들을 감싸서 품어 주겠다고 약속하는, 멋대로 준비하고 만들어 낸 통일적 체계의 수미일관성"에 끌리게 되는 것이다.

　아렌트는 그 구체적인 예로 스탈린 체제 아래에서 정치범의 상당수가 무죄인데도 자신의 죄를 고백한 것을 들고 있다. 죄를 스스로 꾸며 낸 것은 그들이 체제의 이데올로기를 믿었기 때문이 아니다. 그것은 그 이데올로기의 일관성, 즉 이데올로기가 무오류이고 결점이 없음을 믿고 싶었기에 나오는 행위라고 그녀는 말한다. 그렇기 때문에 믿고 싶은 것을 믿는다고 하는 무사고성이야말로 (나중에 보는 아이히만처럼) 20세기의 최대 악이라고 아렌트는 단언한 것이다.

　이런 메커니즘을 내포한 전체주의에서 합리성은 더는 아무 소용이 없다. 아렌트의 사상을 정밀하게 조사한 다나 R. 빌라가 이렇게 말한 것은 정곡을 찌르는 것이다. 즉, "사회제도나 정치체제의 구조를 설명하는 기반으로서 그런 [사회과학 – 인용자] 도구들이 거의 언제나 전제하는 것은 수단/목적의 합리성이라는 모델"이기 때문에, 전체주의라는 악을 이해하는 데는 도움이 못 된다는 것이다.[10] 왜냐하면 사회과학은 수단과 목적이 어떻게 관계하는지를 정밀 조사하는 것일 뿐이며(빌라에 따르면 이것이야말로 '자유주의적 태도'라며 환영받았다), 악이 공유되고 누군가가 공범관계에 빠졌을 때 그 내용에까지 깊이 파고들어 가치 판단을 내릴 수 없기 때문이다. 게다가 전체주의는 이 '수단/목적'이라는 서열을 뒤집고 있다. 즉, 비합리적인 목적을 위해 합리적인 수단이 이용되는 전체주의는 수단/목적의 인과를 추론하는 이성을 훨씬 초월한 것으로서 존재하게 된다.[11]

그리고 아렌트가 본 아이히만은 어디까지나 이 수단/목적의 인과 안에서만 생각하고 행동했기 때문에 '악'으로 변형된 것이다. 이어서 살펴보자.

## 아이히만이라는 '악'

전체주의의 테러가 산출한 최악의 것은 강제수용소였다. 강제수용소는 20세기 역사의 스캔들이었다. 강제수용소가 기능적인 합리성에

---

10  Dana R. Villa, *Politics, Philosophy, Terror: Essays on the Thought of Hannah Arendt*, Princeton University Press, 1999. デーナ・リチャード・ヴィラ, 《政治・哲学・恐怖―ハンナ・アレントの思想》, 伊藤誓・磯山甚一 訳, 法政大学出版局, 2004, 19頁.

11  Bernard Bruneteau, "La 《Rationalité》 Totalité", in *Les Dimensions Émotionnelles du Politique*, Presses Iniversitaires de Rennes, 2012.

5장. 공포: 공포는 어디에서 오는가  **229**

기초하여 특정한 민족이나 개체를 체계적으로 소멸시키고자 했기 때문에만 그런 것은 아니다. 강제수용소의 목적이 그저 인간으로부터 인간성을 빼앗는 것, 즉 인간이 인간이게 되는 조건인 자유로운 의지나 타자와의 협력을 금지시켰다는 데 있다. 마치 파블로프의 개처럼 조건반사에 따라 음식이나 생존만을 유일한 목적으로 하여 '자기 보존'을 추구하는 존재로 전락시켜 버렸다는 데 있다. 아렌트더러 말하게 하면, 강제수용소는 모든 인간이 같은 조건 아래서 같은 반응을 하도록 만들어 내는 것, 즉 동물 이하의 존재로 폄하시키는 장이기도 했다.

게다가 이런 홀로코스트의 희생자는 그녀가 서술한 대중과 평행적이었음에 주의를 기울여야 한다. 공동성을 박탈당한 존재라는 점에서는 대중도 나치가 산출해 낸 희생자나 마찬가지이기 때문이다.

정치에 있어서 공포가 특정 권력의 가시적 폭력에 의해 초래되는 것이라면, 공포는 더는 공포가 아니게 될 것이다. 이런 가시적 폭력을 제거할 수단을 찾아내는 것이 가능하기 때문이다. 그러나 우리가 흔히 품고 있는 권력에 대한 공포감은, 아렌트에 의해 아주 간단하게 파괴된다. 전체주의의 공포—아렌트가 말한 '역사의 종언'—의 원천이 사회 자체에, 우리에게 있다고 지적함으로써 공포라는 '악'이 얼마나 평범한 것인지에 대해 눈을 뜨게 해 주기 때문이다.

아렌트가 1960년대 초반—이 시대는 미국의 공민권 운동과 독일의 반전운동처럼 활발한 시민운동을 경험하는 '정치의 계절'이기도 했다—에 저술한《예루살렘의 아이히만 : 악의 평범성에 관한 보고》는 전체주의의 공포와 이를 뒷받침하는 메커니즘을 미시적으로 해명하려는 책이다.《전체주의의 기원》이 거시적으로 역사와 국가를 종횡

무진 편력한 책인 반면,《예루살렘의 아이히만》은 전 나치 친위대인 아돌프 아이히만에 대한 1년 동안에 걸친 이스라엘에서의 재판에 관한 방청기이며, 더 구체적이고 일관된 '악'을 응시한 책이었다.

여기서 서술된 것은 사익의 추구가 악을 육성한다는 커다란 역설이다. 유대인의 '최종 해결'을 기획한 반제회의(Wannsee Conference)에 참석하여 수백만의 유대인 이송 관리를 책임졌던 아이히만은 결코 '괴물' 따위가 아니라—책의 부제가 드러내듯이—"말로 나타낼 생각조차 해 보지 않은 **악의 진부함**[평범성]"[12]을 체현하는 기회주의자에 불과했다.

아렌트가 직접 본 아이히만은 단순히 자신의 경력에 집착하고 상승[지향] 욕망에 휩싸인 말단 관리에 불과했다. 유대인을 "육체적으로 말살하라"는 정치적 결정이 내려졌을 때 아이히만은 장관이 권태로운 듯이 그렇게 하라고 꼬드겼다는 사실, 그리고 유대인은 서류상에 나열된 숫자 이상의 의미가 없다는 사실을 느꼈을 뿐이었다. 독일이 패전할 기미가 짙어졌을 때도 그의 기억에 남아 있는 것은 상사가 주최한 회식에 초대받지 못했다는 소외감뿐이었다. 법정에서, 그리고 처형당할 때에도, 그가 되풀이해서 내뱉었던 것은 무의미하고 틀에 박힌 말뿐이었다. 그는 자신이 속한 사회나 조직이 요구하는 '성공'을 아무 생각 없이[무사고로] 오로지 그저 추구하는 것만을 유일하게 믿었다.

---

12  Hannah Arendt, *Eichmann in Jerusalem: A Report on the Banality of Evil*, 1969. [ハンナ・アレント,《イェルサレムのアイヒマン—悪の陳腐さについての報告》, 大久保和郎 訳, みすず書房, 1994, 195頁. 한나 아렌트,《예루살렘의 아이히만》, 김선욱 옮김, 한길사, 2006.] 강조는 원문.

원래 아이히만이 나치에 입당한 것도 파시즘 이데올로기에 매료됐기 때문이 아니라, 그동안의 보잘것없는 영업직 대신 사회적 상승 기회, 그리고 자신의 성공과 안락을 약속해 줄 조직이었기 때문이었을 뿐이다. 그가 히틀러를 숭배한 까닭도 히틀러의 사상이 아니라 히틀러가 일개 하사에서 총통으로 올라섰다는 성공 스토리 때문이었다. 이런 아이히만이 보기에 히틀러가, 행하라고 한 일—독일 및 폴란드 유대인 강제이주 계획과 홀로코스트 계획에 종사한 것—은 단순히 상부의 명령에 충실하게 따른 결과일 뿐이었다. 그 때문에 그는 재판에서 "왜 이 같은 죄를 저질렀는가"라는 질문에 궁극적으로 대답할 수 없었던 것이다. 악은 악한 사람이 초래하는 것이 아니다. 현대식으로 말하면, 자신만의 안녕을 가장 우선시하고 생활에 있어서 보수주의적인, 소시민적인 의식에 의해 생겨난다.

악은 바깥이 아니라 내부에 자리 잡고 있다. 즉, 테러는 테러를 목적으로 행해지는 것이 아니다. 그것은 개인이 자신의 행복을 무-조건적으로, 혹은 자신의 행복을 유일한 목적으로 간주하고 오로지 이것만을 실현하기 위해 노력함으로써 산출된다고 하는 공범관계를 아렌트는 아이히만을 통해 드러내 보여 줬다.

아이히만의 무사고로부터 성립되는 공범관계는 극작가 C. P. 테일러의 각본을 영화로 만든 〈굿(Good)〉(빈센트 아모림 감독, 2008년)에서도 그려지고 있다(영화에서는 아이히만의 이름도 언급된다). 이 작품은 평범한 문학교사가 가족이나 애인을 위해 애쓴 노력이 결과적으로 나치 체제를 유지하는 것으로 이어지는 아이러니를 잘 그려 낸다. 이 문학교사는 자신은 나치 간부가 아니라 문학가에 불과하다고 내빼며, 여학생들이 함부로 대해도 손찌검조차 못하는 얌전한 인물이다. 안락사를 주제로 한 소설로 유명세를 타지만, 실제로는 눈앞에서 벌어지는 자살이나 윤리적 문제에 관해서는 입을 다물고 만다. 바꿔 말하면, 아렌트가 말했듯이, 정치에서 복종은 지지와 똑같은 것이다. 그래서 이 주인공은 철저하게 비정치적인 인물이다. 이런 인물이기 때문에 그는 눈앞에 있는 목표―안정된 직장을 찾는 것, 자기 작품을 영화로 만드는 것, 젊은 애인의 자랑거리가 되는 것, 치매에 걸린 어머니를 돌보는 것―를 해내는 데 열중한다. 영화의 마지막에서는 강제수용소에서 유대인 옛 친구를 발견하고는 정신적으로 파탄 나게 된다.

주목해야 할 것은, 이 주인공에게 양심이라는 '계시'가 찾아오는 장면이 있다는 것이다. 가령, 여학생들에게 시달렸을 때, 힘러가 작품을 칭찬했을 때, 혹은 강제수용소의 현실을 눈으로 봤을 때, 그때마다 그의 귀에는 마라의 음악이 들려온다(마라는 유대인이다). 이런 장면은 주인공의 감정적 양심과 사적 이익 사이에서 생겨난 어긋남, 부조화의 표시이다. 테러를 구동시키는 '악'[의 정체]을 깨닫게 해 주는, 적지 않은 '계시'의 계기로서 삽입되어 있는 것이다. 그러나 주인공은 이것을 '착각'이라며 넘겨 버린다.

이 에피소드에서 중요한 것은 체계적인 합리성이 개인적인 관계를 대체함으로써 '계시'의 계기를 상실한다는 데 있다. 〈굿〉의 주인공에게는 유대인 친구가 있다. 또 주인공은 폭력 행위에 대해 생리적인 혐오감을 가진 인물이다. 그는 어떤 인종을 미워하기 때문에 그 사람을 죽이는, 현대식으로 말하면 '증오범죄(hate-crime)'나, 증오에 사로잡혀 행하는 정동적 사실을 부정할 것이다. 아렌트가 말하듯이, 나치 정권은 범죄에 대해 엄격하게 대처했다. 또한 정권에 의한 집단적인 살해는 처음에는 고결하고도 문명을 담지하고 있는 '아리아 인종'에 걸맞지 않은 행위라고 인식되기도 했다. 그러나 집단 살해가 제도·법·행정적인 정책으로서 자리매김되고 비인격적인 것으로 승화될수록, 그것 자체가 합리성을 띠게 되며 정당하다고 받아들여져 결국 '계시'의 순간을 잃어버리게 된다.

영화 주인공에게서도 아이히만에게서도 테러를 성립시키는 것은 자신의 정신·물질적 안녕의 추구였다. 아렌트는 아이히만이 비도덕적이었기에 범죄자가 된 것이 아니라고 지적한다. 도리어 도덕이 무엇인지에 관한 견해를 주변 사람들로부터 얻고 이를 절대적으로 믿으면서 자신도 이를 성실하게 획득하려 했기 때문이라고 결론지었다.

잘 알려져 있듯이, 《예루살렘의 아이히만》은 큰 파장을 불러일으켰다. 이는 아렌트가 유대인을 강제 수용하는 것에 '유대인평의회'라는 유대인 조직, 특히 그 지도자들이 연루돼 있다고 강조했기 때문이었다. 확실히 읽기에 따라서는 유대인에게도 유대인 학살의 책임이 있다는 주장으로 들린다.

그러나 아렌트가 어쩌면 이 책에서 지적하고 싶었던 것은, 《전체주의의 기원》과 마찬가지로, 자기 증식을 하는 테러의 성질과 이런 증식을 허용하는 공범관계였을 것이다. 즉, 고립된 유대인의 운명을 손아귀에 쥐고 있던 나치와 대치했을 때 유대인 조직의 선택은 저항이냐 복종이냐로 한정된다. 둘 중 하나를 선택해도 죽음을 당할 운명에 있다는 의미에서, 그 선택의 결과는 똑같다. 이럴 때 합리적으로 생각한다면, 권력과 협력하면서 자신의 생존 시간을 연장하거나 어떤 행운 덕분에 살아남을 수 있을 것이라는 약간의 가능성에 내기를 걸 수밖에 없다. 그래도 자신들을 대표하는 조직의 지도자가 이런 합리적인 판단으로 나치와 협력한 것에 의문을 품지 않고 무-사고의 상태에 있었다는 점에서는, 유대인도 아이히만과 다를 바 없었다고 아렌트는 비난했다. 살아남아야 한다는 합리적인 공포에 자극받아 스스로를 섬멸의 길로 내몰아 버린다고 하는 비합리를 아렌트는 묘사하여 보여 준 것이다.

그러나 자세히 보면 아렌트가 《전체주의의 기원》과 《예루살렘의 아이히만》에서 제공한 조감도는 다르다. 전자는 "세계로부터 버려지고" 수동적인 대중이라는 존재가 목적적으로 욕구하는 이데올로기가 테러를 낳는다고 지적하고, 후자는 그것을 의식하지 못했다 해도 자기 이익의 능동적인 추구가 테러를 낳는다고 한다. 그러나 아렌트가 그려 낸 공포와 테러가 현실성을 갖게 되는 것은 아마 현대에도 공포가 절대적인 감정이며, 이와 동시에, 이에 못지않게 파악하기 어렵다는 점을 설명하기 때문일 것이다. 어느 특정한, 외연이 정해진 권력이 일방적으로 폭력을 이용하여 사람들을 공포에 빠뜨리는 것이 아니라, 개인의 공포가 전체의 공포와, 전체의 공포가 개인의 공포와 공명함으로써 공포는 증식된다.

테러리즘, 전 지구화, 체감 치안, 몰락의 공포, 이 모든 것이 현실의 것으로 느껴지고 있다. 그렇다면 이것들에 어떻게 대처해야 하느냐, 과연 대처는 가능한가에 관한 일반적인 정답은 없다. 이 모든 것은 명확한 주체나 동기가 눈에 보이지 않기 때문이며, 널리 느껴지고 있기 때문이다. 테러는 알 카에다를 박멸하면 일소되는 것이 아니며, 전 지구화는 끝없이 이어지는 근대화 과정과 불가분하다. 체감 치안도 실제의 범죄 건수와는 별개로, 얼굴이 보이지 않는 타자성의 사회에서 범죄 건수가 증가했다고 믿는 것과 표리일체의 관계에 있다. 국민국가 몰락의 공포는 신흥국의 대두나 저출산, 고령화 같은 개별적인 논점으로 귀속될 수 없는 복합적인 감정에 근거하고 있다.

공포감은 막연하기 때문에 증폭되고 공유된다. 더욱이 언제 닥쳐올지 모를 불확실성 때문에 점점 더 진짜인 듯 느껴져 공포가 공포를 불러들인다는 게 특징이다. 이처럼 공포가 무정형적이기 때문에 우리는 보통 '알기 쉬운 악'을 좋아하게 된다. 세상을 불행하게 만드는 듯한 주체를 억지로라도 굳이 특정하면 안심할 수 있기 때문이다. 그러나 실제로 그런 '책임자 찾기'를 끝없이 반복해 봤자, 아니 아무리 확대해 봤자, 이것만으로는 마음의 평화를 얻을 수 없다.

그렇다면 아렌트가 《인간의 조건》에서 처방전으로 내놨던 '정치', 즉 '활동'을 매개항으로 삼아 타자와 공유된 '출현의 공간(space of appearance)'을 형성함으로써 공포와 불안을 쫓아낼 수 있을까? 아렌트는 세계로부터 고립되어 삶의 의미를 빼앗겨 버리는 데서 생기는 아노미가 공포와 테러의 원동력이라고 했다. 그런 다음 그녀는 고대 그리스를 전거로 삼아 사람들의 '복수성(plurality)'에 의한 공공성을 수립하는 게 필요하다고 역설했다.[13] 가와사키 오사무의 말을 빌리면, 그것은 "사적 영역의 일상성에 매몰된 인간, … 사회적 역할에 매몰된 자기가 본래적인 자기로 우뚝 서서, 굳이 리스크를 무릅쓰고 공적 공간에 스스로를 노출시킨다는 논리"[14]이며, 자신의 손으로 공포를 씻어 없애는 것을 목적으로 한 행위이다. 즉, 타자와 협동을 통해 상실된 공동성을 다시 되찾는 것, 이것이 아렌트의 처방전이었다.

---

13 Hannah Arendt, *The Human Condition*, 1958. [アレント, 《人間の条件》, 志水速雄 訳, ちくま学芸文庫, 1994. 한나 아렌트, 《인간의 조건》, 이진우·태정호 옮김, 한길사, 1996.]

14 川崎修, 《アレント——公共性の復権》, 講談社, 1998, 347頁.

## 사람들이 협력할 때

그럼 사람들이 굳이 리스크를 무릅쓰고 공적 공간에 출현할 정도의 인센티브는 어디서 조달된다는 것일까? 아렌트는 이 물음에 대한 충분한 대답을 갖고 있지 않았던 듯하다. 그 까닭은 정념적 차원을 충분하게 파악하지 못했기 때문이 아닐까?

정치학자 마커스는 정치에서 합리성과 감정을 대립적으로 파악하는 입장 자체가 좋지 않은 결과를 초래한다고 지적한다.[15] 그는 시민이란 합리적이고 이성적인 존재이지 않으면 안 된다는, 지금까지의 정치학의 규범적 입장을 비판한다. 이성과 감정을 대립적으로 파악하면 정치가 갖춰야 할 것으로서의 '이성'과 현실의 정치를 지배하고 있는 '정념' 사이의 거리가 점점 더 벌어진다며 경종을 울린다. 가령 정념과 이성이 적대관계에 있다고 가정해 버리면, 이성에 기초한 투표는 민주주의에 대한 열정이 결여된 행위가 되어 버린다.

필요한 것은 이성과 감정의 대립을 해소하는 것, 즉 사람들을 정치로 향하게 하는 감정적인 동기가 무엇인지를 냉정히 분석하는 것이다. 이렇게 하지 않으면, 아렌트의 이상처럼 개인의 감정적 차원을 넘어서는 공공의 사항이나 국가의 문제를 모두가 토론하기가 어려워진다. 즉, 생각해야 하는 것은 사적 영역과 감정의 묶음(set)을 공공과 이성의 묶음으로 어떻게 잘 접합할 것인가이다.

만일 정치에서의 정념을 모두 꺼림칙한 것이라고 해 보자. 이렇게 가정하면, 유권자가 정치가의 수사학에 열광적인 태도를 보이거나

---

15  George E. Marcus, *The Sentimental Citizen: Emotion in democratic politics*, The Pennsylvania State University Press, 2002.

극장정치에 편승하는 것은 실제로는 무지몽매한 존재이기 때문이며 그와 같은 '대중'을 격리시키고 정치는 엘리트나 전문가에게 맡기는 게 낫다는 결론에 도달할 수 있다.

이와 반대로 시민은 이성적인 '숙의[심의]'를 통해 정치에 참여해야 한다는 논의가 있다고 해 보자. 이런 경우에도 '숙의'가 전개되는 장은 시민들이 이성적 대화를 통해 합의를 형성하는 것을 목표로 하기 때문에, 이렇게 하려면 정치적 이성이나 능력(literacy)을 익힐 수 있는 교육과 실천의 기회를 부여해야 하며, "대중을 계몽해야 한다"는 결론이 되어 버린다.

그래서 마커스는 감정과 이성의 양자택일을 피하기 위해 이성을 정념의 토대 위에 놓고 양자를 연속선상에 두자고 제안한다. 그는 인간의 뇌 기능의 메인 프레임은 '절차적 기억', 즉 그때까지의 반복적인 뇌의 작동에 기초한 기억(정산 등이 이에 해당된다)과 이 '절차적 기억'을 기초로 한 '감정 시스템'의 반응(뱀을 봤을 때 피하려는 반사신경이 이에 해당된다)이라고 한다. 그리고 '절차적 기억'과 '감정 시스템'의 연관[연동]은 뇌가 정보를 수집해 이에 대해 판단을 내리도록 하는 일련의 과정보다 뇌 속에서 더 빨리 작동한다. 이른바 데이터베이스와 이에 접근하는 프로세서의 작동이 인간의 행동을 만들어 낸다.

구체적으로 말하면, 눈앞에 슬퍼하는 사람이 있을 때 감정이 북받쳐 오르는 것은 그 사람과 자신이 어떤 관계인지에 대한 데이터베이스가 있기 때문일 것이다. 특정한 현상과 기억과 감정은 이와 같은 삼위일체를 형성하고, 그 움직임이 다양한 패턴을 만들어 냄으로써 사회·정치적 행위가 개인에게 의미를 갖게 되는 것이다. 바꿔 말하면, 감정 없이는 사람은 사고하는 존재라는 전제조차도 얻을 수 없다.

감정은 정적으로 작동하는 것이 아니며, 인간 행동에 미치는 영향도 그때그때의 상황마다 다르다. 마커스의 연구팀은 1500명 이상의 피실험자를 대상으로 테러에 관한 세 개의 가짜 뉴스를 보게 하고, 각각의 집단이 어떤 감정을 품는지를 실험했다.[16] 세 개의 뉴스는 ① 테러 조직이 아직 국경을 넘어 입국하지 않았다, ② 테러 조직이 국가를 공격했다, ③ 테러 조직이 국내에 잠입했다이다. 각각의 뉴스는 사람들의 잠재의식에 각각 ① 안심, ② 분노, ③ 불안이라는 상이한 작용을 미치리라고 예상됐지만, 흥미로운 것은 이런 감정에 기초하여 사람들이 상이한 행동을 했다는 점이다.

실험 결과, ① 테러 조직이 아직 국경을 넘지 못했다는 뉴스를 접한 집단은 각 개인마다 새로운 정보 수집을 했고, ② 테러 조직에 의해 공격을 당했다는 뉴스를 들은 집단은 일치단결했으며, ③ 테러 조직이 잠입했다는 뉴스를 들은 집단은 동료들과 어떻게 하겠냐며 서로 상의를 했다고 한다. 이런 감정에 의해 ①과 ③의 집단, 즉 불안감을 느낀 집단은 자신들이 지금까지 갖고 있었던 '절차적 기억'을 수정하는 현상을 보였다. 즉, 지금까지 자신이 쌓은 데이터베이스를 점검하고 반성하게 된다는 흥미로운 결과를 얻었다.

이런 견지에서 중요한 것은, 사람들이 이성적으로 됐기 때문에 집단 내에서 협력관계가 생기는 것이 아니라, 특정한 상황에서 특정한 감정(이 경우는 테러 집단이 잠입했다는 것에 의해 생기는 불안)이 생겨났기에 서로 어떻게 협력할지를 모색하게 됐다는 것이다. 공포와 두려움 같은 '나쁜' 감정이 사람들에게서 '좋은' 행동을 산출해 내는 경우도

---

16 W. Russell Neuman et al., *The Affect Effect: Dynamics of emotion in political thinking and behavior*, University of Chicago Press, 2007.

있는 것이다.

이는 3·11을 경유해, 후쿠시마 원전의 방사성 물질 때문에 위험에 처한 사람들에게는 충분히 상상할 수 있는 것이다. 원전 사고 직후에는 악성 유언비어를 포함해 다양한 정보가 난무했는데, 그 때문에라도 스스로 적극적으로 정보를 수집하고 어떻게 대처하면 좋은가라는 절실한 필요(needs)가 생겨났다.

물론 마커스의 이 실험은 한정적인 형식으로 이뤄진 것이기 때문에 모든 것을 수긍할 필요는 없다. 하지만 이런 감정이 실제로 작동시키는 기능을 고려하지 않은 채 이성에만 의존해 사람들의 협력을 호소해 봤자, 이는 전혀 유효하지 않다고 할 수 있을 것이다. 앞부분에서 말한 〈스타트렉〉 이야기(30-32쪽 참조)처럼 모든 결과를 알 수 없는 한 사람들이 합리적인 행동을 취할 수 없다고 한다면, 어떻게 대처해야 좋을지 모르는 사태가 일어난 경우 사람들에게 합리적으로 대처하라고 얘기하는 것은 근본적인 모순을 품고 있다.

## 정념의 장소

이성에만 의존할 경우, 사람들이 정치에 참여하고 자신이 속한 공동체를 위해 어떤 행동을 취할 계기는 생겨나지 않는다. 이와 반대로 사람들의 정념을 감안한 정치의 방식을 모색한다면, 사람들은 더 자율적이고 상호 협력적인 행동을 할지도 모른다. 이것이 앞서 본 실험이 시사하는 바였다.

물론 이성 대신에 정념이 지배적이 되어야 한다고 주장하고 싶은 것은 아니다. 이성이 발휘되는 전제로서 우선 정념에 의한 무의식적인 약속·관여가 도출되어야 한다는 것이다. 그렇지 않으면 애당초 정치의 토대를 구축할 수 없다는 것에 주의해야 한다는 얘기다.

심리학자 에반스는 "우리는 정동이 없으면 덕을 이룰 수 없을 것이다"고 했다.[17] 왜냐하면 타자를 이해하는 근원에는 타자의 감정을 알아차리는 능력, 타자의 감정에 대한 감수성, 죄책감이 있기 때문이다. 이것이 있기에 어떻게 사람과 관계를 맺느냐라는 '약속·관여 문제'가 비로소 해결된다. 마커스의 실험에서 봤듯이 사람들은 자신의 의식이나 정보만으로는 불안을 해소할 수 없을 때에야 비로소 타인이 어떻게 자신을 보는가, 타인을 어떻게 이해하면 좋은가에 대해 관심을 갖게 된다. 적어도 이 '약속·관여 문제'를 해결하지 않으면 아렌트가 말하는 공공성은 탄생할 수 없다.

여기서 말하는 '약속·관여 문제'란 상대방과 약속 사항[코드]을 만들어 냄으로써 상대가 자신을 배신하지 않을 것이라는 확실성을 만들어 낼 수 있는가 여부를 가리킨다. 예를 들어, 두 명의 타인이 맺는 관계가 아무리 계약을 통해 굳게 얽어매져 있다고 하더라도, 서로 배반하고 자신만 이득을 얻겠다고 하는 유인 자체가 없어지는 것은 아니다. 그러나 상대가 자기를 믿고 있다는 감정이 표출된다면, 상대를 배반하려고 생각했던 자신에 대한 죄책감이 생겨난다. 혹은 자신이 배반한다면 상대가 반드시 보복할 것이라는 확신이 있는 경우에는 상대와 맺는 관계[성]를 유지하려 한다. 즉, '약속·관여 문제'에 대한 전망이 있기에 타인들은 서로 안정적인 관계를 맺는 것이다. 그리고

---

17   Dylan Evans, *Emotion : A Very Short Introduction*, Oxford University Press, 2001. [ディラン·エヴァンズ, 《感情》, 遠藤利彦 訳, 岩波書店, 2005, 59頁.]

그와 같은 안정적인 관계가 지속적으로 구축되면, 사람들이 장기적으로 이득을 얻으려 하는 합리성이 생겨난다. 에반스라면 이렇게 말할 것이다. 즉, 바로 이런 이유 때문에 '약속·관여 문제'에 무관심한 스팍 박사는 "지성보다 낫기는커녕 반대로 **열등하다**"고 말이다.[18]

지금까지의 내용을 토대로 정치에 있어서 감정이 초래하는 것이 무엇인지를 아래에서는 네 가지 차원으로 나누어 생각해 보자.[19]

우선 정치에 있어서 정념의 장소를 발견한다는 것은 자유주의의 전통인 '공(public)'과 '사(private)'의 구분을 재검토하는 것으로 이어진다. 정치적 자유주의는 권력이 사적 영역에 개입하는 것을 경계하는 한편, 공적 영역이 사적 정념과 사적 이익을 침범하지 않도록 주의를 기울여 왔다. 그러나 이런 영역 구분은 가령 포퓰리즘을 배제하려 들고 정치 엘리트를 특권화하는 것으로 이어질 것이다. 또 페미니즘의 고발에서 전형적으로 드러나듯이, 공적 영역이 사적 영역을 실질적으로 억압하여 사적인 의분(義憤)과 차별을 정치화(政治化)하지 못하게 만들 가능성도 있다.

이성과 감정의 뚜렷한 이분법이 아니라 양자를 접속시킴으로써 공적 영역과 사적 영역의 상호 반응성을 높이고, 국가와 시민사회 사이의 경계선을 다시 물을 수 있다면, 사람들에게 있어서 정치적인 것이란 무엇인가라는 물음이 다시 부상될 것이다. 그리고 정치에 참여할 동기나 타인과 관계를 구축할 동기가 강해지면 '공공성'에 대한 새로

---

18  Dylan Evans, 위의 책, 29頁, 강조는 원문.

19  Rebecca Kingston and Leonard Ferry, "Introduction", in Do. (eds.), *Bringing the Passions Back In: The emotions in political philosophy*, University of British Columbia Press, 2008.

운 정의가 생겨날 수도 있을 것이다.

다음으로, 정치가 나아갈 방향성이 사람들의 감정이나 심성에 의해 강한 영향을 받는다는 사실을 직시해야 한다. 예를 들면 민주주의는 평등성에 대한 강한 지향을 내포하는 정치체제이다. 토크빌이 지적했듯이 민주주의는 자신이 타인과 똑같은 권리를 가지고 있고, 타인과 동류라고 간주하는 정치체제이다. 또 이 때문에 타인과의 사소한 차이가 시샘과 질투를 산출하는 정치체제이기도 하다. 지배자나 신민이 있는 정치체제라면, 신민들이 지배자에게 질투심을 품지 않을 것이다. 또 군주제나 독재체제라고 해도, 군주나 독재자에 대한 충성이나 존경심이 널리 공유되어 있지 않으면 그 체제는 안정되지 않는다. 바꿔 말하면 정치가 어떻게 작동하는지는 사람들의 감정 없이는 얘기할 수 없으며, 정치의 방식과 사람들의 감정은 서로 분간하기 힘들게 연결돼 있다는 것을 이해하지 않는 한, 있을 법한 정치의 모습도 보이지 않는다는 것이다.

셋째, 정치에 있어서 숙의와 토의의 장을 어떻게 설계해 나가는가 하는 논점과 관련된다. 예를 들어 숙의민주주의론은 시민사회 내부에서 합의를 형성하는 것을 중시하지만, 숙의민주주의에서 말하는 합의 형성이 아렌트나 하버마스, 롤스 등이 말하는 합리적 의사의 집적[集体]이라는 이미지를 떠올리면 될 뿐이라고 여겨서는 안 된다. 원래 사회에서의 토론이 어떤 방향으로 향해 가는가는 "욕구, 혐오, 관심이나 감정"으로 이루어진 기본적으로 공유되는 관심에 따라 크게 달라진다.[20] 예컨대 타인을 '배려(care)한다'는 감정을 모두가 우선 갖

20  Sharon R. Krause, *Civil Passions: Moral sentiment and democratic deliberation*, Princeton University Press, 2008.

고 있지 않으면 숙의 공간 자체가 성립되지 않는다. 그런 관점에서는, 시민의 이성적인 의견 교환이라는 이미지로 파악되는 숙의민주주의에 감정의 차원을 도입하는 것이 불가결해질 것이다.[21]

마지막으로, 지금까지 강조했듯이, 정치 참여의 동기를 마련하려면 반드시 사람들의 감정을 도입해야 한다. 정치는 합리적이어야 한다고 전제해 버리면, 유권자들이 소화할 수 없는 합리적 판단을 이들에게 요구해 버릴 수 있고, 그렇게 되면 사람들은 정치에 참여하고 싶다는 동기마저 잃어버리게 될 것이다. 이뿐 아니라 정치란 합리적이고 이성적인 시민만이 담당하며 또 담당해야 한다는 규범적인 의견은 정치 참여의 자격 조건을 설정해 버려 참여 의욕을 감퇴시킨다. 그렇지만 사람들의 불안과 공포심에 호소해 사람들을 동원해야 한다는 뜻은 아니다. 하지만 이렇게 하는 것과 사람들의 공포심과 불안을 비합리적이라고 일축해 버리는 것에는 커다란 차이가 있다.

## 홉스의 전략

사회에서 공포가 반드시 부정적인 작용만 하는 것은 아니다. 이를 걸출한 논리로 제시했던 이가 토마스 홉스였다.

1588년 잉글랜드에서 태어난 홉스는 "공포를 품은 어머니가 쌍둥이를 낳았다. 나와 공포를"이라고 회고했다. 그는 정치사상사에 커다

---

21 숙의민주주의와 감정적 차원에 대해서는 田村哲樹, "熟議民主主義における『理性と情念』の位置", 《思想》, no. 1033, 2010을 참조.

란 영향을 끼친 《리바이어던》과 《비히모스》라는 두 권의 책을 썼다. 홉스가 살았던 시대는 스페인의 무적함대가 영국을 습격할 것이라는 소문이 나돌았고, 나중에는 찰스 1세 사형과 크롬웰 독재, 그 다음에는 30년전쟁이 일어나는 등 전쟁과 내란이 차례차례 펼쳐진 시기였다. 자신이 조산으로 태어난 것은 어머니가 품었던 공포심 때문이었다고 본 홉스의 사상에는, 공포의 그림자가 따라다닌다.

홉스의 사상은 "만인에 대한 만인의 투쟁"인 '자연 상태'로부터, 사회계약에 의해 인간의 자기 보존을 가능하게 하는 '리바이어던', 즉 국가를 어떻게 이끌어 내는지를 합리적 사고 실험에 의해 풀이해 낸 것으로 알려져 있다. 그 순서는, 홉스 자신이 자랑하듯이 '추리(reason)'에 기초한 과학적인 것이었다. 왜냐하면 그런 순서를 따라야만 특정한 입장에 의거하지 않는 객관적 진리를 이끌어 낼 수 있기 때문이다. 이 과학적인 추리에 의거할 경우 국가권력을 형성하는 것이 합리적이라는 견해가 도출된다는 것이 홉스가 한 주장의 정수이다.

그러나 홉스가 한 추리에는 인간의 욕망과 공포 같은 원초적 감정에 대한 인식이 근저에 깔려 있다(《리바이어던》 1부의 제목은 〈인간에 관하여〉이다). 즉, 홉스의 사상에는 감정적 존재로서의 인간관과 합리적 존재로서의 인간관이 병존했다.

예를 들면, 그는 인간에게는 자신의 욕구를 달성하기 위해 타인을 지배하려는 정념이 갖춰져 있다고 한다. 그것이 "각자가 자신의 자연, 즉 자신의 생명을 유지하기 위해 자신이 의지하는 대로 자신의 힘을 사용하는 것에 대해 각자가 가지고 있는 자유"인 자연권이 포기되지 않은 자연 상태에서 "만인이 만인에 대해 늑대"들일 수밖에 없는 상황을 초래하게 된다.[22] 인간의 감정에 기초한 자연 상태에서 인간은 고독과 불안, 빈곤에 찌든 짧은 삶밖에는 영위할 수가 없다. 인간의 본래적 욕구인 생명을 유지하려면 거꾸로 자신의 생명을 잃을 수 있다는 위험한 상태에 놓이게 된다는 역설이 생겨나는 것이다.

바로 이 때문에 홉스는 신민이 서로 자연권을 양도하는 계약을 맺고, 자기 보존을 가능하게 하는 이성적인 구축물인 '리바이어던'을 만들자고 주장했다. '리바이어던'은 각자의 싸움을 판정하고 법에 따를 뿐인 권력을 갖게 된다. 즉, 개개인이 개개인의 생명을 유지하고 싶다고 생각하지 않으면 자유도 있을 수 없음이, '숙고(deliberation)'를 작동시키면 당연한 결론으로서 나올 것이라고 말한 것이다.

이렇게 생각하면, 평화를 달성하는 수단이 바로 공포라고 보는 홉스의 독창성이 두드러진다. 평화가 실현된다고 해서 공포가 사라지지는 않는다. 합리성을 통해 평화가 달성되는 것도 아니다. 오히려 이와 반대로 홉스는 공포가 있기 때문에 인간은 합리적으로 행동하고, 자신의 욕구를 달성할 수 있다고 말한 것이다.

아리스토텔레스와 마찬가지로 홉스도 공포가 사람의 장래를 예견할 가능성을 해친다고 정의했지만, 공포를 원초적 감정으로 셈해서는 안 된다고 봤다. 오히려 공포는 교회와 대학, 법률, 그리고 이런 법률을 지키는 국가권력이 신민들에게 철저하게 가르쳐야 할 감정이었다. 이렇게 하지 않으면, 사람들은 자신의 영광이나 명성을 위해 제

---

22  Thomas Hobbes, *Leviathan, or The Matter, Forme and Power of a Common-Wealth Ecclesiastical and Civil*, 1651년. [トマス・ホッブズ, 《リヴァイアサン(上下)》, 水田洋 訳, 岩波文庫, 1992, 上 216頁. 토마스 홉스, 《리바이어던(1·2)》, 진석용 옮김, 나남출판, 2008.]

목숨을 버릴 수도 있다. 하지만 이렇게 하도록 내버려 두면 리바이어던은 생겨나지 않는다. 그런 의미에서 공포심이 만인에게 공유되는 것이야말로 '신민'이 구성하는 예견 가능한 사회를 산출하는 필요조건이라고 한 것이다.

공포심에 대한 홉스의 집착은 《리바이어던》에서만 전개된 것이 아니다. 《리바이어던》이 출판되기 약 10년 전, 프랑스로 망명한 해에 쓴 《철학원론》(1640년)에는 인간의 기본적 욕구인 자연권을 어떻게 하면 포기시킬 수 있는가에 관한 고찰이 적혀 있다.[23]

이 책에서 홉스는 인간이 의분이나 분노에 의해, 힘에 기대서 자신의 생존을 스스로 위태롭게 해 버릴 수 있음을 인정한다. 이런 것들이 자신의 생명을 위태롭게 할 것임을 알고 있다고 해도, 사람은 합리적으로 생각하고 행동한다고는 할 수 없다. 이런 경우 인간의 양대 행동 원리인 '욕구'와 '혐오' 중에서 '혐오'가 우선시되어야 한다는 것이 홉스의 처방전이었다. 왜냐하면 욕구는 자신이 요구하는 것을 당장이라도 손에 넣고 싶다는 억제하기 힘든 충동에 의해 지탱되는 감정인 반면, 혐오는 무엇인가를 회피하고 싶다는, 숙고를 초래하는 감정이기 때문이다.

그리고 이런 혐오감을 불러일으키는 감정 중 하나가 그 대상에 대한 공포였다. 홉스는 감정이나 정념을 이성에 의해 억제하려 든 것이 아니라, 감정을 다른 감정에 의해 억제하려 한 것이다. 그 때문에 그는 "공포라고 부르는 것을 어떤 사람은 **지혜**라고 부른다"[24]고 말했던

---

23  Thomas Hobbes, *Elements of Philosophy*, 1640.

24  Thomas Hobbes, *Leviathan, or The Matter, Forme and Power of a Common-Wealth Ecclesiastical and Civil*, 1651. 일본어판 上 81頁. 강조는 원문.

것이다.

홉스의 이런 생각은 공포와 어떻게 대결할 것인가를 생각했을 때 유효하다. 홉스는 우선 무엇보다 사회에 만연한 타인에 대한 불신과 경쟁이 오히려 각자의 생존을 위태롭게 한다고 인식했다. 그는 개개인마다 다른 사고나 감정이 도덕적으로 조정 가능한 것이라고도 생각하지 않았다. "인간 신체의 구성은 연속적인 변동 속에 있기 때문에, 모든 똑같은 것이 그에게서 똑같은 욕구(appetite)와 혐오를 야기하는 것은 불가능하다. 더구나 모든 인간이 거의 모든 사람의 욕망(desire)과 똑같은 대상에 동의하는 것도 불가능하다."[25] 이른바 선도 악도 선험적으로 규정할 수 없다. 그렇기 때문에 각자 사이에서 상호 불신이 증가하는 경우—이것은 사회 자체가 붕괴되는 단서가 되기도 한다—에 개개인의 행동을 조화롭게 만들려면 어떻게 해야 좋을까.

홉스는 개개인이 선악을 판단하는 내용에 대해서는 더 이상 파고들지 않고, 공포심을 중시함으로써 **오히려** 개개인이 각자 생각하는 바를 자유롭게 추구할 수 있는 환경이 정비된다고 지적했다. 생존하기만 하면, 사람은 악을 피하고, 선을 행하는 것도 가능해지기 때문이다. 바로 그 때문에 그는 신분에 관계없이 공포심은 만인에게 똑같이 철저하게 주입되어야 한다 했다. 그것이 생존의 가치를 높이기 때문이다.

개개인이 자신의 이익을 최대화하고자 하면 할수록 사회 자체는 황폐해질 수 있다. 홉스가 역설했던 것을 현대식으로 말하면, 개개인이 합리적으로 행동함으로써 전체의 후생[복리]이 낮아지는 '구성의

---

25 위의 책, 일본어판 上 100頁.

오류'나 '집합행위의 딜레마'의 문제였다. 여기서 홉스는 이른바 공동체가 기능하기 위한 최저한의 '내셔널 미니멈'[26] 같은 원리를 공포에서 찾았다. 공포는 각자의 이익처럼 다양하지 않으며, 많은 사람에게 똑같이 공유된다는 평등성을 갖추고 있기 때문이다.

원래 개개인이 자신의 편익만을 추구할 경우 — 명예나 영예 등 — 그 내용은 어디까지나 타자를 기준 삼아 도출되고 정의된다. 무엇이 편익이고 무엇이 명예로 간주되는가는 그 사회에서 타자의 상황에 따라 변하며, 타자와 경쟁하지 않고서는 획득할 수 없는 것이다. 이런 '욕구'의 불평등성 혹은 다양성은 사람들을 자신의 편익의 노예로 만들어 버린다.

공포는 이런 특징을 갖고 있지 않다. 사람들의 공포가 무엇인지를 덧셈에 의해서가 아니라 뺄셈에 의해 정의하고, 그것도 이성이 아니라 감정을 통해 공포 자체를 소멸시킨다는 전략, 이것이 공포의 시대에 살았던 홉스가 꺼낸 놀라운 해법이었다. 사람은 가장 확실하고 자율적인 감정인 자기의 공포심에 따름으로써 '쾌적한 생활'을 보낼 수 있다는 것이다.

홉스의 사상에 대한 최고 이해자 중 한 명이었던 칼 슈미트는 이렇게 말한다.

홉스의 구상에서 인간은 약하기 때문에 위험에 노출되는 사태가 생기고, 위험에 노출된다는 것에서 공포가 생기며, 공포로부터 안전을 찾는 욕구가 생기며, 이로부터 더 나아가 많든 적든 복잡한 조직을 갖춘 방어 장치

---

26 [옮긴이] national minimum. 국가가 보장해야 할 국민의 최저한도의 생활수준을 가리킨다.

가 필요해진다. … 즉, 인간이 모두 위협을 당하고 위험에 노출되어 있다는 점에서 인간은 현실적으로는 평등하다고 말하는 것이다.[27]


## 공포의 역설

홉스의 사상을 이렇게 해석한 경우, 앞서 본 슈클라의 '공포의 자유주의'보다 공포에 대한 홉스의 감각이 더 예민하다는 것은 분명하다. 슈클라는 관용이야말로 자유주의의 제1원리라고 하지만, 홉스는 관용의 원칙이 성립하려면 공포가 우선 만인에게 공유되어야 한다는 것, 공포심이 [만인에게] 심겨져 있는 것이 그 조건이라고 한다. 말하자면, 홉스와 슈클라 사이에서는 관용과 공포의 주종관계가 서로 다르다. [이로부터 알 수 있듯이] 사실 홉스는 "**뿌리부터** 자유주의 사상가"[28]였다.

홉스는 공포만이 평등성을 가질 수 있다고 말하면서 이를 철저하게 중시한다. 가령 마키아벨리는 《군주론》에서 군주가 민중의 두려움의 대상이 되는 것이 갖는 효용을 역설했지만, 홉스는 군주가 공포를 자유자재로 조종하고 신민을 지배할 수는 없다고 생각했음을 보여 주는 대목이 있다. 주권자나 법이 맡아야 할 역할은 인민이 "의지

27  Carl Schmitt, *Gespräch über die Macht und den Zugang zum Manchthaber*, Günther Neske, Pfullingen, Württemberg, 1954. [カール・シュミット, "権力並びに権力者への道についての対話", 《政治思想論集》, 服部平治・宮本盛太郎 訳, ちくま学芸文庫, 2013, 159頁.]

28  John Gray, *Two Faces of Liberalism*, Polity Press, 2000. [ジョン・グレイ, 《自由主義の二つの顔—価値多元主義と共生の政治哲学》, 松野弘監 訳, ミネルヴァ書房, 2006, 40頁.] 강조는 원문.

적 행위를 하지 않도록 구속하는 것"이 아니라, "엉뚱한 욕구나 성급함, 무분별 때문에 스스로 상처를 입게 되는 운동의 범위 안"에 인민을 머물게 하는 데 있었다.[29]

바로 이 때문에 홉스가 마음속에 품은 사회에서 개인은 자신의 생명이 위태로울 상황에 맞닥뜨렸을 경우 그것에 저항할 권리를 갖게 된다. 그 개인이 사회를 자연 상태라는 원점으로 퇴행시키는 행위를 했을 때만으로 한정된다. 자연 상태에서 벗어난 사람들이 강해질수록, 즉 자유로워질수록 주권자도 강해진다고 홉스는 강조했다. 여기에서 도시국가인 피렌체의 영광을 구하기 위해 사유를 거듭한 마키아벨리와 스페인의 공격을 앞에 두고 국가의 생존을 사고한 홉스의 차이를 찾아낼 수 있다고 해도 틀린 것은 아니리라.

아렌트가 아무런 까닭도 없이 홉스를 가리켜 부르주아에 대한 최대 옹호자로 부른 게 아니다. 과연 홉스처럼 공포를 정치적 원리의 기초로 삼는 것은 올바를까? 홉스적 세계 아래서 사람들은 자신이 죄를 범하지 않는다는 것만을 생각하고, 자신이 손수 만든 편안한 사적 공간 안에 갇히게 될 것이다. 이 세계에서는 프랜시스 후쿠야마가 말한 '역사의 종언', 곧 탁월함도 영광도 빼앗긴 '최후의 인간'이 지배하는 '역사의 종언'이 찾아올지도 모른다.

그래도 철저한 공포야말로 공포의 근원을 소멸시키고 인간에 내재하는 악의 존재를 억제할 수 있다. 이 커다란 역설이야말로 공포에 의해 놀아나는 21세기 정치의 조건, 적어도 조건들 중 하나가 되었다

---

29  Thomas Hobbes, *Leviathan, or The Matter, Forme and Power of a Common-Wealth Ecclesiastical and Civil*, 1651.

고 해야 할 것이다. 정치사상가 뉴웰은 홉스뿐 아니라 루소나 마키아벨리로 대표되는 근대사상이 인간존재의 덧없음 때문에 자연을 조화로운 것으로 파악했던 고대의 자연관을 기각하고, 인간의 자유나 욕구를 시인하며, 합리성에 의해 자연을 정복하는 것을 목표로 했기 때문에, 이로부터 '전제정치'가 생겨났다고 역설한다.[30] 운명이나 환경을 통제하기 위한 이성이 강권적인 권력을 산출한 셈이다. 이 지적에 따르면, 인간은 자기를 에워싼 환경과 자연을 완전히 자신의 것으로 하지 않는 한, 공포에서 벗어날 수 없다. 이것이 테러를 낳은 20세기의 시대 경험이었던 것이다.

공포와 이로부터 파생된 불안의 감정은 전이되고 영속된다. 9·11 동시다발 테러는 미국에 대한 이슬람 원리주의의 공포로 인해 초래됐으며, 그것이 이번에는 이슬람 원리주의에 대한 미국의 공포를 낳았다. 이런 똑같은 일이 일본과 중국, 한국에서도 일어날 수도 있다. 그리고 이와 마찬가지로 일상생활에서 만나는 다양한 타자(이웃이든 이민자든)에 대한 우리의 공포심에는 그들이 우리에게 품고 있는 공포가 투시되어 있다. 공포의 원천은 다음에서 다음으로 잇달아 발견되며, 그때마다 우리는 자신의 환경을 바꾸고 싶다는 욕망에 휩싸이게 된다. 그것은 홉스가 논리적으로 보여 준 것처럼 '리바이어던'의 권력을 드높이고, '리바이어던'에 의한 비호를 요청하는 것으로 이어진다. 이것이 포스트-글로벌 세계에서 국가권력과 주권의 복권을 낳고 있다.

그러나 이렇게 할 경우 그 다음에 있는 것은 상호 이해의 불가능성

---

30  Waller R. Newell, *Tyranny: A new interpretation*, Cambridge University Press, 2013.

이며, 평상시 우리가 '사회'라고 부르는, 다양한 생활양식의 집합체의 상실이기도 할 것이다. 기묘하게도, 그것은 마르틴 니묄러가 경험한 생활세계의 파괴와 불안의 조직화에 가까운 광경이다. 공포가 갖는 보편성은 결코 없어지지 않을 뿐만 아니라, 갈수록 그 위력을 더하게 된다.

그렇다고 한다면, 역시 홉스적 세계에 안주할 수 없게 된다. 만약 공포가 지배한 20세기에서 교훈을 끌어내고자 한다면, 그것은 21세기가 되어서, 아니 새로운 세기가 됐기 때문에 '편안한 사적 공간'이 전 지구적 차원에서도, 일상생활에서도 성립되지 않는다는 것, 즉 우리는 결국 공포로부터 벗어날 수 없다는 것이 아닐까? 그것을 인정하는 것이 공포에서 벗어나기 위한 유일한 수단이다.

공포는 절대적이고 평등한 감정이며, 더 나아가 최종적으로는 자기 이외의 존재를 굴복시키거나 그들과 자신을 격리하는 것으로 이어지는 마이너스 감정에 불과하다. 이와 같은 마이너스 감정에 의해 정치 형식을 규정하는 것을 시인해야 할까, 말까? 그것은 또한 정의와 평등, 용기 같은 선의 관념, 그리고 그 선에 의해 창출되어야 할 사회를 부정하는 것으로 이어질지도 모른다. 공포에 의하지 않는 정치가 존재할 수 있는가. 이 물음에 대답할 수 있을 때, 우리는 아마 아담이 품었던, 즉 인간이 태어난 이래 품지 않을 수 없었던 원죄로부터 용서를 받게 될 것이다.

## 6장

**믿음**
정치에서
신뢰는
왜 필요해지는가

지금까지 우리는 정치에 있어서 다양한 감정에 의한 다양한 관계 맺음의 방식을 살펴봤다. 그중에서도 특히 감정이 사람들 사이에서 유대를 만들어 내고, 넓은 의미의 정치 참여를 가능케 해 주는 중요한 요소임을 강조했다. 그렇다면 이 감정을 이른바 결쇠로 삼아 우리는 어떤 사회를 지금부터 만들어 내야 할 것인가. 이 마지막 장에서는, 특히 사람들의 포지티브한 감정인 '신뢰'와 민주주의 사이의 관계에 주목해 우리가 살고 싶어 하는 사회란 어떤 것인가를 구상해 보고 싶다.

그 실마리로서 세금 문제를 생각해 보자. 일본의 재정은 점점 더 소비세에 의존하게 되었다. 일본에서 소비세가 도입된 것은 1989년이고 세율은 3퍼센트였다. 이것이 97년에는 5퍼센트, 이어서 2014년에는 8퍼센트, 그리고 10퍼센트로 인상되었다.

일본은 선진국 중에서 소비세(부가가치세)를 늦게 도입한 국가이다.

서유럽에서는 1960년대 후반부터 70년대 전반에 걸쳐 도입되었다. 많은 국가에서 표준 세율이 도입 초기에는 10퍼센트 안팎에서 시작됐고 이후 서서히 인상됐으며, 현재의 표준 세율은 20퍼센트 안팎이다. 소비세라고 하면 일본에서는 서구 국가들에 비해 세율이 낮다는 점만 선전되고 있으나, 여기에서는 다른 숫자에 주목해 보자. 바로 소비세 인상에 필요한 시간이다.

일본은 소비세를 도입한 당시(1989년)의 세율인 3퍼센트에서 10퍼센트로 인상하는 데 거의 사반세기를 필요로 했다. 증세는 어느 국가에서도 분명 어려운 일이고, 게다가 간접세를 인상하는 것은 당시 정권에는 틀림없이 커다란 장애물이다. 그러나 그래도 영국은 7.5퍼센트포인트를 15년에 걸쳐 인상했고, 덴마크는 10퍼센트포인트를 15년, 프랑스는 10년에 걸쳐 인상하는 데 성공했다. 선진국의 경제성장률은 시간이 갈수록 낮아졌기 때문에, 부가가치세를 도입하는 시점이 늦어질수록 세수를 확대할 여력도 낮아진다. 일본은 소비세 인상이 매우 어려운 국가 중 하나이다.

물론 증세에 들어간 시간만 운운하는 것은 의미가 없을지도 모른다. 재정 상황은 국가마다 다르기 때문이다. 하지만 일본에서 특이한 것은 소비세 인상이 그 당시 내각의 퇴진, 즉 총리의 목과 맞바꿔서 이뤄지는 일이 흔했다는 점이다. 하나의 내각에서 인상이 결정되고 실행된 적도 없다. 다케시타 노보루 내각(1987-89년)은 나카소네 야스히로 내각의, 하시모토 류타로 내각(96-98년)은 무라야마 도미이치 내각의 증세 방침을 이어받았다. 그리고 증세가 계기가 되어 퇴진했다. 확실히 증세에 반대하는 여론은 80년대에 60퍼센트, 90년대에는 80퍼센트, 2010년대에는 50퍼센트 정도로 오르락내리락거리지만, 어

쨌든 정치에 있어서 소비세 인상이 큰일이라는 사실에는 변함이 없다.[1]

타국과 비교할 때 일본의 또 한 가지 특수한 점은 좌파나 자유주의 세력이 '큰 정부=증세'에 반대해 왔다는 것이다. 스웨덴이나 덴마크처럼 '좌파=복지국가'의 짝짓기를 실현했던 국가들은 일본의 자민당 일당 지배와는 정반대로 전후 대부분의 시기에 사회민주주의 정당이 정권을 차지했다. 그런데 일본에서는 자민당의 장기 집권 아래에서 공공 투자를 중심에 둔 자민당의 사회·경제 정책에 대항하는 관계가 형성됐다. 이 때문에 사회당으로 대표되는 좌파 세력, 더 나아가 도시를 기반으로 하는 자유주의 세력이 '큰 정부=증세'라는 정책에 계속 반대하는 기묘한 뒤틀림이 생겨났다. 이것이 증세가 곤란해진 이유 중 하나이기도 했다.

각국의 통치 제도 및 세제가 크게 다르기에 단순 비교는 어렵지만, 확실히 일본은 증세가 어려운 국가로 분류된다. 재정학자인 이데 에이사쿠는 경기 둔화 등의 영향이 있기는 했으나 1990년대 이후 일본이 거액의 재정적자를 껴안게 됐던 것이 법인세·소득세를 감세하는 한편, 소비세를 비롯해 필요한 다른 세금을 증세할 수 없었던 데에서 기인한다고 지적한다. 과거 두 차례 이뤄진 소비세 증세도 소득세나 상속세 감세와 '끼워 팔기를 해서' 가까스로 실현된 것일 뿐이다. "순수 증세가 30년 이상이나 실시되지 못한 것 자체가 다른 선진국과 비교하면 이상한" 국가인 것이다.[2]

---

1    曾我豪, "消費増税歴史に学ぶ,三度目の正直", 〈아사히신문〉 2013년 9월 8일 자 조간.
2    井手英策, 《日本財政転換の指針》, 岩波新書, 2013, 5頁.

일본의 소비세율이 낮긴 하지만 그렇다고 다른 국가에 비해 세입에서 소비세가 차지하는 비율이 꼭 낮다고는 할 수 없다. 이처럼 왜곡된 세금 체계가 되어 버린 이유 중 하나는 증세와 한 쌍을 이뤄 직접세(소득세나 법인세)가 감면되고 있고, 결과적으로 직접세 비율이 낮아져 버렸기 때문이다.


## 정치에서 빠뜨릴 수 없는 '신뢰'

현실 상황을 확인할 수 있듯이, 그렇다면 일본은 왜 이다지도 증세하기 어려운 국가인가라는 물음으로 나아가 보자. 그것은 일본이 정치에 대해서도, 타인에 대해서도 신뢰를 하지 않는, 고도의 불신사회이기 때문이라고 한다면 뜻밖의 말일까?

스웨덴 정치학자 로트스테인은 세금 징세율이 겨우 30퍼센트에 그치고 있는 러시아의 세금 당국자로부터 어떻게 하면 스웨덴같이 세수를 올릴 수 있는가라는 질문을 받았다. 그래서 그는 스웨덴에서는 얼마나 사람들이 서로를 신뢰하고 있는가를 신바람 나게 얘기했다. 그러자 세금 당국자는 그렇다면 어떻게 하면 사람들이 신뢰하게 되는가라고 다시 물었다고 한다. 로트스테인은 대답할 말이 궁색해졌다고 한다.[3]

우리가 살고 있는 사회에서 신뢰는 어떤 역할을 맡으며, 왜 필요한가, 어떻게 가능해지는가에 관해 로트스테인을 대신해 대답하는 것

---

3    Bo Rothstein, *Social Traps and the Problem of Trust*, Cambridge University Press, 2005.

이 이 장의 목적이다. 결론을 미리 말하면, 정부가 자신들의 '혈세'를 유효하게 사용하고 있다는 신뢰가 있으면, 증세에 반대하는 마음도 누그러질 것이다. 증세가 좀체 힘든 까닭은 정부도 타인도 신뢰하지 않기 때문이라고 말할 수 있지 않을까.

사실상 사람과 사람 사이에서 성립되는 신뢰는 사회에서 뛰어난 기능을 맡고 있다. 아주 간단한 예로 설명해 보자. 만일 복권을 사서 일확천금을 노린다고 하자. 그러나 개인이 복권을 사는 것보다 100명이 복권 구입 자금을 내는 쪽이 당첨될 확률이 커진다. 당첨될 경우 당첨금을 100명에게 모두 똑같이 나눠 준다는 약정이 체결되어 있다면, 즉 그 누구도 다른 사람보다 더 많이 받지 않으리라는 신뢰를 바탕으로 약속이 성립된다면, 자기 혼자서 돈을 내 꽝이 되는 것보다 돈을 얻을 확률이 커진다. 게다가 "타인은 신뢰할 수 있다"는 사회적 가치를 더 크게 하면서 말이다.

그렇게 복권을 구입한 실제 예가 있다. 스페인에는 '엘 고르도(El Gordo)'라는 신년복권이 있는데, 이 복권은 한 장이 3천 엔일 정도로 비싸다. 그래서 주민이 250명인 소데토라는 가난한 마을에서는 70여 가구가 4분의 1씩의 돈을 내서 이 복권을 구입하는 것이 관례이다. 당첨금은 모두 똑같이 나누어 갖는다. 그리고 이 마을은 2011년에 마을 사람 대부분이 고액 당첨금을 손에 넣은 '사건'으로 유명해졌다. 당첨 번호가 연속 번호였는데, 마을 사람들이 한꺼번에 구입했기 때문이다.[4] 하늘은 스스로 돕는 것이 아니라 서로 돕는 자를 돕는다.

첫머리의 증세 얘기로 돌아가자. 만일 자신들이 내는 세금이 돌고

---

4    "In Spanish Village, Everyone's a Winner, Almost", *New York Times*, 31 January 2012.

돌아 자신들을 위해 쓰일 것이라고 확신한다면, 사람들은 자진해서 세금을 낼 것이다. 세금으로 100엔을 내고 그것이 80엔의 서비스로 돌아온다면, 20엔 손해를 보더라도, 대체할 수 있는 서비스가 없는 한 (사회보장은 이런 종류의 서비스이다) 서비스 구입 비용으로서는 결과적으로 저렴해진다. 만일 자신들이 낸 세금이 자신들에게 사용되지 않고, 게다가 자신들이 바라는 대로 사용되지 않는다고 생각한다면, 세금은 빼앗긴 손해가 된다. 그러나 그럴 경우 자신이 살아가는 데 필요한 것은 전부 스스로 마련해야 한다. 이렇게 쓸데없는 짓을 피하고, 필요한 것을 '공동 구입'하는 것, 그리고 자신에게 뭔 일이 일어날지 모른다는 불확실성에 대해 사회 전체에서 대비하고 공공재를 준비하는 것, 신뢰는 바로 이것을 가능케 해 준다.

이처럼 일국의 정책을 생각할 때에도 신뢰는 불가결한 화두로 떠오른다. 정치와 신뢰라는 주제가 크게 주목받게 된 것은 '사회관계자본(Social Capital)'이 민주주의의 질을 높이는 데 매우 큰 영향을 끼친다고 1990년대 미국의 사회학자 제임스 콜맨이나 정치학자 로버트 퍼트넘이 부르짖으면서부터이다.

퍼트넘은 20년 넘게 이탈리아 정치를 조사하고, 제도적 개혁이 잘된 지역과 잘되지 않은 지역의 차이는 각 지역에서 '사회관계자본'이 많으냐 적으냐에 있다고 결론지었다. 여기서 말하는 사회관계자본이란, 도로나 공원처럼 눈에 보이는 사회 인프라가 아니라 "타자에 대한 신뢰나 호혜성이 당연시되는 의식의 집적"으로 정의된다. 지방정부가 안정되고, 사람이나 생활환경에 대한 투자가 실현되고 있다는 것은 그만큼 민주주의가 잘 기능하고 있기 때문이며, 이런 지역에서는 시민들 사이에 높은 수준의 신뢰관계가 있으며, 호혜성, 협력관계,

의무감이 널리 퍼져 있다는 것을 퍼트넘은 발견했다.[5]

예를 들어 퍼트넘은 다종다양한 데이터를 입수하여 추려 낸 결과, 촌락이나 가족 기반의 공동체가 많은 남부 이탈리아에서는 정치 참여도나 신문 구독률이 낮다는 사실을 발견했다. 일본식으로 말하면 민도[문화의식이나 시민의식]가 낮은 지역이다. 반대로, 북부 이탈리아에서는 지역 축구클럽처럼 자발적인 조직이 많았다. 정치 참여가 활발한 민도가 높은 지역인 것이다. 남북을 비교했을 때 북부 사람들이 정치 참여 만족도가 분명히 높았다.

이것은 정치와 정책을 스스로 만들고 있다는 납득감(전문 용어로 말하면 '정치적 유효성 감각')이 북부 쪽에서 높다는 뜻이다. 더욱이 그런 정책이 실현되고 타인뿐만 아니라 자신에게도 그 혜택이 미칠 것이라고 보는 신뢰의 정도, 즉 사회관계자본이 축적되어 있기 때문이기도 하다. 자기 스스로 공공을 위해 뭔가 활동하려는 것은, 그것이 돌고 돌아 자신에게 도움이 된다는 확신이 있기 때문이다. 자기가 하는 활동이 그저 타인에 의해 낭비될 뿐이라면, 사람은 굳이 공적 활동 등에 참여하지 않으며, 거기에 들어갈 자원을 자신을 위해 사용하려 들 것이다. 자기가 흘린 땀을 본 적도 없는 타인이 정당하게 평가하고, 타인도 틀림없이 자신을 위해 땀을 흘릴 것이라는 신뢰가 있기 때문에 공동체는 원활하게 기능한다는 것이 사회관계자본론의 핵심이다. 신뢰 없이 민주주의는 없고, 민주주의가 기능하려면 신뢰가 없어서는 안 된다.

---

5    Robert D. Putnam, *Making Democracy Work: Civic Traditions in Modern Italy*, Princeton University Press, 1993. [R.·パットナム, 《哲学する民主主義—伝統と改革の市民的構造》, 河田潤一 訳, NTT出版, 2001.]

## 신뢰의 다양한 종류

신뢰 개념을 더 엄밀하게 정의하면, 신뢰란 타인에 대한 충분한 정보를 갖지 못하고 그 사람을 제재하거나 감시하는 수단도 없으나 그 사람은 틀림없이 자신이 기대하는 범위의 틀 안에서 행동할 것이라는 예측 가능성이라고도 할 수 있다.[6] 타인이 어떤 행동을 취하는지, 더욱이 그 행동이 자신에게 플러스를 가져다줄 것이라는 예측이 성립하면, 자신도 타인에게 플러스가 되도록 작용할 유인이 높아진다. 그리고 그런 기대치의 선순환이 사회 전체에서 신뢰를 만들어 낸다.

그렇지만 사회관계자본이 있다고 그 사회가 반드시 좋은 사회라고 할 수 있는 것은 아니다. 사회관계자본에도 여러 종류가 있기 때문이다. 퍼트넘은 사회관계자본 중에서 전혀 모르는 사람들을 결부시키는 것('다리 놓기 유형')이나, 외부에 열려 있는 것('외향형')이 민주주의에 좋은 결과를 가져다준다고 한다. 반대로 사람들을 억압하거나 급진화하는 듯한 사회관계자본은 바람직하다고 할 수 없다. 예를 들어 인종차별이나 테러를 저지르는 자발적 결사가 많다고 해서 그것이 좋은 민주주의 사회라고는 할 수 없을 것이다. 또 가족이나 반상회가 사회관계자본으로 기능하는 경우도 있을 것이다. 그러나 그런 결합이나 조직이 개인에게 뭔가를 강제하거나 뭔가를 못하게 억압한다면, 사회관계자본은 역기능을 한다. 실제로 높은 사회관계자본을 자랑하는 북부 이탈리아는 이탈리아의 파시스트 정권의 튼튼한 기반이기도 했다. 신뢰가 사회관계자본의 하나이긴 해도, 그것은 어디까지

---

6    Barbara Misztal, *Trust in Modern Societies*, Polity Press, 1996.

나 '자본'이며, 그 자본이 어떻게 이용되는지, 어떻게 정치에 작용하는지는 별개의 문제이다.

또 퍼트넘 등이 한 연구는 이런 사회관계자본이 선진국에서 감소하는 것 아니냐는 가설도 내놓았다. 대부분의 선진국에서 투표율이 점점 줄어들고 있고, 정당의 당원 수나 노동조합원 수도 급감하고 있다. 가톨릭 국가들에서도 교회에 나가는 신자의 수가 점점 줄어들고 있다. 이런 추세가 이어지면 민주정치를 뒷받침하는 사회의 토대 자체가 붕괴하고, 민주정이 위기에 처하지 않을까. 더구나 사회관계자본이 감퇴되고 있다면, 강제적인 수단에 의존해 사회를 유지해야 하는 것인가. 사회관계자본이 주목을 받게 된 추가적인 이유가 이것이었다.

퍼트넘은 토크빌 이후의 민주주의에 관한 이런 논점을 이탈리아에서 끌어내 미국 정치에 응용하고, 미국에서 공덕심(公德心)과 정치 참여 의식이 희박해지는 것은 사회관계자본이 감퇴하고 있기 때문이라고 다소 설득력 있는 지론을 전개했다.[7] 이 책에서 그는 사회관계자본이란 해당 사회 조직의 고유한 신뢰와 규범이며 사회의 효율성을 향상시키는 것이라고 또 다른 정의를 제시하고, 바로 이것이 사회적 공공재라고 했다. 그리고 이런 자본을 갖춘 사회에서는 전혀 모르는 타자와 관계를 맺기 위한 비용이 줄어들기 때문에 효율성이 높다고 주장했다.

---

7   Robert D. Putnam, *Bowling Alone: The Collapse and Revival of American Community*,
    Touchstone Books by Simon & Schuster, 2001. [R.・パットナム,《孤独なボウリン
    グ—米国コミュニティの崩壊と再生》, 柴内康文 訳, 柏書房, 2006. 로버트 D. 퍼트넘,
    《나 홀로 볼링 : 사회적 커뮤니티의 붕괴와 소생》, 정승현 옮김, 페이퍼로드, 2009.]

참고로 효율성과 신뢰의 관계에 초점을 맞추면, 경제 발전의 정도까지도 설명할 수 있다는 것이 《역사의 종언》으로 유명한 프랜시스 후쿠야마의 논의이기도 했다. 후쿠야마는 제목도 《신뢰》인 책에서, 사회에서 신뢰의 네트워크가 형성되는 패턴과 경제 발전이 밀접한 관계에 있다고 주장했다.[8] 후쿠야마는 독일·일본·미국을 신뢰도가 높은 국가로, 반대로 러시아·남부 이탈리아·중국을 신뢰도가 낮은 지역·국가로 분류하고, 전자가 경제 발전을 거듭해 높은 경쟁력을 확보한 것은 신뢰를 기초로 중간 조직이 발달했기 때문이라고 했다. 국가기구와 관료제도가 완성될 때까지 종갓집 제도나 길드 같은 중간 조직이 형성되어 있으면 국가의 개입을 피할 수 있으며 내발적이고 광범위한 네트워크에 의한 경제활동이 이루어지게 된다. 반대로 국가가 약하고, 비공식적이고 부분적인 사회관계자본(앞의 퍼트넘의 분류로 말하면 '다리 놓기 유형'에 대한 '접합형')이 비대해지면, 가족주의와 마피아로 대표되듯이, 면대면 범위에서의 교환관계만 발달할 뿐 경제가 발전하지 못한다는 것이다. 다시 말해 전혀 모르는 타인과 굳은 신뢰를 맺을 수 있도록 신뢰를 키워 내던 유산이 있고 그것을 바탕으로 신뢰관계가 두터워질수록 경제효율성은 높아진다. 봉건관계에서 이탈한 근대 부르주아지가 중간 조직을 발전시키며, 사회·경제적 자율이 풍요로운 자유민주주의를 산출한다는 지적은 역사사회학의 상식이기도 하다. 여기다가 상호 신뢰의 결여가 경제 발전을 저해하는

8  Francis Fukuyama, *Trust: The Social Virtues and The Creation of Prosperity*, Free Press, 1995. [フランシス·フクヤマ, 《『信』無くば立たず》, 加藤寛 訳, 三笠書房, 1996. 프랜시스 후쿠야마, 《트러스트》, 구승회 옮김, 한국경제신문, 1996.]

요인이라고 본 케네스 애로의 지적[9]을 접합한 것이 후쿠야마의 논의였다. 신뢰는 사람들의 자발적 작용을 활발하게 하며, 그 기초가 되는 것이 사회관계자본이다.


## 합리성은 신뢰를 대신하는가


사람들의 행동 규범을 신뢰를 키워드로 보면, 사람들의 집합행위가 어떻게 이루어지는지도 볼 수 있다.

예컨대 경제학자 마츠바라 류이치로는 타인이나 장래에 대한 신뢰가 결여된 경우, 경제활동이 잘 이뤄지지 않는다고 말한다. 게다가 그는 사람들이 장래를 전망할 때의 근거가 됐던 생산요소의 고정 요소(토지, 자본, 노동)를 유동화해 버렸기 때문에, 일본이 1990년대에 장기 불황에 돌입하게 됐다고 지적한다.[10] 90년대 후반까지의 불경기는 개인이 소비 의욕을 일정 정도 유지할 수 있었기 때문에 그다지 심해지지 않았다. 그러나 구조 개혁 노선에 의해 기업 경영과 고용 환경이 크게 변화됐기 때문에 사람들은 장래에 대해 불안을 품게 됐다. 그리고 미래의 수입이 어떻게 될지를 전망할 수 없었기 때문에 소비를 삼가게 되고, 그 결과 디플레이션이 정착됐다.

이것은 각자가 자기 보호를 위해 합리적으로 행동함으로써 사회 전체의 후생[복리]이 떨어져 버리는 '구성의 오류'의 전형적인 사례이

---

9   Kenneth Arrow, "Gifts and Exchanges", in *Philosophy* & *Public Affairs*, vol. 1, no. 4, 1972.

10  松原隆一郎, 《長期不況論―信頼の崩壊から再生へ》, NHKブックス, 2003.

다. 신뢰가 없는 곳에서 사람들은 오로지 합리성만 믿고 행동한다. 그렇게 되면 공동체 전체의 손해는 막대해진다.

이 '구성의 오류'를 알기 쉽게 해 주는 예로 게임이론에서 말하는 '죄수의 딜레마'를 살펴보자. 이를 통해 신뢰가 맡는 역할을 더 잘 이해할 수 있을 것이다.

'죄수의 딜레마' 설정에는 몇 개의 패턴이 있다. 기본형은 경찰이 죄수[용의자] A와 B에게 침묵보다 자백하는 게 둘 모두의 형량을 가볍게 한다(가령 5년이 아니라 2년)고 귀띔해 준다. 만일 한 명이 자백하면 그는 곧 석방될 것이고 나머지 한 명은 징역 10년 형을 받게 될 것이라며 자백하라고 재촉한다. 두 죄수는 서로 상의할 수 없다. 이런 상황에서는 둘 모두 침묵하는 것이 둘 모두에게 이롭다(경찰은 자백 말고는 범죄를 알아낼 방법이 없다). 다만, 상대가 자신을 배신하고 자백할 것이라고 생각한 경우, 둘 모두 상대방을 배신하고 자백해 버리기에 각각 5년 형을 받게 된다.

다른 한편 [반복적] '죄수의 딜레마' 상황에서 사람들이 협력하는 것은 서로를 신뢰하기 때문이 아니라 합리적인 손익 계산 때문이다. 실제로 정치학자 로버트 액셀로드는 죄수의 딜레마 실험을 통해 사람들이 서로 신뢰하지 않더라도 협조 행동이 성립된다는 것을 실증해 보였다.[11] 예를 들면, 그는 제1차 세계대전 때 서부전선에서 영국·프랑스 연합군과 독일군의 진지전이 왜 그렇게도 장기간에 걸쳐 교착 상태에 빠졌는지를 조사했는데, 그것은 적대자들 사이에서도 서

---

11  Robert Axelrod, *The Evolution of Cooperation*, Basic Books, 1984. [R.・アクセルロッド, 《つきあい方の科学—バクテリアから国際関係まで》, 松田裕之 訳, ミネルヴァ書房, 1998.]

로 협력하는 행동이 생겨났기 때문이라고 지적한다. 제1차 세계대전
은 몇 개월 안에 끝날 것이라고 예측됐음에도 불구하고 무려 4년간
계속되었다. 그 한 가지 이유는 두 진영이 각자 자신들의 참호에 틀
어박혀 교착 상태에 빠져 있었기 때문이다. 독일과 프랑스 국경 지대
에서는 서로 얼굴을 볼 수 있을 정도의 거리를 두고 양쪽 군대가 수
킬로미터에 걸쳐 참호를 판 채 대치하고 있었다. 기관총과 대포로 상
대를 공격할 수 있다. 그러나 참호에 틀어박혀 있으면 둘 다 상대편
에게 결정적인 타격을 입힐 수 없다. 게다가 만일 상대방을 선제공격
하면 그만큼 보복당할 가능성이 있다. 말하자면 상대를 공격하는 것
은 자기 진영에 총알을 쏘는 것과 완전히 똑같은 효과를 갖는다. 이
런 확신을 상호 공유하고 있었기에 양국 병사들은 상대가 없는 곳에
다 소일거리 삼아 사격을 하거나 서로 공격하지 않는 시간을 설정하
기도 하는 등, 생존을 서로 보장하기 위한 지혜를 고안해 냈다고 액
셀로드는 지적했다. 실제로 '기묘한 전쟁'으로 불린 제1차 세계대전
에서 적대국 병사들의 상호 협조 행동은 영화 등에서도 그려져 있다.
일본에서는 전후에 공개된 장 르누아르 감독의 〈거대한 환상〉(1937
년)[12], 실화를 바탕으로 한 크리스티앙 카리옹 감독의 영화 〈메리 크
리스마스〉[13] 등이 그것이다.

감이 좋은 독자는 알겠지만, 그리고 액셀로드가 재검증했듯이, 이
런 종류의 협조 행동은 핵무기로 인한 상호 파괴의 위험이 분명해진
냉전 시기의 미소 대립에서도 재현됐다. 액셀로드의 실험에 따르면,

---

12  Jean Renoir, 〈위대한 환상(*La Grande Illusion*)〉, 1937년.
13  Christian Carion, 〈메리 크리스마스(*Joyeux Noël*)〉, 2005년. 일본에서는 〈전장의 아리아
    〉로 번역.

플레이어가 죄수의 딜레마 상황에 있으나 반복해서 게임을 할 수 있는 경우, 가장 효율적인 전략은 '보복' 전략이다. 즉, 상대방이 어떤 태도를 보일지를 기다렸다가 상대방이 취한 행동을 고스란히 자신도 채택하는 것이었다(상대방이 협조적 태도를 보이면 자신도 협조하고, 배신하면 자신도 배신한다). 이런 식으로 행동하면, 적어도 상대보다 불리해지지는 않기 때문에 가장 효율적인 전략인 것이다.

물론 액셀로드가 역설했던 것처럼 '보복' 전략이 항상 유효한 것은 아니다. 이 전략이 유효하려면 반복해서 '보복'해야 한다. 그러나 참호전과 달리 핵전쟁은 한번 일어나면 그것으로 끝이지, 반복할 수가 없다.

그럼에도 불구하고 액셀로드의 주장이 충격적인 것은 개개인이 서로 신뢰하지 않고 각자 이기적으로 행동하더라도 협조 관계가 성립할 수 있음을 증명했기 때문이다. 협조관계라고 말하는 것이 너무 과하다면 달리 표현할 수도 있다. 곧, 적어도 상대보다 절대적으로 우위가 되겠다고는 생각하지 않고 상대의 선택과 항상 같은 선택을 하면, 안정적 관계가 계속된다고 마치 암시하듯 주장한 것이다. 이처럼 사회는 신뢰가 없다고 해서 기능이 멈추는 것은 아니며, 신뢰가 없다고 해서 사회가 만들어지지 않는 것도 아니다. 그러나 결론부터 말하면 신뢰 없는 사회는 역시 불안정하다.

예컨대 사람들의 행동을 강제를 통해 다스리거나 규율하는 것은 충분히 가능하다. 다만 사람들이 특정한 행동을 취하지 않았을 때 이를 처벌하는 제도나 규칙을 미리 준비해 둬야 하기 때문에, 그만큼 비용이 따른다. 그렇게 생각해서, 이번에는 강제를 계약으로 대체할 수도 있을 것이다. 만약 A가 이행되지 않으면 B라는 보수를 받을 수 없다는 합의에 기반한 약속[계약]이 있다면, 이는 사람들 사이의 협력 관계를 촉진하는 한 가지 요인이 된다. 다만, 여기서는 계약을 이행하는 것이 어떤 직접적인 이득으로 이어진다는 조건이 마련되어 있어야 한다. 또 협력과 신뢰를 대신해 경쟁을 도입하여 사회의 효율을 향상시키려고 할 수도 있다. 기술을 혁신하거나 서비스의 질을 향상시키거나 더 나은 자원 배분을 실현하는 데 있어서 경쟁은 유효한 수단 중 하나이다. 그러나 경쟁에서 탈락한 사람이나 기업을 구제할 수단도 있어야 하기 때문에, 여기에서도 보완 조치가 필요하다.

이런 강제나 계약, 경쟁에 기반한 사회관계보다는, 신뢰에 근거한 행위를 통해 집합행위에 드는 비용이 낮은 상태로 사회관계를 구축할 수 있다. '보복 전략'이나 강제, 계약, 경쟁 등의 사회적 기능이 신뢰와 유사하게 보이더라도, 질적으로는 완전히 다르다.

사회관계자본에서도 결국에는 자기의 이익이 중시된다는 측면이 있기는 하다. 하지만 이런 이익이 현실화될 수 있는지 여부는 어디까지나 타인에게 달려 있다. 달리 말하면, 타인에 대한 신뢰가 자신의 이익을 보장한다는 의미에서 신뢰는 다른 행동 규범과 상이하다.

남부 이탈리아 전문 연구가인 사회학자 디에고 감베타는 신뢰 없는 사회에서 실제로 어떤 문제가 생기는지를 소개한다.[14] 시칠리아의 주도(州都)인 팔레르모에서 무선 택시 배차 시스템이 도입됐지만, 이 시스템이 잘 기능하지 못했고 잘 작동하지 못했다는 사례다.

그 이유는 다음과 같다. 고객이 택시 회사에 전화를 걸어 택시를

---

14  Diego Gambetta, *The Sicilian Mafia: The business of private protection*, Harvard University Press, 1993.

보내 달라고 부탁하면 택시 회사는 고객이 있는 곳에서 가장 가까운 택시를 무선으로 호출한다. 자신의 수입을 늘리기 위해 대부분의 기사는 자기가 가장 가까운 곳에 있다고 회사에 답신하며, 그리하여 손님이 있는 장소에 여러 대의 택시가 몰리게 된다. 이렇게 되면 택시를 최적으로 배치할 수 없게 되고, 따라서 모처럼 마련한 배차 시스템도 기능하지 않는다. 이것은 택시 기사가 회사를 신뢰하지 않은 데다가 다른 택시 기사가 자기를 앞질러 가지 않을까라는 상호 불신 때문에 제도가 기능하지 않고 결과적으로 사회 전체의 효용이 내려가는 사례 중 하나이다. 시칠리아에 가면 알겠지만, 도로에는 서로 먼저 목적지에 도착하겠다고 다투는 차들로 넘쳐나고 있으며, 신호를 지키지 않을 뿐 아니라 운전 매너도 없다. 이는 공적인 것이 전혀 신뢰받고 있지 못하기 때문이다. 이탈리아에서 탈세 비율이 높고 지하경제가 국민경제의 30퍼센트에 가까운 까닭도 이와 똑같은 메커니즘 때문이다.

앞에서 든 예를 계속 언급하면, 신뢰의 부족을 감시로 대체할 수도 있다. 택시 배차의 경우에는 일본에서 일반적이게 됐듯이 택시 차량에 GPS를 설치하면 해결할 수 있을지 모른다. 하지만 이런 경우에는 불필요한 초기 투자가 들어가며, GPS시스템을 다루는 법을 모두에게 가르쳐야 한다. 감베타는 마피아 조직 전문가이기도 한데, 그는 이런 사회에서 상호 불신 때문에 생기는 비효율성을 대체하는 것이 마피아였다고 논한다. 마피아는 사회 구성원의 상호 불신을 이용해 구성원들이 안심할 수 있도록 함으로써 구성의 오류로 인한 마이너스 효과를 피하는 사회적 기능을 담당한 것이다.

어쨌든, 신뢰를 다른 무엇으로 대체하기란 쉽지 않다(반대로 하는 편이 쉽다). 현대사회에서는 행정으로만 처리할 수 없는 문제가 점점 늘고 있다. 점점 늘고 있는 과제에 대처하려면 행정 서비스의 양을 늘려야 하지만, 그러려면 예산을 포함한 조치가 필요하다. 만일 재정상 이런 조치를 할 수 없게 된다면, 민간 사업자가 이런 서비스를 다루도록 시장을 정비하고 이들이 참가할 인센티브를 만들어야 한다. 그런 과정에서 여러 가지 마찰도 생겨날 것이다. 예를 들면, 일본의 경우 유치원에 결원이 생길 때까지 마냥 대기하고 있는 아동의 문제를 거의 모든 시·읍·면에서 볼 수 있는데, 이를 해결하기 위해 '유치원과 어린이집을 일원화'하려 들 경우 부모뿐 아니라 [유치원연합회나 어린이집연합회 같은] 업계의 유관단체 및 [보육교사단체 같은] 직원조합의 동의도 얻어야 한다. 이들이 그동안 누렸던 권익을 침범하려면 이들에게 어떤 보상 조치(side-payment)를 할 필요가 있을 것이다.

사회관계자본을 바탕으로 '유치원과 어린이집의 일원화'를 해도 그 누구도 손해를 보지 않을 것이라는 신뢰가 있다면, 또는 사람들이 연계해서 아이들을 돌볼 수 있다면, 당사자는 물론이고 사회에도 플러스가 될 것이다.

또 현대사회에서 과학기술은 두 가지 측면이 모두 강해지고 있다. 즉, 과학기술을 널리 간편하게 이용할 수 있는 '민주화' 측면과, 점점 복잡해지고 전문화되는 '고도화' 경향을 볼 수 있다. 고도의 과학기술이 제공하는 혜택을 별다른 부담 없이 누릴 수 있게 된 한편, 유전자 조작에 따른 먹을거리의 안전 문제, 휴대전화·인터넷 통신의 대중화에 따른 따돌림이나 범죄 문제, 원자력 문제에 이르기까지, 리스크도 점점 더 두드러지게 나타나고 있다. 게다가 리스크를 피하려 해도 완벽하게 신뢰할 수는 없는 전문가들에게 의존해야 하는 상황에 놓여 있다. 그렇다고 해서 모든 정보를 스스로 모아서 스스로 판단을 할 수는 없다. 즉, 타자를 전혀 신뢰하지 않는다는 것은 비효율적일 뿐 아니라 여기에는 생각지도 못한 위험이 도사리고 있을지도 모르기 때문이다.


## 일본은 불신사회인가

이 장의 첫머리에서 설명했듯이, 일본은 증세를 어렵게 하는 사회문제를 품고 있다. 이를 사회보장과 맞물려 보면, 저출산·고령화사회나 빈곤사회를 맞이해 안전망이 필요하다고 떠들면서도, 일본의 사회보장제도를 신뢰하지 않는다는 국민이 60대에서 53퍼센트, 30대에서 83퍼센트, 20대에서도 77퍼센트에 달했다(〈아사히신문〉 2013년 10월 4일 자 조간). 이처럼 공적 제도에 대한 일본인의 신뢰는 전체적으로 볼 때 결코 높지 않다.

'남에게 의지할 바에야 (재력·권력 등) 힘 있는 사람에게 의지하는 편이 낫다'[15]는 말이 상징하듯이, 일본인에게는 '주군 의식'이 있어 정치가나 정부를 신뢰하고 있다는 이미지가 있지만, 숱한 의식 조사에서는 이런 경향을 찾아볼 수 없다. "정치가는 자신들의 이익만 생각한다", "정당은 당리당략에 빠져 있다"와 같은 말이 미디어에서 넘쳐흐르며, 실제로 그렇게 생각하는 유권자가 압도적 다수를 차지한다. 일본은 사실상 고도불신사회인 것이다. 그런 연유에서 사회보장

---

15  [옮긴이] 寄らば大樹の陰(요라바타이주노카게).

| | 신뢰할 수 없다 | 신뢰할 수 있다 | 어느 쪽도 아니다 | 모르겠다 |
|---|---|---|---|---|
| 자위대 | 6.5 | 60.3 | 29.9 | 3.2 |
| 재판관 | 14.2 | 38.9 | 41.4 | 5.6 |
| 경찰 | 26.1 | 35.2 | 37.0 | 1.7 |
| 매스컴·보도기관 | 42.1 | 14.3 | 41.9 | 1.8 |
| 관료 | 57.3 | 7.5 | 33.0 | 2.2 |
| 국회의원 | 62.5 | 5.2 | 31.4 | 0.9 |

도표 1. 정치나 행정에 대한 신뢰도(%). 【출전】中央調査社 〈議員, 官僚, 大企業, 警察等の信頼感調査〉 (2012년)를 기초로 작성. ('신뢰할 수 없다'는 '거의 신뢰할 수 없다', '신뢰할 수 있다'는 '거의 신뢰할 수 있다' 의 답변을 포함. 소수점 처리 때문에 합계는 100퍼센트가 안 됨)

제도를 신뢰하지 않는 것이다. 일본이 어느 정도의 불신사회인가, 왜 그러한가를 탐색해 보자.

〈도표 1〉은 일본의 정치나 행정에서 중요한 역할을 맡는 기관이나 직업을 얼마나 신뢰하는지를 물어본 조사이다.

이것을 보면 다른 기관이나 직업에 비하면 국회의원이나 관료를 신뢰할 수 없다는 사람이 압도적으로 많음을 알 수 있다. 국민의 절반 이상이 관료를 신뢰할 수 없다, 국회의원을 신뢰할 수 없다고 한다. 이렇게 응답한 비율은 시기에 따라 늘기도 하고 줄기도 하지만, 의원이나 관료에 대한 신뢰감은 2001년 '고이즈미 붐'과 2009년의 '정권교체선거'에서 약간 상승한 것을 빼면, 계속 낮아지고 있다.

또 다른 데이터는 NHK의 결과이다(〈도표 2〉). 이것을 봐도, 민주주의를 지탱하는 조직 중에서 '법원'이나 '관공서', '신문사'를 신뢰하는 사람은 많은 한편, '정부', '국회', '정당', '중앙관청'은 적다. 표에는 없으나 20~30대의 젊은 층에서 이런 불신이 강한 것은 심각하게 받

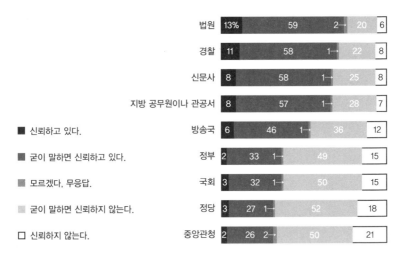

법원   13%   59   2→   20   6
경찰   11   58   1→   22   8
신문사   8   58   1→   25   8
지방 공무원이나 관공서   8   57   1→   28   7
방송국   6   46   1→   36   12
정부   2   33   1→   49   15
국회   3   32   1→   50   15
정당   3   27   1→   52   18
중앙관청   2   26   2→   50   21

■ 신뢰하고 있다.

■ 굳이 말하면 신뢰하고 있다.

■ 모르겠다, 무응답.

⬜ 굳이 말하면 신뢰하지 않는다.

☐ 신뢰하지 않는다.

도표 2. 사회 조직에 대한 신뢰감(%). 【출처】 NHK문화방송연구소, 〈정권교체 후 유권자 의식(2)〉(2010년). (소수점 처리 때문에 합계는 100퍼센트가 되지 않음)

| | 정당<br>신뢰한다 / 하지 않는다 | 의회<br>신뢰한다 / 하지 않는다 | 정부<br>신뢰한다 / 하지 않는다 |
|---|---|---|---|
| 영국 | 17.9 / 82.2 | 36.2 / 63.8 | 33.7 / 66.2 |
| 미국 | 15.4 / 84.7 | 20.6 / 79.5 | 38.2 / 61.8 |
| 스웨덴 | 33.2 / 66.8 | 56.3 / 43.7 | 42.5 / 57.5 |
| 독일 | 12.8 / 87.2 | 21.9 / 78.1 | 23.5 / 76.6 |
| 일본 | 18.3 / 81.7 | 23.2 / 76.7 | 31.1 / 69.0 |

도표 3. 각국의 정치 신뢰 비교(%). 【출처】 세계가치관조사(WVS) 2005–06년. ('신뢰한다'는 '거의 신뢰한다', '신뢰하지 않는다'는 '거의 신뢰하지 않는다'는 대답을 포함. 소수점 처리 때문에 합계는 100퍼센트가 되지 않음)

아들일 필요가 있다.

퍼트넘 등의 연구가 주목을 받았던 이유는 일본뿐만 아니라 많은 선진국에서 정치나 정치 엘리트에 대한 불신이 강해지고 있다고 여겨졌기 때문이다. 확실히 일본을 뺀 다른 선진국에서도 정치나 사회 불신이 큰 문제가 되고 있다. 그래도 이런 선진국들에 비해 일본의 불신 정도는 높다. 〈도표 3〉을 보면 일본은 정치 불신이 높은 것으로 알려져 있는 미국과 이미 어깨를 나란히 하고 있으며, 의회를 신뢰하지 않는다는 국민이 스웨덴 등에 비해 두 배 가까이 된다는 것을 알 수 있다.

다만, 대의제 민주주의를 지탱하는 주요 조직이나 주체를 국민이 불신의 눈으로 보고 있기 때문에 민주주의 역시 위기에 처해 있다고 여기는 것은 경솔한 생각이다. 국제비교의식 조사 조직인 '세계가치관조사(WVS)' 결과를 보면, 1990년대 이후 일본인의 90퍼센트 이상은 민주주의가 좋은 정치제도라고 생각하고 있다. 체제로서의 민주주의를 싫어하는 것은 아님을 알 수 있다. 오히려 그와 반대로 민주주의가 기대만큼 작동하지 않은 데에 대한 불만 때문에 정당이나 의회에 대한 불신이 생기고 있다고 봐야 할 것이다.

정치학자 요시노리 마사히로는 다양한 유권자 의식 조사 결과를 장기간에 걸쳐 정밀 조사한 결과 다음과 같은 점에 주의해야 한다고 촉구했다. 즉, 한편으로 일본에서는 1990년대 이후 정치인이나 정당이 충분하게 제 기능을 하지 않고 있다고 유권자들이 파악하고 있기에 정치 불신이 증가했다고 볼 수 있다. 그러나 다른 한편으로 정당이나 국회의 존재 자체에 대해 의문이 제기되는 것은 아니다.[16] 즉, 정치인이나 정당, 국회가 국민에게 충분히 봉사하지 않았다는 점에 대해 불만이 쌓여 있는 것이지, 이런 조직이나 기관이 존재한다는 것 자체, 더욱이 민주정치 자체에 대한 불만이 아닌 것이다. 이는 대의제 민주주의에 대한 불신이 아직 남아 있던 1960-70년대의 의식과 구별되는 측면이다. 민주정이 공동체의 기대 수준을 따라잡지 못한 것이 문제다.

위와 같은 점들을 감안한 다음, 일본의 정치 불신에서 특별히 기억돼야 할 것은, 정치 불신이 다른 국가처럼 1960년대 이후 급증한 것이 아니라 제2차 세계대전 이후 일관되게 강했다는 지적이다. 현대 일본 정치의 전문가인 수잔 파는 일본의 정치 불신이 지닌 특징으로 ① 정권교체나 정치개혁이 있더라도 정치 불신은 높아지고 있거나 증가 경향을 보인다는 것, ② 불만의 화살이 관료보다는 정치가나 정당에 겨눠진다는 것, ③ 지방자치단체가 아닌 중앙정부에 대한 불신감이 강하다는 것, ④ 불만층이 도시 주민, 고학력층, 청년층에서 집중적으로 보인다는 것 등 네 가지를 꼽고 있다.[17] 1980년대 버블경제의 한복판에서도 정치 불신이 강했다는 사실은, 정치 불신이 경제 상황이라는 변수와 관련된 것이 아니라 더 뿌리 깊은 것임을 보여 준다.

자신들을 정치적으로 대표하는 메커니즘이나 사람들을 신뢰할 수 없다는 것은 그다지 다행스러운 일이 아니다. 왜냐하면 민주정치란 우리가 속해 있는 공동체와 관련된 사항을 우리 자신의 의견에 따라

---

16  善敎将大, 《日本における政治への信頼と不信》, 木鐸社, 2013.

17  Susan J. Pharr, "Public Trust and Democracy in Japan", Joseph S., Jr. Nye et al. (ed.), *Why People Don't Trust Government*, Harvard University Press, 1997.

결정해야 하는 정치인데, 이런 우리의 대표인 정치가나 정당을 신뢰할 수 없다면 이는 우리 자신의 능력을 결과적으로 해치고 있음을 뜻하기 때문이다.

## 비판적인 유권자?

정당이나 정치가, 국회 등 통치자에 대한 불신감을 여기서는 '수직적 정치 불신'이라고 부르자. 이런 수직적 정치 불신을 정말로 기피해야 할 것인지 아닌지에 관해서는 논란의 여지가 있을 것이다. 정치가를 쉽게 믿지 않는 게 좋다는 의견도 있을 수 있기 때문이다.

정치학자 피파 노리스는 서구와 아시아 각국의 시민의식 현황이나 정치 참여 현황을 조사해, 이 모든 지역과 국가에서 인권 의식이나 법의 준수, 반권위주의 등의 민주적 가치관이 정착되고 있는 한편, 정치나 정당에 대한 비판 의식이 높아지는 것을 목격했는데, 이런 의식을 가진 사람들을 '비판적 시민'이라고 불렀다. 앞서 지적했듯이, 사람들은 반민주주의적으로 되는 것이 아니라 민주주의의 '이상과 현실 사이의 간극(gap)'에 비판적으로 되고 있을 뿐이며, 정부나 정치가가 말하는 대로 하지 않는 순종적이지 않은 유권자의 존재가 민주정치에서 불가결하다고 말한다.[18]

이런 입장에서 보면 수직적인 정치 불신은 위정자들을 믿지 않는

---

18  Pippa Norris, "Introduction: The growth of critical citizens?", in Pippa Norris (ed.), *Critical Citizens*, Oxford University Press, 1999.

자율적 시민의식의 표현이라고 할 수 있다. 만약 위정자가 하는 기능에 따라 유권자가 위정자를 비판하거나 지지한다면, 유권자는 현명한 시민이라고 할 수 있기 때문이다.

다만 민주정치에 이런 '비판적 시민'이 반드시 있어야 한다고 보는 논의에는 반드시 충족돼야 할 한 가지 조건이 있다. 비판적 마음이 비관여를 반드시 초래한다고는 할 수 없으며 그 반대이다"[19]와 같은 조건이 그것이다. 즉, 만약 자기네 대표를 신뢰할 수 없고, 작금의 정치가 자신들이 기대했던 수준에 미치지 못한다면, 이를 시정하기 위해 정치에 참여하는 것이 '비판적 시민'의 조건이 되기 때문이다. 그러나 일본의 민주정치는 그렇지 않다.

우선 일본의 일반 시민이 '항의운동'에 얼마나 참여하는지를 살펴보자. 일본에서는 이런 참여 정도가 낮다. 프랑스 43퍼센트, 이탈리아 37퍼센트, 미국 36퍼센트, 영국 25퍼센트인 반면, 일본은 14퍼센트에 불과하다(1999-2002년 평균이며, 수치는 Dalton 2008). 여기서 말하는 '항의운동'은 합법적인 시위와 보이콧을 가리키는 것이고 파괴 행위 같은 위법 행위는 포함되지 않는다. 온건한 정치 활동인 '청원' 같은 항목을 봐도, 일본에서는 청원운동에 참여한 사람들 비율이 다른 국가에 비해 극히 적다. 정치 활동 이외의 영역, 즉 사람들이 '시민 활동'(자원봉사나 사회 참여 활동)에 얼마만큼의 시간을 보내고 있는지를 봐도, 1980년대 이후 늘지 않고 있다(총무성 조사 〈사회생활기본조사〉). 설령 기존 정치에 불만과 불신을 품고 있다고 해도, 이런 불만과 불신이 유형무형의 정치적 행동이나 정치 참여의 원동력이 되는 경우에

---

19  위의 책, p. 25.

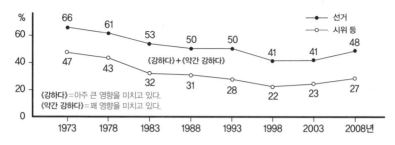

도표 4. 시위나 청원이 정치에 미치는 영향력. 【출처】 NHK문화방송연구소 〈일본인의 의식〉(2008년).

만 노리스처럼 환영할 수 있다.

1960년대에 각국의 정치 문화를 비교한 앨먼드와 버바는 일본의 정치 문화를 정부의 결정에 강한 관심을 가지면서도 적극적인 정치 참여는 하지 않으려는 '신민형'으로 분류했다. 현대에서도 이런 원형은 그렇게 크게 바뀌지 않는 듯하다.[20] 만일 '수직적 불신'이 각종 정치적 표현과 활동을 낳는다면, 일본에서도 '비판적 시민'이 생겨날 것이다. 그러나 현실은 그렇지 않다.

변화의 조짐이 없지는 않다. 〈도표 4〉에서 확인할 수 있듯이, 여론 조사 결과를 보면 지난 몇십 년 동안에는 정치 참여 수단으로 '선거'를 꼽은 응답이 압도적 다수를 차지했지만, 2000년대 후반 들어서부터 '시위', '청원', '진정'과 같은 다른 정치 참여 수단의 영향력이 조금씩 다시 드러나고 있다. 이처럼 선거가 아니라 다른 식으로 정치 참여를 지향하는 태도는 젊은 층에서 많이 볼 수 있는데, 실제로 젊은 층은 정치적 관심이 높다. 내각부(內閣府)의 〈세계 청년 의식 조사〉

20  Gabriel A. Almond and Sidney Verba (eds.), *The Civic Culture: Political Attitudes and Democracy in Five Nations*, Princeton University Press, 1963.

(2008년)를 보면, 정치에 관심이 있다고 한 일본 청년(18-24세) 비율은 58퍼센트로, 이는 미국(54.5퍼센트), 한국(49.7퍼센트), 프랑스(42퍼센트)와 비교해도 높다.

그러나 일반적으로는 정치 참여라고 말하면 여전히 이를 투표와 동의어로 간주한다. 게다가 일본의 투표율은, 중의원 선거에 한정하면 55년 체제가 붕괴된 후에는 예전처럼 70퍼센트를 넘은 적이 한 번도 없고, 전후(戰後) 최저 수준의 기록을 계속 갈아치우고 있다. 위에서 언급한 국가들에 비해 젊은 층의 투표율이 낮은 것은 아니나, 이들의 정치적 관심도에 비하면 낮다.

정치 불신과 투표율의 인과관계는 직접적이지 않다. 투표율은 그때그때의 정치 상황에 의해 좌우되며, 또 투표율이 낮다고 해서 그 국가의 민주정치가 활발하지 않다고 할 수는 없다. 미국의 대통령 선거 투표율은 겨우 50퍼센트에 불과하지만, 미국 정치는 활력이 넘치고 역동적으로 보인다. 그러나 일본에서는 투표소 안에서든 투표소 밖에서든 정치 참여율이 높은 편이 아니다. 이렇게 생각하면, 역시 정치 불신의 문제가 고개를 든다.

일본의 사회관계자본을 조사한 사카모토 하루야는 특히 지방의 사회관계자본이 도시에 비해 비교적 높은데도 왜 통치의 질이 향상되지 않는가라는 질문을 제기했다. 그리고 그 이유는 통치의 질이 '활동하는 시민'에 의해 생겨나는 '시민의 힘(civic power)'을 통해 뒷받침되지 못하고 있으며, 사회관계자본이 있긴 해도 통치의 질을 향상시킬 동력이 없기 때문이라고 대답했다.[21] 즉, 일본 사회에는 사회관계

---

21 坂本治也, 《ソーシャル·キャピタルと活動する市民—新時代日本の市民政治》, 有斐閣, 2010.

자본이 있긴 해도 이를 사용하지 않고 있을 뿐 아니라 이를 구동시킬 수 있는 일정 정도의 사람들도 없으며, 이 때문에 사람들이 '냉소적인 시민'에 머물러 있고, '현명한 시민'이 될 수 없다는 것이다.

## 모르는 사람은 신뢰할 수 없다?

사회관계자본과 정치 불신의 관계를 생각할 때, 수직적 불신에 덧붙여 또 하나 고려해야 할 것은 수평적 불신이라고 불리기도 하는, 시민 상호 간의 불신감이다. 수직적 불신을 정치가나 정당 같은 이른바 상위의 권위에 대한 불신이라고 정의한다면, 수평적 불신은 일반인들 사이에 가로놓인 불신감이다. 앞서 봤듯이, 사회관계자본에 대한 정의 중 하나에는 '호혜성', 즉 자신이 타인을 위해 있는 힘껏 노력하면 할수록 타인도 그렇게 해 준다는 신뢰의 정도가 포함되어 있다. 이런 의미에서도 사람들 사이의 신뢰나 불신이 어느 정도인지를 확인해야 한다.

결론부터 말하면, 일본인의 상호 불신 정도는 다른 국가에 비하면 높지도 낮지도 않고, 그 증감 폭도 크지 않다(〈도표 5〉 참조). 일본인은 적어도 영국·프랑스·미국 등의 주민처럼 상호 강한 불신을 갖고 있지 않았다. 그러나 북유럽처럼 서로를 강하게 신뢰하지도 않는다. 예를 들어 "대개의 사람은 신뢰할 수 있는가"를 묻는 내각부 조사에 따르면, 1970년대부터 '신뢰할 수 있다', '신뢰할 수 없다'는 응답이 엇비슷하게 나왔다. 또 수평적 불신의 경우 일본은 중간 정도에 자리매김할 수 있을 것이다. 정치학자 이노구치 다카시는 일본의 수직적 불

| 조사 연도 | 신뢰할 수 있다 | | | 신뢰할 수 없다 | | |
|---|---|---|---|---|---|---|
| | 1981/1982 | 1990 | 1999/2000 | 1981/1982 | 1990 | 1999/2000 |
| 미국 | 40.5 | 51.5 | 35.8 | 59.5 | 48.5 | 64.2 |
| 스웨덴 | 56.7 | 66.1 | 66.3 | 43.3 | 33.9 | 33.7 |
| 프랑스 | 24.0 | 22.8 | 22.2 | 76.0 | 77.2 | 77.8 |
| 영국 | 43.9 | 43.6 | 29.7 | 56.1 | 56.4 | 70.3 |
| 일본 | 40.8 | 41.7 | 43.1 | 59.2 | 58.3 | 56.9 |

도표 5. '타인을 신뢰하는가'라는 질문에 대한 응답 ①(%). 【출처】 세계가치관조사(WVS) 1981~2000년.

신이 내려가는 경향을 보인다는 데이터를 소개하는 한편, 사람들이 떠드는 것만큼 수평적 불신이 높지는 않다고 한다.[22]

더군다나 사회관계자본을 추정하기 위한 조사의 종류는 다양하며, 오히려 일본을 신뢰도가 낮은 사회라고 보는 논의도 있다.

여기서 중요한 것은 수평적 관계에 있어서 신뢰의 질이다. 미국의 신뢰관계와 비교하면 일본의 특징이 더 명확해진다. 즉, 일본에서는 가족이나 회사에서처럼 일상적으로 관계를 맺는 사람들 간에는 신뢰가 높지만, 모르는 타인이나 어려움에 처해 있는 타인에 대한 신뢰도는 별로 높지 않다. 알고 있는 친척에 대한 신뢰가 더 높은 것은 미국도 마찬가지이지만, 모르는 타인에 대한 신뢰는 미국인이 일본인보다 높다. 이런 까닭에 이노구치는 일본의 사회관계자본을 앞서 소개

---

22  猪口孝, "日本—社会関係資本の基盤拡充", ロバート·D·パットナム 編著, 《流動化する民主主義—先進8カ国におけるソーシャル·キャピタル》, 猪口孝 訳, ミネルヴァ書房, 2002, 2013.

| | 영국 | 미국 | 스웨덴 | 프랑스 | 일본 |
|---|---|---|---|---|---|
| 대체로 언제든 신용할 수 있다 | 1.1 | 3.8 | 4.8 | 1.9 | 1.1 |
| 대체로 신용할 수 있다 | 45.7 | 44.4 | 61.0 | 34.8 | 31.2 |
| 대체로 신용할 수 없다 | 47.6 | 42.1 | 27.8 | 50.5 | 52.7 |
| 신용할 수 없다 | 5.6 | 9.7 | 6.5 | 12.9 | 15.1 |

도표 6. '타인을 신뢰하는가'란 질문에 대한 응답②(%). 【출처】국제사회조사프로그램(ISSP) 2004년. (소수점 처리 때문에 합계는 100퍼센트가 되지 않음)

한 '다리 놓기 유형'이나 '외향형'과는 다른 '내부결속형'으로 분류한다. 적어도 일본이 미국 사회처럼 개방적인 인간관계를 만들고 있다고 실감하기는 힘들고 사례를 들기도 어렵다. 이노구치는 일본의 사회관계자본이 전체적으로 볼 때 완만하게 상승하고 있다고 보는 한편, 실제로는 사회관계자본이 알고 있는 동료들 안에서만 아직도 머물러 있는 경향이 강하다고 지적했는데, 이는 타당한 결론인 듯하다.

실제로 타인에 대한 신뢰도를 약간 자세하게 분류하고 있는 〈도표 6〉을 보면, 일본은 미국만큼 낯선 타인을 신용하고 있지는 않음을 알아차릴 수 있다. 또한 타인에 대한 일반적인 신용의 정도가 오히려 낮은 국가로 분류된다는 사실도 알 수 있다.

이처럼 일본인이 지닌 '타인에 대한 차가움'은 다른 각도에서도 실증할 수 있다. 경제협력개발기구(OECD)의 조사에 따르면, "최근 한 달 안에 어려움에 처해 있는 타인을 도운 적이 있다"고 대답한 일본인은 25퍼센트로, OECD 평균인 49퍼센트에 크게 못 미친다(OECD, Better Life Index, 2013). 같은 질문에 대해 미국인의 77퍼센트, 영국인 61퍼센트, 스웨덴인 51퍼센트, 프랑스인 30퍼센트가 "도운 적이 있

|  | 그렇게 생각한다 | 굳이 말하면<br>그렇게 생각한다 | 굳이 말하면 그렇게<br>생각하지 않는다 | 그렇게 생각하지<br>않는다 |
|---|---|---|---|---|
| 미국 | 28 | 42 | 17 | 11 |
| 영국 | 53 | 38 | 5 | 3 |
| 프랑스 | 49 | 34 | 14 | 3 |
| 스웨덴 | 56 | 30 | 8 | 4 |
| **일본** | **15** | **44** | **31** | **7** |

도표 7. '가난한 사람을 돕는 것은 정부의 의무인가'란 질문에 대한 응답(%). 【출처】Pew Research Cen-
ter "World Publics Welcome Global Trade but Not Immigration," 2007. ('모르겠다', '무응답'을 포함하지
않아 100퍼센트가 아님)

다"고 응답한 것을 감안하면, 일본인이 특히 낯선 타인에 대해 차갑
다고 말할 수 있을 것이다. 만약 타인을 신뢰하고 있다면, 그 비율은
더 높아질 것으로 예상된다.

　미국의 조사 업체 중 대기업에 속하는 퓨리서치센터가 세계 47개
국을 대상으로 한 의식 조사 결과를 보면, 일본인이 상호 부조를 할
마음가짐이 매우 낮다는 것도 알 수 있다. 이 조사에서는 "자조(自助)
할 수 없는 빈자를 돕는 것이 국가/정부의 의무라고 생각하십니까?"
라고 물었는데, "그렇게 생각하지 않는다", "대체로 그렇게 생각하지
않는다"고 대답한 일본인이 38퍼센트에 달했다. 반면, 미국인들은 28
퍼센트, 영국인은 8퍼센트, 프랑스인은 17퍼센트, 스웨덴인은 12퍼센
트만이 이렇게 대답했다(〈도표 7〉).

　일반적으로는 사회의 빈곤 수당 지급을 국민이 낸 세금으로 활동
하는 정부의 의무라고 인식한 반면, 일본인의 약 40퍼센트는 그럴 필
요가 없다고 생각하는 것이다.

정부가 존재해야 하는 이유 중 하나는 개인 혼자서는 획득할 수 없는 공공재를 제공하는 데 있다. 이런 공공재의 원천이 신뢰이다. 논리적으로 말하면 "자조(自助)할 수 없는 빈자를 돕는 것이 국가/정부의 의무라고 생각하십니까?"라는 질문 항목은 사회의 불특정 다수를 국가가 도울 필요가 있는지 없는지를 묻는 것인데, 역시나 일본인은 타인에 대해 '차갑다.'

게다가 사회학자 스도 나오키는 교육수준과 사회관계자본의 상관관계가 미국에서는 유의하다고 인정되는 반면 일본에서는 유의하지 않다고 지적한다. 교육수준이 높으면 타인에 대한 신뢰도가 높고 거꾸로 교육수준이 낮으면 신뢰도도 낮다는 것이 일반적인 패턴이지만, 일본에서는 이런 패턴이 성립되지 않는다. 그 이유를 스도 나오키는 앞의 이노구치가 지적한 것과 마찬가지로, 일본에서는 기존의 관계 위에서만 구축될 수 있을 뿐인 "권위주의적인 신뢰관계"가 지배적이기 때문이라고 추론한다.[23] 이런 지적이 옳다면, 신뢰사회를 새롭게 구축하는 것은 매우 어렵다.


**신뢰와 사회보장의 수준**


이 대목에서, 앞서 소개한 로트스테인이 던진 문제, 즉 신뢰와 세금, 특히 사회보장의 관계를 다시 거론해 보자. 여기서도 역시 수평적인 신뢰관계가 큰 영향을 미친다는 것을 알 수 있다. 왜냐하면 일반적으

23  数土直紀,《信頼にいたらない世界—権威主義から公正へ》, 勁草書房, 2013.

로 말하면, 타인과의 신뢰관계가 높은가 낮은가는 복지 규모와 상관관계에 있다는 패턴을 지적할 수 있기 때문이다.

프랑스 경제학자 알강과 카윅은 어떤 국가에서 '민도[시민의식·문화의식]'의 높음과 공공 부문의 효율성이나 복지 수준 사이에 밀접한 상관관계가 있음을 증명했다.[24] 예를 들면 어떤 국가에서 상호 불신의 정도와 부패의 정도(비리나 규범의식의 낮음)는 분명히 상관적이며, 이런 국가에서는 공공정신이 엷기 때문에 공적 제도에 대한 신뢰가 낮다는 것이다. 반대로 타인에 대한 신뢰와 공공정신이 높고 공적 제도에 대한 신뢰가 두터운 국가의 사람들일수록 복지국가에 대한 지지가 강하다.

이런 상관관계를 도표로 나타낸 것이 〈도표 8〉과 〈도표 9〉이다.

〈도표 8〉은 보편적 복지국가와 사람들의 신뢰감의 상관관계를 나타낸 것이다. 여기서 말하는 '보편적 복지국가'는 해당 국가의 노동자가 어떤 직업에서 일하고 가족 구성은 어떻게 되는지와 무관하게, 질병보험이나 실업보험, 노령연금을 받을 수 있는 유자격자의 비율을 수치로 나타낸 것이다. 보편적이라는 것은 조건이나 신분을 따지지 않는다는 의미이다.

〈도표 9〉는 타인에 대한 신뢰도와 복지 규모(GDP에서 차지하는 사회지출 비율)의 상관관계를 나타낸 것이다.

이 두 개의 도표에서 두 가지를 읽어 낼 수 있다.

하나는 복지의 정도와 타인에 대한 신뢰도가 분명한 상관관계에 있다는 것이다. 타인에 대한 신뢰도가 높은 국가들은 국가에 대한 신

---

24  Yann Algan, et Pierre Cahuc, (2007) *La Société de Défiance: Comment le modèle social français s'autodétruit*, Èdition Rue d'Ulm, 2007.

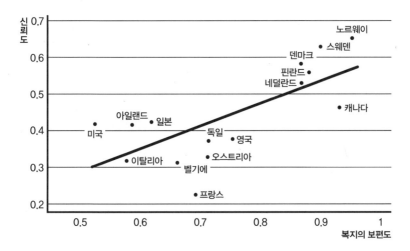

도표 8. 신뢰도와 복지국가의 상관관계. 【출처】 Algan& Cahuc 2007: 53.

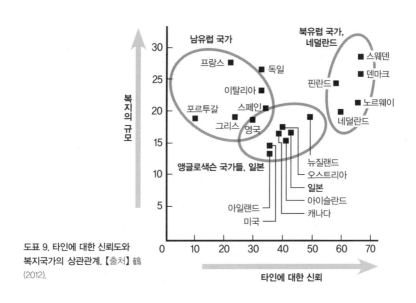

도표 9. 타인에 대한 신뢰도와
복지국가의 상관관계. 【출처】 鶴
(2012).

뢰도가 높고 복지의 규모도 크다.

물론, 이때의 인과관계에 관해서는 주의해야 한다. 즉, 타인에 대한 신뢰도가 높은 국가이기 때문에 복지국가인 것이라는 인과가 아니라, 복지국가이기 때문에 타인에 대한 신뢰도가 높은 것이라는 인과관계도 있을 수 있기 때문이다. 고도의 복지국가, 보편적 복지국가일수록 자신이 내는 세금이 타인만이 아니라 자신에게 쓰이는 정도도 높아질 것이다.

다만 어떤 경우든, 신뢰와 복지는 선순환의 관계에 있음이 틀림없다. 다른 연구에서도 정부가 효율적이라고 생각하면 할수록 그 정부에 대한 신뢰도 또한 높다는 상관관계를 인정하고 있다. 자신이 낸 세금이 올바르게 사용되고 있다는 감각은 민주적 통치에서 빼놓을 수 없는 요소인 것이다.[25]

이런 결과들이 보여 주는 또 다른 사실은, 이것을 기준으로 각 나라들을 분류할 경우, "중-신뢰, 중-복지"(앵글로색슨 국가들 및 일본), "고-신뢰, 고-복지"(북유럽 국가들), "저-신뢰, 고-복지"(남유럽 국가들)라는 이 세 그룹으로 분류할 수 있다는 것이다. 알강과 카웍이 문제 삼은 것은 프랑스가 그 대표인 "저-신뢰, 고-복지"의 국가였다. 왜냐하면 이런 '고도불신사회'의 국가들에서는 시민사회 내부에서 협력관계가 없기 때문에, 이를 테면 노사관계의 자세한 부분까지 국가가 개입해 결정해야 한다. 더욱이 타인에 대한 신뢰도가 낮기 때문에—타인이 자신을 언제든 따돌리려고 하지 않을까라는 의구심—공평한 경쟁은 있을 수 없다고 생각하며, 따라서 경제 활성화도 어렵다.

---

25  Francisco Herreros, "The State Counts: State efficacy and the development of trust", in *Rationality and Society*, vol. 24, no. 4, 2012.

"불신사회는 자기 파괴를 향한다"는 알강과 카윅의 책 제목이 모든 것을 말해 준다. 그럼에도 불구하고 이들 '고도불신사회'의 복지 규모는 크다. 이와 비교하면 일본을 포함한 그룹은 낮은 수준에 머물러 있다.

다만 지적해 둬야 할 것은 "고-신뢰, 고-복지" 사회를 목표로 한다면, 그 사회는 일본인이 잘하지 못하는 것, 즉 낯선 타인, 먼 동포에 대한 신뢰를 전제로 삼고 있다는 것이다. 복지국가나 사회보장은 서로 알고 있는 사람들이나 관계의 고리 안에 있는 사람들만을 대상으로 하는 것이 당연히 아니기 때문이다.


## '무사(無私)'가 신뢰를 낳는다

지금까지 봤던 조사는 모든 의식·여론 조사가 그렇듯, 민의나 사람들 의식의 순간적인 '스냅샷'을 집적해 놓은 것에 불과하다. 또 질문 방식이나 순서에 따라 달리 응답하기 때문에, 그 응답이 진실의 전부인 것도 아니다. 오히려 일본에서 사회관계자본이나 사회적 신뢰도가 높다고 하는 데이터나 주장이 없는 것도 아니다. 그러나 여러 의식 조사나 데이터를 검증해 보면 적어도 일본이 정부나 의회에 대한 수직적 신뢰, 타인 일반에 대한 수평적 신뢰가 모두 높은 북유럽처럼 '고도신뢰사회'로 분류되지 않는다는 점은 분명하다.[26]

다른 한편으로 몇몇 의식·여론 조사에서 분명히 드러났듯이, 일본

---

26  松本正生, "信頼と不信の狭間で—社会的事象としての世論調査", 田中一昭·岡田彰 編著, 《信頼のガバナンス—国民の信頼はどうすれば獲得できるか》, ぎょうせい, 2006.

| | 미국 | 영국 | 프랑스 | 스웨덴 | 일본 |
|---|---|---|---|---|---|
| ↑ 그렇게 생각한다 | 6.6 | 9.7 | 16.3 | 12.7 | 12.5 |
| 2 | 3.1 | 5.4 | 8.5 | 9.3 | 7.0 |
| 3 | 7.9 | 15.3 | 16.8 | 19.5 | 17.0 |
| 4 | 10.6 | 17.6 | 12.7 | 15.7 | 16.0 |
| 5 | 12.6 | 13.9 | 7.9 | 7.3 | 23.1 |
| 6 | 23.7 | 15.5 | 12.6 | 10.2 | 10.3 |
| 7 | 7.2 | 7.8 | 5.4 | 6.3 | 5.0 |
| 8 | 7.0 | 4.6 | 6.5 | 7.8 | 4.3 |
| 9 | 4.9 | 3.2 | 5.5 | 5.7 | 2.2 |
| ↓ 그렇게 생각하지 않는다 | 16.4 | 7.1 | 7.9 | 5.5 | 2.5 |

도표 10. '민주주의란 정부가 부유층에 과세하여 빈곤층에 배분하는 것이라고 생각하는가?'라는 질문에 대한 응답(%). 【출처】세계가치관조사(WVS) 2005-06년.

인은 세금 부담이 늘더라도 사회보장이 충실해지는 편이 좋다고 생각한다. 예를 들면, 후생노동성이 조사한 '사회보장에 관한 국민의식 조사'(2012년) 결과를 보면 "복지를 충실하게 하기 위해 우리의 부담이 커지더라도 어쩔 수 없다"고 생각하는 국민은 50퍼센트였던 반면, "복지가 다소 저하되더라도 우리의 부담을 가볍게 해 달라"고 한 국민은 불과 22.5퍼센트뿐이었다(나머지는 '모르겠다'). 적어도 분명한 것은, 사회보장·복지를 지금보다 더 많이 확충하는 게 바람직하다고 다수가 원하고 있다는 점이다.

나아가 일본인은 세금에 의한 재분배가 민주정치에 있어서 필수 불가결한 구성 요소라고 생각하고 있는 것도 특징적이다. 세계가치관조사에 따르면 "정부가 부유층에 과세하여 빈곤층에 배분하는 것" 이 "민주주의의 기본적인 특징"이라고 생각하는 일본인이 실로 70 퍼센트를 넘고 있다(응답지 중에서 '그렇게 생각한다'로 분류되는 응답의 총계). 이것은 다른 선진국과 비교해도 경제적인 재분배를 정부의 중요한 기능이라고 여기는 사람이 많다는 것을 나타낸다(〈도표 10〉). 민주정치의 주요 기능으로 경제적 재분배를 내세우는 해석이 필연적으로 주류의 해석이라고 할 수는 없으나, 주권자는 적어도 경제적 재분배를 정부의 중요 기능으로 보고 있는 것이다.

## '선의'의 정치권력

그렇다면 일본에 무엇이 결여되어 있는가는 분명하다. 그것은 재분배의 기초가 되는 타인과의 신뢰관계이다.

로트스테인은 적어도 합리적 개인을 기반으로 하는 사회를 구상할 경우, 사회관계자본을 증가시킬 방도를 찾을 수 없다고 한다. 존 롤스의 《정의론》도 이 한계에 부닥친다.

롤스는 개인이 '무지의 베일'을 쓰고 있으면, 만인에게 더 공평하고 공정한 제도를 마련하는 편이 선호될 것이라면서, 개인의 합리성을 출발점으로 삼은 정의론을 전개했다. 타인이나 사회에 대한 정보가 '베일'에 가려져 있으면, 자신이 사회에서 어떤 처우를 받고 어떤 지위에 있는지 알 수 없다. 그 결과 사람들이 개인을 위한 개별적인 제도보다는 보편적이고 비차별적인 제도를 선호할 것이라고 가정했다. 만약 어떤 사람이 부자라면 이 사람은 부자를 더 대접해 주는 세금제도가 좋다고 생각할 것이고, 가난한 사람이라면 부자에게 더 많이 과세해서 이를 분배하는 세금제도가 좋다고 생각할 것이다. 그러나 이렇게 해서는 만인에게 공평한 사회가 만들어지지 않는다. 그 때문에 우선 개개인이 사회 속에서 어떤 처지에 있는지를 잊고 있는 상태를 가정해야 한다고 롤스는 말한 것이다.

그러나 로트스테인은 이런 가정이 무리라고 지적한다. 더군다나 사람들에게 갑작스레 [자기보다는] 사회를 생각하라고 말하는 것도 무리이다. 원래 사회에서 새로운 제도를 만들 경우, 이 제도가 항상 만인에게 이익일 것이라고 주장될 것이기에, 결과적으로 힘이 강한 것, 목소리가 큰 것의 이익으로 통해 버릴 수도 있다.

그렇다면 어떻게 사회관계자본을 늘리고 사회에서 공정성과 효율성을 양립시킬 수 있을까. 원래 사람들 사이에서 신뢰가 있기 때문에 사회제도나 정책이 신뢰받는 것인가, 아니면 사회제도나 정책이 신뢰받기 때문에 사람들 사이에서 신뢰가 생기는 것인가. 앞서 말한 신뢰의 정도와 복지의 정도의 인과관계의 문제와 마찬가지로, 이른바 '닭이 먼저냐 달걀이 먼저냐'의 문제가 나타난다.

그러나 사람들 사이에 신뢰관계가 먼저 있고 그런 후에 사람들이 신뢰를 보내는 제도가 만들어지는 것이 아니다. 우선 공평무사한 제도가 있기 때문에 사람들의 신뢰가 생겨난다는 입장을 취하지 않는 한, 사회 속에서 신뢰를 높이기란 어렵다. 신뢰를 높이는 것은 실증을 할 수 있느냐의 문제가 아니라 뛰어나게 윤리적이고 논리적인 과제이다. 사회의 모든 구성원에게 공평한 보편주의적 정책이 있고 이런 정책이 사람들 사이의 신뢰를 높이는 작용을 한다는 인과관계를 가정하지 않으면, 문제는 해결되지 않는다. 세금제도를 예로 들면, 정책에 대한 신뢰도를 높이려면 우선 필요한 것이 모든 납세자를 수익자로 하는 것이다. 이렇게 해야 비로소 증세가 가능해진다. 반대로 어떤 특정한 목적을 위해 증세를 한다는 점이 강조될 경우, 그 사회의 신뢰가 없으면 증세는 어려워진다. 적어도 신뢰가 생성되려면 증세의 목적과 대상이 보편적이어야 한다. 즉, 특정한 누군가를 위한 정책이 **아니라**고 하는 '무사성(無私性)'이 없으면 개인 간의 신뢰는 생겨날 수 없다.

이런 논리는 사회심리학에서도 증명되고 있다.[27] 실험에서 관찰된 바에 따르면, 사람은 일반적으로 타인이 그 자신의 문제를 해결할 능력을 어느 정도 갖고 있더라도, 이런 이유만으로 그 타인을 신뢰하는 것은 아니라는 점이다. 사람은 타인이 지닌 객관적인 능력이 아니라 그 사람의 가치관, 그 사람이 신뢰할 만한 가치가 있는 인간인지 아닌지를 신뢰의 조건으로 삼는다.

이렇게 생각하면, 신뢰가 없는 사회에서 맨 처음 필요한 것은 '선의의 정치권력'이다. 그것은 개별적 이해관계에서 동떨어져 있고 선한 의도를 갖고 있어야 한다. 그것은 사람들을 공평하고 공정하게 다루는 권력, 즉 어떤 사람이든 선한 존재라고 전제하는 권력이어야 한다. 이 선의의 정치권력이 산출되어야만 신뢰가 없는 사회에 처음으로 [신뢰가 있는 사회로의] 단절(斷絶)이 생겨나고, 무에서 유를 만들어내듯이 사회 구성원을 포섭할 수 있는 제도가 만들어지는 것이다.

정치에서 빼놓을 수 없는 요소인 '신뢰'는 눈에 보이지 않고, 측정하기도 어렵다. 사회에서 '신뢰'는 사람들에게 물어보거나 사람들의

---

27　中谷內一也,《安全でも、安心できない… ─信頼をめぐる心理学》, ちくま新書, 2008.

행동 패턴을 분류할 때에만 파악될 수 있다. 이렇게 보면, 신뢰는 '거기에 있는 것'이라기보다는 '만들어지는' 것이다.

'신뢰(trust)'라는 개념은 '신용(confidence)'이나 '친근함(familiarity)'과 다르다. 사회학자 니클라스 루만의 분류에 따르면, '신용'은 대체 방안을 생각하지 않고 자신의 행동과 기대치를 이룰 수 있는 상황을 가리키며, '친근함'은 알지 못하는 것을 익숙한 것으로 변화시키는 것을 의미한다.[28]

루만은 이것들과는 반대로, 신뢰의 특징은 개인이 의식적으로 선택하는 결단의 계기를 포함하는 것이라고 한다. '신뢰할 수 있는가/할 수 없는가'가 아니라, '신뢰하는가/하지 않는가'가 중요한 것이다. 결단이 없으면, 신뢰는 무에서 생겨나지 않는다. 이와 반대로 신용이나 친근함은 그것이 있다는 것을 전제로 행동하는 것을 가능하게 하는 것이며, 개인의 주체성은 필요 없다.

세상에 신뢰가 없으면 개인은 신용과 친근함의 영역을 넘어선 차원, 즉 사회적 존재로서 행동할 수 없게 된다. 신뢰는 필연적으로 타자에 대한 주체의 '관여'를 요구하기 때문이다. 그래서 신뢰에는 후회나 잘못이 따라붙을 가능성이 있다고 루만은 지적한다. 신뢰에 부응해 자신이 기대한 대로 세상이 움직이는 것은 아니다. 그렇다고 해서 세상이 어떻게 움직이는지를 합리적으로 계산하고 행동하면 신뢰가 생긴다는 것도 아니다. 왜냐하면 인간은 전지전능한 존재가 될 수 없기 때문이라고 한다.

---

28 Niklas Luhmann, "Familiarity, Confidence, Trust: Problems and alternatives", in Diego Gambetta (ed.), *Trust: Making and breaking cooperative relations*, Oxford University Press, 2000.

정치학자 데이비드 이스턴은 민주정치가 자신들에게 이익을 가져다준다고 보는 '도구주의적' 측면뿐만 아니라, 민주정치 자체가 선이라고 보는 '애정'이 없으면 민주정치가 안정되지 않는다고 지적한 적이 있다.[29] 다시 말해 민주정 아래에서의 좋은 시민이란 정치를 다루는(handling) 능력을 갖고 있을 뿐 아니라, 민주정에 대한 애착도 갖고 있어야 한다. 민주주의라는 추상적인 제도가 아니라 민주주의에 대한 구체적인 애착을 가지려면 타인에 대한 신뢰를 경유할 필요가 있다.

과거의 면대면인 원시적 사회(게마인샤프트, 본질적인 요소에 의해 연결된 사회)에는 '신뢰'가 있었으나, 근대의 분업적 사회(게젤샤프트, 사회의 구성원이 각자의 이익을 통해 연결된 사회)가 되자 '신뢰'가 상실되었다는 시각이 꼭 옳은 것은 아니다. 사상가 애덤 셀리그먼은 루소가 말한 '일반의지'라는 픽션, 즉 '전체의 부분의 불가분의 것의 일부'가 근대에 요청된 것은, 그것이 옳은 것이라는 규범적 가치였기 때문이 아니라 그것이 없으면 근대사회가 붕괴돼 버릴 수 있었기 때문이라고 말한다.[30] 즉, 일반의지는 사회를 만들기 위해 **굳이** 발명된 것이다. 루소만 이렇게 본 것이 아니다. 사회에 있어서 공감과 연대, 동정이 중요하다는 것은 애덤 스미스, 파스칼, 뒤르켐 같은 많은 사상가가 부르짖은 것이기도 했다. 이들의 사상은 신뢰를 근대에서 복권시키려 한 것이 아니다. 이들은 근대라는 시대는 사회에 신뢰가 없으면 개인의 자유도 성립하지 않는 구조를 갖고 있음을 공통적으로 이해했다. 개인

---

29  David Easton, *A Systems Analysis of Political Life*, Wiley, 1965, 1980.

30  Adam Seligman, *The Problem of Trust*, Princeton University Press, 1997.

이 자연(신)의 공동체에서 이탈할 수밖에 없다면, 사람은 이를 대신해 안전과 자유를 자신에게 보장해 줄 것을 찾아내고 자기 손으로 창출해 내야만 한다.

다시 말해 신뢰는 있느냐 없느냐, 혹은 있어야 하느냐 아니냐 같은 차원에서 파악되는 것이 아니다. 사회가 사회이려면 신뢰는 불가결하다. 타인 자유의 증대가 자기 자유의 축소를 의미하지 않는 사회, 즉 타인을 신뢰함으로써 자신의 자유가 확대되는 사회가 만들어져야 한다. 만일 타인에 대한 신뢰가 없다면, 이제부터라도 창출되어야 한다. 만약 창출할 수 없다면, 발명되어야 한다. 그다지 어렵지 않을 것이다.

## 저자 후기

이 책은 엄밀한 의미에서 시론(essay)이다. 짓궂은 관점에서 보면, 학문으로 분장한 수필처럼 받아들여질지도 모른다. "정치와 감정", "정치와 관계성" 같은 주제를 관철시키려면 문학이나 철학의 영역으로 더 쳐들어가서 말할 수 있었을지도 모른다.

그러나 필자의 전문 영역은 어찌됐든 정치학이다. 만일 정치학에 왕도의 접근법이라는 것이 있다면, 역사적이거나 사상사적일 수밖에 없다. 그러나 역사에도 사상에도 어중간한 필자는 결국 그 절충을 선택했다. 그래도 적어도 지금까지의 정치학의 주류 패러다임에 도전했다는 마음가짐은 갖고 있다. 그것에 성공하고 있는지 아닌지는 별개의 논의이지만, 정치학이란 이런 자기반성이나 재정의를 허용했던 몇 안 되는 학문의 하나이며, 그 때문에 혁신을 거듭해 왔다는 것도 확실하다. 그래서 나처럼 건방지게 구는 것도 허용할 것이다.

좁은 의미의 전문 분야를 넘어서 이론과 사례, 사상가의 담론을 종횡무진 펼쳤기 때문에, 세세한 점에서는 의문이 남는 부분도 있을지 모른다. 참조하거나 언급한 서적이나 연구 외에도 다룰 가치가 있는 것도 많이 있다. 다만, 이 책이 호소하고 싶은 것에서 중요한 것은, 주제를 밝히기 위한 도구의 사용법이 옳은지 아닌지가 아니라, 그런 도구를 사용해 주제가 충분하게 밝혀졌는가 아닌가이다. 이 책에서 말하고 싶었던 것은, 정치란 타자를 전제로 할 수밖에 없다는 것, 그중에서 정치적인 것이 항상 끊임없이 변하고 재정의를 겪기 때문에 정치란 사람들의 끊임없는 참여를 전제로 하고 있다는 것이다. 만일 반시대적인 서술이나 도발적인 말투가 있다면, 그것은 지금까지 정치학이 인간존재를 불충분하게만 파악했던, 혹은 파악할 수밖에 없었다고 필자가 느꼈던 이런 불완전성을 어떻게든 메우기 위해 감히 그런 말투를 포함시킨 것이라고 이해해 주기 바란다. 이런 접근법이나 주장이 성공을 거두었는지는 독자 여러분의 이해와 판단을 바란다.

이 책을 쓰게 된 발단은 고단샤의 아오야마 유우(青山遊) 씨에게서 받은 편지다. 편지에서 달필가인 유우 씨는 내가 지껄인 활자화된 내용을 우연히 보고 흥미를 느껴 이를 발전시킨 책을 쓰지 않겠냐고 권유했다. 그 후 일부러 삿포로의 연구실까지 찾아와 한바탕 의견을 주고받을 기회를 갖게 됐다. 다소 즉흥적으로 지껄인 내용에 대해 후회하는 마음이 없지는 않았지만, "정치학은 인간관계를 어떻게 분석합니까?"라는 또래 편집자의 질문은 내게 하나의 '도전장'으로 여겨졌다. 그 후 의견을 주고받으면서 이 책을 구상하게 되었다.

그러나 이렇게 하고 있는 동안에 출판된 《포퓰리즘을 생각하다 : 민주주의 재입문(民主主義への再入門)》(2011년)의 마지막 장에서 제기

한 문제, 즉 사람은 어떤 경우에 정치에 참여하고 싶다고 생각하는가, 그 참여의 메커니즘은 무엇인가 등에 관해 깊이 파고들어 논의하고 싶다고 평소 생각하고 있었던 것도 사실이다. 그런 이유로 이 책은 (아무런 대비도 하지 않은 채) 내가 열었던 물음을 (불충분한 형태로) 스스로 닫기 위한 것이기도 하다. 보람 있는 작업이었다.

이 책의 원형은 2년에 걸친 안식년 동안에 완성됐다. 그렇지만 안식년 동안 내가 체류한 외국 땅의 공기가 담겨 있지는 않을 것이다. 다만 공동체 속에서 개인으로서 행동하는 것이 요구되기에 관계성에 신경을 쓰는 미국 사회와, 개인이면서도 공동체 일원으로 행동하는 것이 요구되기에 관계성에 반드시 신경을 써야만 하는 프랑스 사회 사이에서 놀라고 고민하고 번민한 자의식이 반영되어 있을지도 모른다. 그래서 이 책을 쓰는 작업은 마르크스가 말했듯이, 내 자신을 사회적 존재로서 의식하는 것과도 같았다. "내가 학문적 활동에 종사하고 있을 때 … 나는 인간으로서 활동하고 있기 때문에, 사회적 존재이다."(《경제학 철학 초고》)

사회적 존재라고 한 것은 이러저러한 장소에서 필자의 서투른 생각에 귀를 기울여 준 국내외 지인, 친구, 연구 동료가 있어 줬다는 뜻이기도 하다. 그중에서도 필자를 따뜻하게 맞아 준 파리정치학원 정치연구센터(CEVIPOF)의 파스칼 페리노(Pascal Perrineau), 안느 뮉셀(Anne Muxelle), 앙리 레이(Henri Rey) 외 직원분들, 이 학원의 아시아센터(Centre Asie de Sciences Po)의 세라(Régine Serra) 씨 외의 직원분들, 프랑스 국립사회과학고등연구원 일불재단(EHESS Fondation France-Japon)의 세바스티앙 르슈발리에(Sébastien Lechvalier)에게도 감사드리고 싶다.

바쁘게 돌아다니기도 해서, 활자화하겠다고 약속한 지 3년이나 지나 버렸다. 그 사이에 편집 작업은 쇼자와 준(所澤淳) 씨에게 넘겨졌다. 이렇게 해도 저렇게 해도 바짝 졸아들었던 필자가 책을 마칠 수 있었던 것은 절묘하게 이끌어 준 쇼자와 씨 덕분이다. 필자는 그의 몸을 망가뜨리기도 했고, 끝까지 괴롭히고 말았다. 조금이라도 읽기 쉬운 문장이 됐다면, 그것은 저자 일반이 바랄 수 있는 것 이상으로 정중하게 편집을 해 주셨기 때문이다. 물론 이렇게 고생해 만든 내용이 유우 씨와 쇼자와 씨의 기대에 부응할지는 염려되지만, 도전의 기회를 준 두 분께 우선 감사드리고 싶다.

적어도 지금까지 내가 상상해 왔던 정치의 원형 같은 것을 이 책에서 포착할 수 있기 때문에 내 개인적으로는 만족한다. 신출내기 정치학자일 때부터 관심이 가는 대로, 굳이 말하면 산문 같은 논고(혹은 논고 같은 산문)를 썼는데, 아마 정치학자로서의 과도한 의욕이 허용되는 것은 여기까지일지 모른다. 이제부터는 연구자로서 의식적으로 금욕해야 한다고 반성하고 있다. 그러므로 지금부터는 당분간 성호를 긋듯이, 정치사의 세계에 푹 잠기고 싶다.

물론 이런 글을 쓸 시간과 공간을 준 직장, 그리고 하나하나 이름을 대진 않겠지만, 날마다 지적 자극을 주는 선후배, 동년배, 학생 여러분께 깊이 감사드린다. 초고를 처음 읽어 주신 분이 홋카이도 대학 법학부의 정치 강좌 스태프를 유형무형으로 뒷받침해 주고 있는 다나카 미도리(田中みどり) 씨였다. 머리 숙여 감사드린다. 잘못된 곳이 있다면 그것은 온전히 필자가 책임져야 한다.

마지막으로 사사롭긴 하지만 이 책을 둘도 없는 벗인 KJ 군에게 바친다. 내가 이 책의 구상을 처음 밝힌 것도 그였다. "자살하기 전에 너를 만나야겠다고 생각하고" 삿포로에 왔던 그가 어제 일처럼 떠오른다. 그날 그와 밤새워 이 책의 주제에 관해 인생론과 뒤범벅된 채 이런저런 얘기를 나눴다. 그러나 아마 이 세상의 관계성이 가져다주는 무게를 견디지 못한 그는 예언한 대로 스스로 목숨을 끊어 버렸다. "스피노자처럼 렌즈를 가는 장인이고 싶다"고 말했던 그는 내 글에 대한 가장 좋은 비판자였다. 이 책이 조금이라도 그의 영혼을 달래 주기를 빈다.

2014년
요시다 도오루

## 옮긴이 후기

이 책의 원제인 《감정의 정치학》을 통해서든, 한국어 번역본 제목을 통해서든 곧바로 감정이라는 단어의 의미적 연쇄망을 떠올리는 사람도 적지 않을 것이다. '정념', '정서', '정동', '감상(感傷)', '심정', '기분'(passion, affect, emotion, sentiment, feeling 또는 Leidenschaft, Gefühl, Gessinung) 등등.

그러나 이 책은 이런 의미적 연쇄망을 규명하는 것이라고 보기는 어렵다. 위에서 나열된 용어를 구별하여 사용하거나 번역어를 어떻게 배정해야 하는지에 대한 '학(學)'적인 치밀한 논의가 이 책에서 이뤄지는 것은 아니기 때문이다. 이런 용어들이 마음(정신)의 상태를 가리키는 것인지, 어떤 상황에 직면할 때마다 생겨나는 마음의 움직임을 가리키는 것인지 뚜렷하게 변별되어 사용되고 있지 않은 것이다.

그렇지만 마음이 기본적으로 내향적인 측면과 외향적인 측면을 갖고 있기도 하고 개인적 측면과 집단적 측면을 모두 갖고 있다는 점을 감안하면, 비록 개념 정의 수준의 논의는 없다고 해도 이에 대한 충분히 시사적인 논의가 전개되고 있다는 점은 부정할 수 없다.

다른 한편, 감정이나 정서가 인간의 규범적 판단 혹은 기대와 불가분의 관계를 맺고 있다고 보는 사람이라면, 이 책이 이런 기대를 충족시킬 것이라는 바람은 접는 편이 좋겠다. 〈서론〉에서 저자가 이런 논의를 하지 않겠다고 분명히 단언하고 있기 때문이다.

알다시피, 감정(정념, 정동, 정서)과 정치는 고전고대의 사상으로까지 소급되는 큰 주제이며, 따라서 이 문제에 대해 관심을 기울일 때 거기에는 갖가지 사연과 사정이 있기 마련이다. 그럼에도 불구하고 오늘날 이 문제에 대해 관심을 기울일 때, 대체적인 출발점은 이성이나 이익(이해관계)의 문제로는 환원될 수 없는 정치사회의 복잡한 양상들을 조망해 보려는 야심일 것이다. 이때 감정이나 정념은 규제되거나 통제되어야 할 비이성적인 것, 반지성적인 것, 병리적인 것이 아니다. 이에 따라 정치적 공간 역시 이해관계를 둘러싼 갈등을 조정하는 과정으로 환원되지 않는다. 오히려 정치적 공간에는 가치관이나 세계관이 다원적으로 존재하며 그리하여 이것들 사이의 갈등을 피할 수 없는 곳이라고 이해한다. 그러므로 이런 갈등에는 어떤 가치관이나 세계관에 대한 헌신이나 애착, 관여, 충실성 등과 같은 정념적 요소가 항상 들어 있을 수밖에 없다. 이는 정치를 '공적 이성' 대 '사적 신념'이라는 이분법으로 이해하려 들지 않으며 또 이렇게 이해할 수도 없다는 생각을 뒷받침해 준다. 그러니까 감정이나 정념을 사적 공간에 가둬 버리지 않고 정치사회와 같은 공적 공간과 어떻게 연동시켜 논의하고 고민할 것인가의 문제가 놓여 있는 것이다.

이런 점에서 감정의 문제는 인간이 자기 자신과, 더 나아가 타자와 어떻게 관계를 맺는가의 문제와 불가분하다. 인간이 자기 자신에 대해, 타자에 대해 품고 있는 감정은 인간이 서로를 어떤 존재로 승인하고 평가하려 드느냐에 따라 규정되는 간주관적인(사회적인) 것이라는 논의는 이것과 직결된다. 자존, 선망(羨望), 분노, 부끄러움(수치심), 슬픔 등의 감정적 반응을 개인적인 것으로 간주하는 대신, 이를 사회적이면서도 때로는 공유 가능한 것으로 여기는 것. 이는 감정을 무정형(amorph)적인 것으로 다루지 않는다는 것을 뜻한다.

더 나아가 대개 감정(정념)은 수동적으로 생기는 것이고, 이런 의미에서 인간의 능동적 의도에 반하거나 어긋나는 부분이 있다는 것도 감정의 메커니즘에 관심을 기울이는 이유 중 하나일 것이다. 감정에는 억제하기 힘든 것, 참기 힘든 것이 있다. 그리고 때로 이렇게 억제하기 힘든 마음의 움직임을 감정이나 정념, 혹은 이와 유사한 말로 표현되곤 했다. 이런 마음의 움직임은 한편으로 자기와 타자의 대립을 부추기는 모습으로 작동되거나 이를 위해 동원되기도 한다. 그러나 다른 한편으로는 자기 자신뿐 아니라 타자에게도 자기 자신을 열어 두고 기존의 관계방식을 바꿔 나갈 가능성을 끌어내기도 한다. 이렇게 보면 감정을 자기 자신과 타자를 연결하는 의사소통의 매체 중 하나로 간주하고, 이를 담론적 소통과 더불어 정치적 삶에 어떻게 자리매김할 수 있는가는 삶의 방식, 역사적 경험이 다른 인간들이 서로 교섭하고 이를 유지해 나가는 과정에서 절실한 물음거리일 것이다.

특히 정치의 위상이 크게 흔들리거나 변동되고 있을 뿐 아니라 불안과 긴장으로 채워진 삶을 매일 어쩔 수 없이 영위하고 있는 우리에게, 인간의 정념을 어떻게 민주주의적인 의사형성 및 의사결정의 회로와 접속시킬 것인가는 중요한 과제 중 하나이다. 감정은 때때로 반민주적인 회로로 흘러들기도 한다. 그러나 특정한 타자를 증오나 원한, 혐오의 표적으로 삼지 않는 회로를 어떻게 '대항'적으로 만들어낼 것인가는 낡은 문제이면서도 새로운 문제이다. 감정의 작용은 정치에 있어서 집합적 주체의 (재)구축과 분리하기 힘들다. 특히 기존 질서에 대한 의구심이 커지고 그 명백성이 의심을 받게 될 때, 무엇보다 '집단적 동일화'에 있어서 감정의 역동적 메커니즘에 대해 주목할 수밖에 없다. 군중, 인민, 민중에 대한 논의가 번역을 통해서든 용어 정의를 통해서든 꾸준하게 이어지는 것 역시 이런 메커니즘을 분석하는 시도의 일환이라 볼 수 있다.

이런 점에서 볼 때 이 책의 장점은 무엇보다 규범적 논의를 피함으로써 현실에서 감정이 작동되는 여러 양상과 방식을 때로는 문헌 검토를 통해, 때로는 통계 자료를 통해 적절하게 드러내고 있다는 점에 있을 것이다. 실제로 '권력을 해방하는 에이즈 연합'(ACT UP)에서 혐오에 대해 혐오로 맞선 방식에 대한 언급 등은 지금의 한국에서 벌어지고 있는 '일베', '메갈리아' 등에 대해 일정한 통찰의 발판을 제공해 준다.

이 책은 대중적이면서도 학술적인 성격을 둘 다 띠고 있다. 이는 두 쪽의 욕구를 충족시킬 수 있다는 의미인 동시에 더 나은 고찰이 남겨져 있다는 의미이다. 특히 앞에서 감정과 정치에 관한 주요 물음들 중 몇 가지에 대해 옮긴이가 언급한 것은 더 많은 이론적 고찰을 필요로 한다. 이와 관련해 옮긴이는 데이비드 흄의 정념론에 대해 흥미를 갖고 있는데, 그 까닭은 흄의 논의가 근대적 통치성의 수립에 있어서 홉스, 로크, 루스 등과는 다른 결을 갖고 있다고 보기 때문이다. 이것은 불가피하게 규범적 고찰을 필요로 할 뿐 아니라 푸코의 통치성 논의와의 접합 혹은 대결을 요구할 것이다. 그만큼 이 자리에서 논의하기는 어렵기 때문에, 조만간 이에 관한 고찰을 전개하고 싶다. 그리고 이때에도 이 책은 귀중한 자양분 역할을 할 것이라 생각한다.

즐겁고 가볍게 읽어 주시리라 믿는다. 그만큼 묵직한 사유의 무기로 사용하실 것이라 믿어 의심치 않는다.

2015년 10월 5일
전주 가는 길에

## 참고문헌

### 서론

Karl Mannheim, *Ideologie und Utopie*, (Cohen, 1929).

Martha Nusbaum, *Political Emotions*, (Harvard University Press, 2013).

今村仁司, "理性と欲望の政治学",《現代思想》, 1986년 8월 호.

白石一文,《この胸に深々と突き刺さる矢を抜け(上下)》, (講談社, 2009).

佐伯胖,《「きめ方」の論理》, (東京大学出版会, 1980).

### 1장

Alain Caillé, *Critique de la raison utilitaire*, (La Découverte, 1989).

Albert O. Hirschman, *The Rhetoric of Reaction: Perversity, Futility, Jeopardy*, (Belknap Press of Harvard University Press, 1991).

Alfie Kohn, *Punished by Rewards*, (Replica Books, 1993).

Amartya Sen, "Rational Fools: A Critique of the Behavioural Foundations of Economic Theory"(1977), *Choice, Welfare, and Measurement*, (MIT Press, 1982).

Anthony Giddens, *The Consequences of Modernity*, (Stanford University Press, 1990).

Arthur Lupia, Mathew D. McCubbins, Samuel L. Popkin, "Beyond Rationality: Reason and the Study of Politics", in Arthur Lupia et al., *Elements of Reason*, (Cambridge University Press, 2000).

Braud, Philippe, *L'Émotion en Politique*, (Les Presses de Sciences Po, 1996).

Daniel Gaxie, "Rétributions du militantisme et paradoxes de l'action collective", in *Swiss Political Science Review*, vol. 11, no. 1, 2005.

Daniel Kahneman, *Thinking, Fast and Slow*, (Farrar, Straus and Giroux, 2011).

Dominique Moïsi, *The Geopolitics of Emotion: How Cultures of Fear, Humiliation, and Hope are Reshaping the World*, (Anchor Books, 2010).

Elmer E. Schattschneider, *The Semi-sovereign People: A Realist's View of Democracy in America*, (Holt, Rinehart and Winston, 1960).

Frans de Waal, *The Age of Empathy: Nature's Lessons for a Kinder Society*, (Crown, 2009).

Harold D. Lasswell, *Psychopathology and Politics*, (The University of Chicago Press, 1930).

J. S. Mills, *Considerations on Representative Government*, 1861.

Jean-Paul Sartre, *Esquisse d'une Théorie des Emotions*, (Le Livre de Poche, 1939, 2000).

Jon Elster, *Alchemies of The Mind*, (Cambridge University Press, 1999).

——, *Reason and Rationality*, (Princeton University Press, 2009).

Marcel Mauss, *Essai sur le don: Forme et raison de l'echange dans les societes archaiques*, 1925.

Max Horkheimer, *Eclipse Of Reason*, (Oxford University Press, 1947).

——, *Notes Critiques (1949-1969)*, (Payot, 1993).

Murray Edelman, *The Symbolic Uses of Politics*, (University of Illinois Press, 2nd, 1985).

Murray J. Edelman, *Constructing the Political Spectacle*, (University of Chicago Press, 1988).

Pierre Bourdieu, *Le sens pratique*, (Éditions de Minuit, 1980).

——, *Raisons Pratiques : Sur la Théorie de l'Action*, (Seuil, 1994).

Pierre Clastre, *La Société Contre l'État*, (Minuit, 1974).

Pippa Norris (ed.), *Critical Citizens*, (Oxford University Press, 1999).

Roberts Wess and Bill Ross, *Star Trek: Make It So: Leadership Lessons from Star Trek*,

(Pocket Books, 1996).

Rom Harté (ed.), *The Social Construction of Emotions*, (Blackwell, 1986).

Russell J. Dalton, *Democratic Challenges, Democratic Choices*, (Oxford University Press, 2004).

Stephen Fineman (ed.), *Emotion in Organizations*, (Sage Publications, 1993).

Victor Witter Turner, *Dramas, Fields, and Metaphors: Symbolic Action in Human Society*, (Cornell University Press, 1974).

Émile Durkheim, *Les formes élémentaires de la vie religieuse*, 1912.

シモーヌ・ヴェイユ, "女子製錬工の生活とストライキ(職場占拠)",《シモーヌ・ヴェーユ著作集I》, 根本長兵衛 訳, (春秋社, 1968).

モース・マルセル,《贈与論》, 土田禎吾・江川純一 訳, (ちくま学芸文庫, 2009).

加藤淳子・井手弘子・神作憲司, "ニューロポリティックス(神経政治学)は政治的行動の理解に寄与するか",《レヴァイアサン》, vol. 44, 2009.

犬飼裕一,《方法論的個人主義の行方―自己言及と社会》, (勁草書房, 2011).

濱野智史,《前田敦子はキリストを超えた―「宗教」としてのAKB48》, (ちくま新書, 2012).

山本佐門,《ドイツ社会民主党日常活動史》, (北海道大学図書刊行会, 1995).

三宅洋平・岡本俊浩,《「選挙フェス」17万人を動かした新しい選挙のかたち》, (星海社新書, 2014).

篠原一,《ヨーロッパの政治―歴史政治学試論》, (東京大学出版会, 1986).

矢野智司,《贈与と交換の教育学―漱石, 賢治と純粋贈与のレッスン》, (東京大学出版会, 2008).

神島二郎,《磁場の政治学―政治を動かすもの》, (岩波書店, 1982).

宇野重規・田村哲樹・山崎望,《デモクラシ−の擁護―再帰化する現代社会で》, (ナカニシヤ出版, 2011).

齋藤純一, "デモクラシ−における理性と感情", 齋藤純一・田中哲樹 編,《アクセスデモクラシ−論》, (日本経済評論社, 2012).

齋藤純一, "特集にあたって",《思想》, no. 1033, 2010.

竹中幸史,《フランス革命と結社―政治的ソシアビリテによる文化変容》, (昭和堂, 2005).

蒲島郁夫・井手弘子, "政治学とニュ−ロ・サイエンス",《レヴァイアサン》, vol. 40,

2007.

丸山眞男,《日本の思想》, (岩波新書, 1961).

〈아사히신문〉 2013년 4월 17일 자 조간.

## 2장

Adam Przeworski, "Deliberation and Ideological Domination", in Jon Elster (ed.), *Deliberative Democracy*, (Cambridge University Press, 1998).

Alan S. Zuckerman (ed.), *The Social Logic of Politics*, (Temple University Press, 2005).

Alexis de Tocqueville, *De la democratie en Amerique*, 1835.

Angus Campbell and Gerald Gurin and Warren E. Miller, *The Voter Decides*, (Row, Peterson & Company, 1954).

Anne Muxele, *Avoir 20 ans en Politique*, (Seuil, 2010).

Annick Percheron, *La socialisation politique*, (Armand Colin, 1993).

Anthony Downs, *An Economic Theory of Democracy*, (Harper & Row, 1957).

Auguste Comte, *Discours sur l'Esprit Positif*, (Vrin, 1842, 2010).

Bernard Manin, "Comrnent promouvoir la deliberation democratique? Priorite du debat contradictoire sur la discussion", in *Raisons Politiques*, vol. 42, 2011.

Bernard R. Berelson et. al., *Voting : A Study of Opinion Formation in a Presidential Campaign*, (The University of Chicago Press, 1954).

David Easton and Jack Dennis, *Children in the Political System: Origins of Political Legitimacy*, (McGraw-Hill, 1969).

Donald D. Searing et al., "The Structuring Principle: Political Socialization and Belief Systems", in *American Political Science Review*, vol. 67, issue 2, 1973.

Erich Fromm, *Escape from Freedom*, 1941.

Gabiel Tarde, *L'opinon et la Foule*, (PUF, 1901, 1989).

Gabriel A. Almond and Sidney Verba (eds.), *The Civic Culture: Political Attitudes and Democracy in Five Nations*, (Princeton University Press, 1963).

Hans, J. Eysenck, *The Psychology of Politics*, (Routledge, 1957).

Herbert Simon, *Organizations*, (Wilye, 1958, 1965).

Hilde T. Himmelweit et al., *How Voters Decide: A longitudinal study of political atti-*

*tudes and voting extending over fifteen years*, (Academic Press, 1981).

Laura Stoker and M. Kent Jennings, "Political Similarity and Influence between Husbands and Wives", in Alan S. Zukerman (ed.) *The Social Logic of Politics: Personal networks as contexts for political behavior*, (Temple University Press, 2005).

Loïc Blondiaux, *Le Nouvel Esprit de la Democratie : Actualite de la democratie participative*, (Seuil, 2008).

M. Kent Jennings and Gregory B. Markus, "Partisan Orientations over the Long Haul: Results from three-wave political socialization panel study", in *The American Political Science Review*, vol. 78, no. 4, 1984.

Max Horkheimer, "Authority and the Family"(1936), *Critical Theory : Selected essays*, (Herder & Herder, 2007).

Morris, P. Fiorina, *Retrospective Voting in American National Elections*, (Yale University Press, 1981).

Nina, S. Eliasoph, *Avoiding Politics: How Americans Produce Apathy in Everyday Life*, (Cambridge University Press, 1998).

Paul Allen Beck and M. Kent Jennings, "Family Traditions, Political Periods, and the Development of Partisan Orientations", in *The Journal of Politics*, vol. 53, no. 3, 1991.

Paul F. Lazarsfeld et al., *The people's choice: How the voter makes up his mind in a presidential campaign*, (Columbia University Press, 1944, 1968).

Robert Daniel Hess and Judith V. Tomey-Purta, *The Development of Political Attitudes in Children*, (Aldine Pub. Co., 1967).

Sidney Verba, *Small Groups and Political Behavior : A Study of Leadership*, (Princeton University Press, 1961).

Sophie Duchesne and Florence Haegel, "Avoiding or Accepting Conflict in Public Talk", in *British Journal of Political Science*, vol. 37, no. 1, (Cambridge University Press, 2007).

T. W. Adorno and Else Frenkel-Brunswik and Daniel Levinson and Nevitt Sanford, *The Authoritarian Personality*, 1950.

Valdimer O. Key and Frank Munger, "Social Determinism and Electoral Decision: The Case of Indiana", in Eugene Burdick & Arthur Brodbeck (eds.) *American vot-*

*ing Behavior*, (Free Press, 1959).

Émile Durkheim, *L'Éducation morale, cours dispensé à la faculté des lettres de l'université de Paris, 1902-1903*, (Librairie Félix Alcan, 1925).

ゲオルク・ジンメル,《闘争の社会学》, 堀喜望・居安正 訳, (法律文化社, 1923, 1966).

岡村忠夫, "現代日本における政治的社会化―政治意識の培養と政治家像",《年報政治学 1970―現代日本における政治態度の形成と構造》, 日本政治学会 編, (岩波書店, 1971).

岡村忠夫, "現代日本における政治的社会化―政治意識の培養と政治家像",《年報政治学 1970―現代日本における政治態度の形成と構造》, 日本政治学会 編, (岩波書店, 1971).

渡辺将人,《見えないアメリカ―保守とリベラルのあいだ》, (講談社現代新書, 2008).

米倉律・原由美子, "人々の政治·社会意識とメディアコミュニケーション：'日·韓·英公共放送と人々のコミュニケーションに関する 国際比較ウェブ調査'の2次分析から",《放送研究と調査》, 9월 호, 2009.

三宅一郎 編,《合理的選択の政治学》, (ミネルヴァ書房, 1981).

石橋章市朗, "高校生の政治的有効性感覚に関する研究",《ソーシャル・キャピタルと市民参加》, (関西大学経済・政治研究所, 2010).

市野川容孝, "交着する身体",《身体をめぐるレッスン4》, 鷲田清一・荻野美穂ほか 編, (岩波書店, 2007).

岩瀬庸理, "政党支持態度の形成と家族の役割―高校生の場合",《評論・社会科学》, 第12号, (同志社大学人文学会, 1977).

原田唯司, "大学生の政治不信に及ぼす政治的自己効力感の影響",《静岡大学教育学部研究報告 人文·社会科学 篇》, 第52号, 2002.

原田唯司, "政治的有効性感覚, 政治に対するイメージと政治的態度の関連",《静岡大学教育学部研究報告 人文·社会科学 篇》, 第44号, 1994.

田中愛治ほか,《2009年, なぜ政権交代だったのか―読売・早稲田の共同調査で読みと〈日本政治の転換》, (勁草書房, 2009).

田村哲樹,《熟議の理由―民主主義の政治理論》, (勁草書房, 2008).

丸山眞男, "個人析出のさまざまなパターン",《丸山眞男集 (第九巻)》, (岩波書店, 1986, 1996).

丸山眞男,《政治の世界》, (御茶の水書房, 1952).

〈아사히신문〉 2012년 12월 14일 자 조간.

## 3장

Andrew Gamble, *The Free Economy and the Strong State: the Politics of Thatcherism*, (Macmillan, 1988, 2nd ed., 1994).

Anthony Downs, "The Public Interest: Its Meaning in a Democracy", *Social Research*, vol. 29, no. 1, 1962.

Apostolis Papakostas, "Why is there No Clientelism in Scandinavia?: A comparison of the Swedish and Greek Sequences of Development", in Luis Roniger and Ayşe Güneş-Ayata (eds.), *Democracy, Clientelism and Civil Society*, (Lynne Rienner Publishers, 2001).

Casey Mulligan and Charles Hunter, *The Empirical Frequency of a Pivotal Vote*, NBER Working Paper no. w8590, November, 2001.

Colin Hay, *Why We Hate Politics*, (Polity Press, 2007).

Gérard Apfeldorfer, *Les Relations Durables*, (Editions Odile Jacob, 2004).

Guneş-Ayata (eds.), *Democracy, Clientelism and Civil Society*, (Lynne Rienner, 1994).

Herbert Kitschelt, "Linkages between Citizens and Politicians in Democratic Polities", in *Comparative Political Studies*, vol. 33, 2000.

Herbert Kitschelt, "The demise of clientelism in affluent capitalist democracies", in Herbert Kitschelt and Steve I. Wilkinson (eds.), *Patrons, Clients and Policies*, (Cambridge University Press, 2007).

Javier Auyero, *Pour People's Politics*, (Duke University Press, 2000).

Jean-Jacques Rousseau, *Émile*, in Œuvres complètes, t, 4., (Gallimard, 1762, 1969).

Jon Elster, "The market and the Forum: Three Varieties of Political Theory", in Jon Elster and Aanund Hyland, Aanund (eds.), *Foundations of Social Choice Theory*, (Cambridge University Press, 1986).

Karl Polany, Conrad M. Arensberg, Harry W. Pearson, *Trade and Market in the Early Empires: economies in history and theory*, (Free Press, 1957).

Lars Udehn, *The Limits of Public Choice*, (Routledge, 1996).

Martha Nussbaum, *Not for Profit: Why Democracy needs the humanities*, (Princeton

University Press, 2010, 2013).

Michael Gilsenan, "Against Patron-Client Relations", in Ernest Gellner and John Waterbury (eds.), *Patrons and Clients*, (Duckworth, 1977).

Oliver E. Allen, *The Tiger: The Rise and Fall of Tammany Hall*, (Addison-Wesley, 1993).

Patricia Funk, "Social Incentives and Voter Turnout: Evidence from the Swiss Mail Ballot System", in *Journal of the European Economic Association*, 2008.

Simona Piattoni (ed.), *Clientelism, Interests and Democratic Representation*, (Cambridge University Press, 2001).

William L. Riordon, *Plunkitt of Tammany Hall: A series of very plain talks on very practical politics*, (St. Martin's Press, 1993).

宮台真司ほか,《学校が自由になる日》, (雲母書房, 2002).

北野和希, "行き場を失った「賢い有権者―維新、巧みな戦略で比例第2党に」",《世界別冊 政治を立ての直す》, (岩波書店, 2013).

山岸俊男,《信頼の構造―こころと社会の進化ゲーム》, (東京大学出版会, 1998).

小林正弥,《政治的恩顧主義論(クライエンテリズム)―日本政治研究序説》, (東京大学出版会, 2000).

小坂井敏晶,《責任という虚構》, (東京大学出版会, 2008).

## 4장

Albert Otto Hirschman, *Shifting Involvements: Private Interest and Public Action*, (Princeton University Press, 1982).

Charles Tilly, *From Mobilization to Revolution*, (Addison-Wesley, 1978).

Christophe Broqua and Olivier Fillieule, "Act Up ou les raisons de la colère", in Traini C. (dir.), *Émotions. ... Mobilisation!*, (Presses de Sciences Po, 2009).

David A. Snow and Sarah. A. Soule, *A Primer on Social Movements*, (W. W. Norton, 2010).

David A. Snow, and Robert D. Benford, "Ideology, Frame Resonance, and Participant Mobilization", in B. Klandermans, H. Kriesi and S. Tarrow (eds.), *International Social Movement Research*, vol. 1, (Greenwich: JAI Press, 1988).

Deborah Gould, "Life During Wartime: Emotions and the development of Act Up", in *Mobilization*, vol. 7, no. 2, 2002.

Donatèlla Della Porta and Mario Diani, *Social Movements: An introduction,* 2nd ed., (Oxford, Blackwell, 2006).

Doug McAdam, "Au dela de l'analyse structurale: Vers une compreherision plus dynamique du recrutement et du disengagement dans les movements", in Olivier Fillieule (ed.), *Devenirs Militants,* (Belin, 2005).

Elias Canetti, *Masse und Macht,* (Claassen Verlag, 1960).

Eric Hoffer, *The True Believer: Thoughts On The Nature Of Mass Movements,* (Harper Collins, 1951).

Gaston Bachelard, *La Psychanalyse du Feu,* (Gallimard, 1938, 1999).

Gustave Le Bon, *Psychologie des Foules,* 1895.

Herbert Blumer, "Social Psychology", in Emerson Peter Schmidt (ed.), *Man and Society: A substantive introduction to the social science,* (Prentice-Hall, 1937).

Herbert Marcuse, *Eros and Civilization : A Philosophical Inquiry into Freud,* (Beacon Press, 1966).

J. S. Mills, *Considerations on Representative Government,* 1861.

James Jasper and Jeff Goodwin, "Emotions and Social Movements", In Jan E. Stets and Jonathan H. Turner (eds.), *Handbook of the Sociology of Emotions,* (New York: Springer, 2006).

Jeff Goodwin and James M. Jasper (eds.), *Rethinking Social Movements: Structure, meaning and emotion, Lanham,* (MD: Rowman & Littlefield Publishers), 2004.

Mancur Olson, *The Logic of Collective Action: Public Goods and the Theory of Groups,* (Harvard University Press, 1965, 2nd ed., 1971).

Olivier Fillieule and Danielle Tartakowsky, *La Manifestation,* (Presses de Sciences Po, 2008).

Serge Moscovici, *l'Age des Foules (nouvelle édition entierement refondue),* (Edition Complexe, 1981).

Sigmund Freud, "Psychologie des foules et Analyse du moi", in *Essais de Psychoanalyse,* (Payot, 1981).

Sigmund Freud, *Massenpsychologie und Ich-Analyse,* 1921.

Stéphane Hessel, *Indignez-vous!*, (Indigene Editions, 2010).

Susanna Barrows, *Distorting Mirrors : Vision of the crowd in late nineteenth-century France*, (Yale University Press, 1981).

Ted R. Gurr, *Why Men Rebel*, (Princeton University Press, 1970).

W. Kornhauser, *The Politics of Mass Society*, [The Free Press 1959(reprinted by Trans-action, 2008)].

岡本宏 編, 《「1968年」―時代転換の起点》, (法律文化社, 1995).

今村仁司, 《群衆―モンスター―の誕生》, (ちくま新書, 1996).

伊藤昌亮, 《フラッシュモブズ―儀礼と運動の交わるところ》, (NTT出版, 2011).


## 5장

Bernard Bruneteau, "La 'Rationalité' Totalité", in *Les Dimensions Émotionnelles du Politique*, (Presses Iniversitaires de Rennes, 2012).

Carl Schmitt, *Gespräch über die Macht und den Zugang zum Manchthaber*, (Günther Neske, 1954.)

Dana R. Villa, *Politics, Philosophy, Terror: Essays on the Thought of Hannah Arendt*, (Princeton University Press, 1999).

Dylan Evans, *Emotion : A Very Short Introduction*, (Oxford University Press, 2001).

George E. Marcus, *The Sentimental Citizen: Emotion in democratic politics*, (The Pennsylvania State University Press, 2002).

Hannah Arendt, *Eichmann in Jerusalem: A Report on the Banality of Evil*, 1969.

Hannah Arendt, *The Human Condition*, 1958.

Hannah Arendt, *The Origins of Totalitarianism*, (Harcourt, Brace and Company, 1951).

John Gray, *Two Faces of Liberalism*, (Polity Press, 2000).

Judith N. Shklar, "The Liberalism of Fear", Nancy Rosenblum (ed.), *Liberalism and the Moral Life*, (Harvard University Press, 1989).

Michael Ignatieff, *The Warrior's Honor: Ethnic War and the Modern Conscience*, (Chatto & Windus, 1998).

Pamela J. Conover and Stanley Feldman, "Emotional Reactions to the Economy: I'm mad as hell and I'm not going to take it anymore", in *American Journal of Science*, vol. 30, no. 1, 1986.

Raymond-Claude-Ferdinand Aron, *Les Étapes de la pensée sociologique*, (Gallimard, 1967).

Rebecca Kingston and Leonard Ferry, "Introduction", in Do. (eds.), *Bringing the Passions Back In: The emotions in political philosophy*, (University of British Columbia Press, 2008).

Richard J. Hofstadter, *The Paranoid Style in American Politics*, (New York: Vintage Books, 1964).

Sharon R. Krause, *Civil Passions: Moral sentiment and democratic deliberation*, (Princeton University Press, 2008).

Slavoj Zizek, "L'union européenne doit forger sa culture commune", in *Le Monde*, 24 fevrier, 2011.

Stanley Hoffman ed., *Political Thought and Political Thinkers*, (The University of Chicago Press, 1998).

Thomas Hobbes, *Elements of Philosophy*, 1640.

Thomas Hobbes, *Leviathan, or The Matter, Forme and Power of a Common-Wealth Ecclesiastical and Civil*, 1651년.

W. Russell Neuman et al., *The Affect Effect: Dynamics of emotion in political thinking and behavior*, (University of Chicago Press, 2007).

Waller R. Newell, *Tyranny: A new interpretation*, (Cambridge University Press, 2013).

古矢旬,《アメリカニズム―「普遍国家」ののナショナリズム》, (東京大学出版会, 2002).

田村哲樹, "熟議民主主義における'理性と情念'の位置",《思想》, no. 1033, 2010.

川崎修,《アレント―公共性の復権》, (講談社, 1998).

## 6장

Adam Seligman, *The Problem of Trust*, (Princeton University Press, 1997).

Barbara Misztal, *Trust in Modern Societies*, (Polity Press, 1996).

Bo Rothstein, *Social Traps and the Problem of Trust*, (Cambridge University Press, 2005).

Christian Carion, ⟨*Joyeux Noël*⟩.

David Easton, *A Systems Analysis of Political Life*, (Wiley, 1965, 1980).

Diego Gambetta, *The Sicilian Mafia: The business of private protection*, (Harvard University Press, 1993).

Francis Fukuyama, *Trust: The Social Virtues and The Creation of Prosperity*, (Free Press, 1995).

Francisco Herreros, "The State Counts: State efficacy and the development of trust", in *Rationality and Society*, vol. 24, no. 4, 2012.

Gabriel A. Almond and Sidney Verba (eds.), *The Civic Culture: Political Attitudes and Democracy in Five Nations*, (Princeton University Press, 1963).

Jean Renoir, *La Grande Illusion*, 1937.

Kenneth Arrow, "Gifts and Exchanges", in *Philosophy* & *Public Affairs*, vol. 1, no. 4, 1972.

Niklas Luhmann, "Familiarity, Confidence, Trust: Problems and alternatives", in Diego Gambetta (ed.), *Trust: Making and breaking cooperative relations*, (Oxford University Press, 2000).

Pippa Norris, "Introduction: The growth of critical citizens?", *Critical Citizens*, (Oxford University Press, 1999).

Robert Axelrod, *The Evolution of Cooperation*, (Basic Books, 1984).

Robert D. Putnam, *Bowling Alone: The Collapse and Revival of American Community*, (Touchstone Books by Simon & Schuster, 2001).

Robert D. Putnam, *Making Democracy Work: Civic Traditions in Modern Italy*, (Princeton University Press, 1993).

Susan J. Pharr, "Public Trust and Democracy in Japan", Joseph S., Jr. Nye et al. (eds.), *Why People Don't Trust Government*, (Harvard University Press, 1997).

Yann Algan et Pierre Cahuc, *La Société de Défiance: Comment le modèle social français s'autodétruit*, (Èdition Rue d'Ulm, 2007).

善教将大,《日本における政治への信頼と不信》, (木鐸社, 2013).

松本正生, "信頼と不信の狭間で―社会的事象としての世論調査", 田中一昭・岡田彰編著,《信頼のガバナンス―国民の信頼はどうすれば獲得できるか》, (ぎょうせい, 2006).

松原隆一郎,《長期不況論—信頼の崩壊から再生へ》, (NHKブックス, 2003).

数土直紀,《信頼にいたらない世界—権威主義から公正へ》, 動草書房, 2013.

猪口孝, "日本—社会関係資本の基盤拡充", ロバート・D・パットナム 編著,《流動化する民主主義—先進8ヵ国におけるソーシャル・キャピタル》, 猪口孝 訳, (ミネルヴァ書房, 2002, 2013).

井手英策,《日本財政転換の指針》, (岩波新書, 2013).

中谷内一也,《安全でも, 安心できない… —信頼をめぐる心理学》, (ちくま新書, 2008).

坂本治也,《ソーシャル・キャピタルと活動する市民—新時代日本の市民政治》, (有斐閣, 2010).

*New York Times*, 31 January 2012.

# 찾아보기

## ㄱ

가미시마 지로(神島二郎) 69

가브리엘 A. 앨먼드 281

가브리엘 타르드 121, 179, 184-191,
198

가스통 바슐라르 203

가와사키 오사무 236

가정(家庭) 45, 46, 91, 99, 98, 101, 104,
106-108, 110-112, 114-117, 119,
125, 127

가족/가족주의 15, 47, 48, 96, 98, 99,
100, 117, 217, 263, 264, 266, 284,
288

가처분 소득 93

가치관 47, 105, 108, 112, 116, 279, 295,
306

가톨릭 국가 265

간접세 258

감염 179, 180, 188, 189, 194, 198, 209,
223

감정(emotion) 54

감정(passion) 53

《감정 이론 개요》 54

감정의 모체(matrix) 58

강령 73, 160-162

강제수용소 34, 213, 229, 230, 233

개인의 합리성 293

객관적 가능성 45

객관적 이성 32, 34

거대이론(grand theory) 177

〈거대한 환상〉 269

거리의 민주주의 173

거부군중 207

거시 106, 160, 197, 230

게마인샤프트 297

게오르그 짐멜 126

게임이론 268
게젤샤프트 297
견고한 마음 87, 88
결단 41, 43, 54, 165, 296
결핍 80, 192, 201, 216
경기 둔화 259
경영/경영학 25, 41, 55, 67, 267
경쟁력 266
경제성장률 93, 258
경제인류학 166
경제정책 85, 142
《경제학 철학 초고》 302
경제협력개발기구(OECD) 285
경찰 108, 268, 275, 276
계급 43, 45, 53, 55, 60, 90, 92, 93, 143,
    162, 169, 175, 196, 223, 226, 227
계급 간 불균형 162
계급 격차 55
계급사회론 177
계급투쟁 53, 55
계몽주의 100, 101, 179, 199
계산 24, 26, 33, 35, 40, 45, 62, 64, 68,
    72, 77, 79, 87, 92, 95, 102, 103, 134,
    178, 195, 220, 268, 296
계획주의 178
고대 로마 76
고대 아테네 122
고대 힌두 76
고도불신사회 274, 290, 291
고도신뢰사회 291
고령화 14, 235, 274
고바야시 마사야 164
고용 환경 267

고이즈미 준이치로 93
고자카이 도시아키 139
공감 52, 62, 63, 70, 297
공개투표 74
공공/공공 공간/공공 부문/공공정신/
공공 투자 14, 15, 51, 75, 137, 142, 144,
    145, 150, 154-157, 160, 205, 237,
    241, 242, 259, 263, 288
공공선택론 142, 143
공공재 168, 262, 265, 287
공급 측면 142
공덕심(公德心) 265
공동 구입 262
공리주의 64, 198, 200
공민권 운동 105, 230
공산당 87, 88, 90, 115, 116, 221
공산주의 34, 67, 88, 188, 217, 218, 221,
    222
공유하는 것(common) 228
공적 제도 274, 288
공적 행위 210
공정 294, 295
공통세계(=공공성) 228, 236, 241, 242
공통의 코드 204
공평 293-295
공포 17, 52, 60, 174, 184, 186, 205,
    206, 210, 213-226, 230, 235-237,
    244-253
공포의 자유주의 219-221, 223
공포정치 74, 214, 219, 223, 226
공화파 222
관계 맺음 51, 68, 71, 167
관계성 16, 17, 35, 38, 45, 66-69, 75-77,

125, 126, 136, 138-142, 145, 151,
160, 167, 168, 170, 300, 302
관공서 275, 276
관료/관료제도 40, 217, 266, 275, 278
관여/비관여 7, 26, 35, 36, 71, 73-75,
77, 79, 116, 117, 119, 145, 146, 151,
154, 158, 167, 198, 241, 242, 280,
296, 306
관여·약속 35, 145, 146
관여·헌신 35, 36, 71, 73-75, 79, 119,
198
광기 13, 200, 208
교육수준 50, 287
교착 상태 269
교환관계 157, 162-164, 167, 266
교환의 정치 163
구매력 142
구매자 178
구성의 오류 267, 268, 272
9·11 테러 216
구제(救濟) 68
구조 개혁 267
구조 결정론 42
구조론 204
구조화된 구조 45
구조화 원리 107
구조화하는 구조 45
국가기구 266
국가 안의 국가 67
국가의 개입 266
국가의 대의 55
국가중심주의 142
국민경제 272

국민국가 156
국민주권 8
《국부론》 165
국익 55, 155
국제통화기금(IMF) 155
국회의원 114, 275
군국주의 56
군주 165, 243, 250
《군주론》 178, 250
《군중 : 괴물의 탄생》 175
《군중과 권력》 206
군중관 177, 179, 181, 182, 192
군중론 175-177, 179, 181, 187, 188,
196, 207, 208
군중사회론 177
굴욕 49, 50
〈굿(Good)〉 232, 233
권력을 해방하는 에이즈 연합(ACT UP)
204, 205, 308
권력체 226
권위 39, 55, 59, 64, 65, 99, 100, 101,
108, 109, 123, 142, 183, 283
《권위와 가족》 99
권위적 상징 55
권위주의 100, 142, 287
권위주의적 퍼스낼리티론 99
귀스타브 르 봉 179
귀족주의 176
귀화위원회 149
규범 37, 59, 79, 91, 95, 118, 125, 154,
237, 244, 265, 267, 271, 297
근대 개인주의 140
근대 부르주아지 266

근대이성 12
근대자본주의 175, 176
근대적 시민 36
근대화 155, 235
근대 휴머니즘 199
금연 캠페인 144
금융 위기 155
금융정책 143
급진주의 87
기능적 합리성 220
기대치 197, 264, 296
기쁨을 통해 힘을(KdF) 217
기슈(紀州) 70
기업 경영 267
기회주의 231
길드 266


ㄴ

나르시시즘 169, 170, 190
나치당 221
나치즘 221, 225
나치 친위대 231
나카소네 야스히로(中曾根康弘) 58
나카소네 야스히로 내각 258
남부 이탈리아 263, 266, 271
남유럽 국가 289, 290
낭비 263
내각부(內閣府) 281
내각제 115
내기 41, 78, 234
내부결속형 285
내셔널리즘 38

내셔널 미니멈 249
냉소주의 114
냉전 35, 269
네트워크 75, 105, 266
노동시장의 유연화 142
노동자 계급 90
노동조합 75, 193, 217
노동조합원 66, 218, 265
노동허가증 151
노령연금 288
노르웨이 52, 289
노마 야스미치 173
노벨경제학상 143
노사관계 290
노어움 52
노이즈(noise) 61
놀이 198
뇌신경과학 28
뉴욕 147-149
능동적 7, 37, 54, 122, 125, 235, 307
니클라스 루만 296


ㄷ

다극화 47
다나 R. 빌라 228
다리 놓기 유형 264, 266, 285
다케나카 고지(竹中幸史) 74
다케시타 노보루 내각 258
다형성 204
단결 195
당리당략 274
당원 66, 67, 115, 116, 149, 218, 221,

265

대공황 222

대니얼 카너먼(Daniel Kahneman) 27

대의(cause) 203

대의제 민주주의 159, 277, 278

대중사회 193, 217

대중사회론 216

《대중사회의 정치》193

대중소비사회 194

대처 정권 75

대통령/대통령제 115, 282

더그 맥아덤 199

데이비드 A. 스노 197

데이비드 이스턴(David Easton) 107, 108, 297

데이비드 핼버스탬(David Halberstam) 24

데이비드 흄 18, 308

데이터베이스 238, 239

데카르트 101

덴마크 258, 259, 289

도구적 이성 32, 34

도구주의 297

도덕성 105

도미니크 모이지(Dominique Moïsi) 49

도착 58, 220

도쿄 스기나미 구 180

도쿄·신오쿠보 49, 173

도피군중 207

독립투쟁 194

독일 52, 123, 148, 206, 207, 216, 221, 222, 230-232, 266, 268, 269, 276, 289

독일사회민주당(SPD) 66

돈키호테 10

동기(reasons) 61

동시다발 테러 52, 57, 252

동원 55, 56, 60, 65, 97, 188, 195, 198, 202, 217, 226, 244, 307

동일본대지진 15, 52, 173, 214

동일시 163, 190-192

동작(motion) 54

동조 96, 103, 122, 205

동화 57, 113, 126, 127

두려움 49, 52, 61, 124, 206, 213, 214, 220, 239

드골 대통령 57

드레퓌스 사건 183

득실 계산 64

디에고 감베타(Diego Gambetta) 271

디오니소스 18

디플레이션 267

따돌림 273

뜨거운 전쟁 222


ㄹ

러시아 260, 266

레드 스테이트(Red State) 97

레오스 카락스(Leos Carax) 223

레이몽 아롱(Raymond-Claude-Ferdi-nand Aron) 215

레진 세라(Régine Serra) 302

로널드 레이건 대통령 215

로니거 164

로버트 D. 벤포드(Robert D. Benford)

197

로버트 맥나마라(Robert Strange McNa-
　mara) 23, 24
로버트 액셀로드(Robert Axelrod) 268
로버트 퍼트넘(Robert D. Putnam) 262
루시타니아호 52
르네상스 177, 178, 199
리먼 쇼크 155
《리바이어던》 245, 247
리비도 190, 191, 198, 203
리비아 201
리스크 122, 236, 237, 273
《링컨 차를 타는 변호사(The Lincoln
　Lawyer)》 167


■
마거릿 대처 총리 143
마니페스토(manifesto)/마니페스토(정
　권공약) 35, 85
마라 233
마루야마 마사오(丸山眞男) 37, 118,
　125
마르셀 모스(Marcel Mauss) 76, 77, 80,
　81
마르크스 99, 162, 302
마르크스주의 43, 78, 196, 225
마르틴 니묄러(Friedrich Gustav Emil
　Martin Niemöller) 217, 253
마법의 세계 54
마사 너스바움(Martha Nussbaum)
　169, 170
마에다 아츠코 68, 70

〈마이니치신문〉 90
마이클 이그나티에프(Michael Ignatieff)
　213
마이클 코넬리(Michael Connelly) 167
마츠바라 류이치로(松原隆一郎) 267
마치우서 시론(マチウ書試論) 68, 69
마키아벨리 178, 250
마피아 266, 272
막스 베버(Max Weber) 10, 44, 176,
　196
막스 호르크하이머(Max Horkheimer)
　32, 33, 99, 100
매도자/매수자 168
매스컴 275
매카시 218, 219, 222
매카시즘 218, 219, 222
먹을거리 273
〈메리 크리스마스〉 269
메이지유신 37
메커니즘 272, 278, 302, 307, 308
멘슈어 올슨(Mancur Olson) 194, 195,
　209
면대면 102, 103, 266, 297
모리스 아귈롱(Maurice Agulhon) 74
몰아(沒我) 226
무-구조성 227
무기명 74
무당파/무당파층 8, 48, 92, 106, 113,
　119
무라야마 도미이치 내각 258
무리 17, 174, 176, 177, 181, 187, 193,
　207
무사(無私) 291

무사고성 228
무임승차 194, 195
무정형 63, 175, 196, 201, 236
무지의 베일 293
무질서 175, 219
문명충돌 49
문필가 181
문화대혁명 213
문화론 204
문화인류학 41, 164
물상화 175
미개사회 76
미국 24, 26, 52, 59, 92, 95, 96, 97, 102,
　　105-109, 112, 115, 120, 123, 124,
　　132, 133, 144, 147-149, 167, 169,
　　176, 194, 201, 204, 215, 216, 218,
　　219, 222, 227, 230, 252, 262, 265,
　　266, 276, 277, 280, 282-287, 289,
　　302
미디어 7, 51, 52, 110, 117, 274
미시 106, 126, 197, 230
미야케 요헤이(三宅洋平) 70
미야케 이치로(三宅一郎) 95
민도(民度)/민도[시민의식·문화의식]
　　134, 263, 288
민영화 144
민족성(ethnicity) 43, 123
민족해방운동 194
민주당/(일본)민주당/(미국)민주당
　　93, 94, 96, 97, 131, 147-149, 153
민주적 가치관 279
민주적 통치 290
민주적 회로 47

민주정 108, 265, 278, 297
민주정치 8, 10, 11, 37, 47, 96, 109, 122,
　　125, 128, 137, 142, 144, 145, 152,
　　154, 156, 162, 227, 265, 278, 280,
　　282, 292, 297
민주제 122
《민주주의의 경제이론》 89
민주화 155, 158, 159, 174, 193, 273
민주화론 194
민주화 운동 174
믿음 178, 227
밀턴 프리드먼(Milton Friedman) 13,
　　14, 144


ㅂ

바이러스 209
바이마르 207, 222
반공주의 222
반상회 264
반시대적 18
반원전 시위 52
반전운동 194, 199, 230
반정부운동 201
반제회의(Wannsee Conference) 231
반-주지주의 12
반한(反韓) 시위 49, 52, 173
발견적(heuristic) 학습 95
발성 74
방법론적 개인주의 35, 37, 41, 43, 44,
　　71, 89, 90, 91, 106, 107
방송국 276
방파제 219, 220

버나드 베렐슨(Bernard R. Berelson) 96

범죄 168, 183, 214, 223, 233, 235, 273

법원 275, 276

법인세 259, 260

베르나르 마넹(Bernard Manin) 123

베트남 반전운동 194

벡터 57

변혁 54, 74

변호사 167, 168

보 로트스테인(Bo Rothstein) 260, 287, 293, 294

보건 위생 기관 144

보도기관 275

보복 전략 270, 271

보상 조치(side-payment) 273

보상 행위 207

보수주의 87, 88

보수파 184

보통선거 176, 181, 193

보트 매치(vote match) 90

보편적 복지국가 288, 290

복권 252, 297

복수성(plurality) 236

복지 규모 288

볼셰비즘 225

봉건관계 266

부가가치세 257, 228

부끄러움 60, 169

부르주아 민주주의 178

부르주아적 사고 101

부시 대통령 57

부조화 233

부통령 147

부패 152, 163, 288

북부 이탈리아 263, 264

북유럽 국가 289, 290

분노 48, 52, 53, 60, 61, 194, 203, 204, 205, 215, 239, 247

《분노하라》 203

분노한 자들 201

분업적 사회 297

불경기 267

불신사회 260, 275, 291

불안 49, 52, 214-216, 218, 219, 226, 227, 236, 239, 241, 244, 246, 252, 253, 267

불안의 조직화 218, 253

불완전성 301

불쾌감 40, 169

불확실성 48, 151, 152, 158, 164, 236, 262

V. O. 키(Valdimier O. Key) 89

블랑제 장군 183

블랙 기업 216

블레어 총리 57

블루 스테이트(Blue State) 97

비관주의 183, 228

비밀투표 74, 75

비용 26, 71-74, 133-136, 195, 196, 209, 210, 265, 270, 271

비유 36, 58, 104, 208

비정형 63

비판 의식 279

비판적 시민 279-281

《비히모스》 245

빈곤 24, 55, 67, 246

빈곤 수당 286
빌헬름 1세 52
빨갱이 218, 219


ㅅ

사고 실험 134, 245
사르트르 53-55, 62, 75
사유재산제 221
사이토 준이치(齋藤純一) 47
사익 231
사적 공간 16, 251, 253, 306
사적 영역 236, 237, 242
사적인 분노 53
사카모토 하루야(坂本治也) 282
사회·경제 정책 259
사회관계자본(Social Capital) 262-267,
    271, 273, 282, 283-285, 287, 291,
    293, 294
사회구조 결정론 43, 44
사회당 106, 259
사회민주주의 221
사회민주주의 정당 66, 259
사회보장 86, 151, 162, 262, 274, 287,
    291, 292
사회보장제도 274
사회심리학 28, 179, 295
사회운동론 194, 198, 199
사회 인프라 262
사회적 결정론 89, 90
사회적 결합(sociability) 74
사회적 공공재 265
사회적 관계성 138

사회적 신뢰도 291
사회적인 것 80
사회적 인정욕구 42
사회적 존재 296, 302
사회적 합리성 14
사회정책 85
사회주의 53, 67, 178
사회학 41, 45, 46, 95, 97, 98, 103, 111,
    182, 194, 196
30년전쟁 245
삼위일체 238
상관관계 163, 288-290
상대적 박탈감 197
상부구조 99
상속세 259
상식(common sense) 228
상원의원 149, 218
상호관계 140
상호 부조 147, 286
상호 불신 145, 248, 272, 283, 288
상호 신뢰 266
상호 연대 의식 204
상호 의존 152
새로운 사회운동 199
새뮤얼 헌팅턴(Samuel Huntington) 49
생디칼리슴 78
생애주기론 108
생활세계 217, 253
서부전선 268
서비스 67, 137, 138, 154, 262, 271, 273
선거철 165
선동군중 207
선물 76, 140

선순환 264, 290

선심 42

선심성 공약 43, 154

선제공격 52, 269

선택적 유인 195

선호 18, 35, 38, 80, 89, 90, 92, 94, 98, 102, 103, 164, 293

성스러운 것 64, 69

세계가치관조사 276, 284, 292

세계=공동체 57

세계관 28, 29, 35, 47, 48, 189, 197, 220, 226, 306

세대적 단절 105

세르주 모스코비시(Serge Moscovici) 177

세바스티앙 르슈발리에(Sébastien Lech-valier) 302

세제 259

소득세 259, 260

소비세 257-260

소비세 인상 134, 258, 259

소선거구 132

소시민 232

손익 26, 268

손익 계산 268

솔로몬 애쉬의 실험 103

쇼핑몰 194

수동적(passive) 53

《수사학》 214

수용소/강제수용소 34, 213, 220, 229, 230, 233

수잔 파(Susan J. Pharr) 278

수잔나 바로우즈(Susanna Barrows) 182

수지타산 140

수직적 불신/수직적 정치 불신 279, 281, 283

수직적 신뢰 291

수평적 불신 283, 284

수평적 신뢰 291

수평적인 신뢰관계 287

수행성(performative) 45

숙고(deliberation) 246

숙의/심의 123, 124, 238, 243, 244,

숙의민주주의론 243

숙청 34

순교자 68

순수 증여 77

순환적 구조 56

스도 나오키(数土直紀) 287

스웨덴 286, 289, 292

스위스 135, 136, 141

스카프 50

스키너의 상자 72

스키피오 시겔레(Scipio Sighele) 176

〈스타트렉〉 31, 240

스탈린 34, 213, 222, 225, 228

스테판 에셀 203

스티븐 소더버그 감독 209

스팍 박사 30-32, 42, 54, 242

스페인 201, 245, 251, 261, 289

스피노자 304

슬라보예 지젝 57, 223

슬픔 307

시드니 버바(Sidney Verba) 87, 102, 281

시라이시 가즈후미(白石一文) 13

시리아 201

시몬 베유 78, 79

시민 7, 8, 51, 80, 87, 89, 105, 106, 111,
    118, 119, 122, 125, 136, 137, 143,
    145, 154, 159, 162, 165, 237, 238,
    244, 262, 280, 297

시민사회 119, 242, 243, 290

시민운동 230

시민의식 134, 263, 279, 280, 288

시민적 자유주의 12

시민 컨퍼런스 123

시장원리주의 216

시칠리아 271, 272

C. P. 테일러 232

《신뢰》 266

신뢰(trust) 266-268, 270-280, 283-
    291, 294-298

신뢰감 91, 275, 276, 288

신뢰관계 140, 145, 159, 262, 266, 284,
    287, 288, 293, 294

신뢰도/타인에 대한 신뢰도 117, 146,
    266, 275, 284, 285, 287-291, 295

신뢰사회 146, 287

신문 구독률 263

신문사 275, 276

신민 165, 243, 246, 247, 250

신민형 281

신앙 29, 34, 59

신용(confidence) 146, 285, 296

신의 힘 64

신자유주의 14, 48, 49, 142-146, 151-
    153, 163

신좌파운동 198

신화 11, 55, 208

신흥민주주의 국가 158, 163

실업보험 288

실증주의 33

실질적인 비합리성 220

심성 88, 197, 243

씨족사회 64, 65


ㅇ

아가페 127, 128

아노미 219, 236

아닉 페르슈롱(Annick Percheron) 109

아담 쉐보르스키(Adam Przeworski)
    123

아돌프 아이히만 229, 231, 232, 234,
    235

아동심리학 109

아랍세계 201

아랍의 봄 52, 203

아리스토텔레스 60, 61, 214, 246

아마르티아 센(Amartya Sen) 79, 80

아베 신조 93

아비투스 45, 46

〈아사히신문〉 23, 86, 224, 259, 274

아서 쾨슬러(Arthur Koestler) 72

아소 다로 93

아이젠슈타트 164

아일랜드 148, 149, 289

아파치족의 추장 제로니모 65

아폴론 18

아프가니스탄 52

아프리카 52

악수회(握手会) 68
악순환 56
악의 평범성 225
안느 뮉셀(Anne Muxelle) 302
안락사 232
안보투쟁 173
안전장치 219
알렉산더 해밀턴 147
알렉시스 드 토크빌 227, 243, 265
알몸 214, 217, 219
알베르토 멜루치(Alberto Melucci) 200
알제리 현지 조사 46
알 카에다 235
알코올 의존증 61, 62, 182
앙리 레이(Henri Rey) 302
애국주의자 56
애덤 셀리그먼(Adam Seligman) 297
애덤 스미스 165, 297
애런 버(Aaron Burr, Jr.) 147, 148
애착 7, 15, 104, 108, 109, 120, 128, 167,
    191, 297, 306
앤서니 기든스 48, 51, 111
앤서니 다운스(Anthony Downs) 89,
    92, 93, 96, 132, 134-136
앨런 주커먼(Alan S. Zuckerman) 107
앨리스 섬 149
앨버트 허시먼(Albert Otto Hirschman)
    58, 210
앵글로색슨 국가 289, 290
야나기타 구니오(柳田國男) 69
야노 사토지(矢野智司) 77
야마기시 토시오 145
야만인 181

야스쿠니 신사 56
약속·관여 241, 242
양원제 112
어울림의 논리 103
업적 평가 투표 93
에로스 127, 199
《에로스와 문명》 198
에리히 프롬(Erich Fromm) 99
에릭 에릭슨(Erik Homburger Erikson)
    108
에릭 호퍼(Eric Hoffer) 193
《에밀》 169, 170
에밀 뒤르켐(Émile Durkheim) 64-66,
    69, 95, 196, 297
A급 전범 56
HIV감염증(에이즈 환자) 204
AKB48 68-70
에코노미쿠스 27-29
에티엔 푸르니알(Etienne Fournial) 176
NHK 275, 276, 281
NPM(New Public Management, 신공공
    경영) 144
NPO 73
엘 고르도(El Gordo) 261
엘리아스 카네티(Elias Canetti) 206-
    210
엥겔스 162
여론 52, 181, 185, 186, 258
여론 조사 8, 133, 281, 291
역기능 264
역사 8, 18, 52, 55, 56, 58, 59, 66, 156,
    184, 208, 209, 227, 230, 300
역사사회학 266

《역사의 종언》 266
역사 인식 56
역사학 154
연방정부 222
엽관제도 149
영국 75, 87, 101, 118, 123, 174, 175,
    258, 276, 280, 283-286, 289, 292
《예루살렘의 아이히만》 225, 231, 230,
    234, 235
예측 가능성 68, 219, 220, 264
옛 사회당 106
오귀스트 콩트(Auguste Comte) 10, 98
오사마 빈 라덴 52
오스트레일리아 64
오스트리아 192, 206, 289
오시멘 69
55년 체제 8, 106, 282
오카무라 타다오(岡村忠夫) 114
오코제 축제 70
오키나와 26
오타오타쿠(ヲタオタク) 68-70
오퍼레이션즈 리서치(OR) 24
오 헨리 139
온유한 마음 87, 88
와타나베 마사토(渡辺将人) 97
외로움(lonelyness) 225
외향형 264, 285
요령 23, 24
요시노리 마사히로 277
요시모토 다카아키(吉本隆明) 68
욕구(appetite) 248
욕망(desire) 66, 120, 175, 199, 203,
    231, 245, 248, 252

욘 엘스터(Jon Elster) 61, 62, 164, 165
우생학주의 34
우연성 68
우체국 145
우편투표 135
운동(motion) 204
원-아버지[原父] 191
원자력 38, 273
원자력 마피아 144
원자화 75, 118, 217, 227
원초적 집합행동 196
월러 R. 뉴웰(Waller R. Newell) 252
월터 리프만 110
위르겐 하버마스(Jurgen Habermas)
    243
위인 55
위정자 55, 279, 280
위험성 77, 100
유권자 8, 9, 35, 42, 48, 51, 57, 74, 86,
    89-95, 98, 104, 106, 119, 131-136,
    141, 143, 148, 150-154, 156-158,
    160, 161, 163, 166, 175, 181, 182,
    215, 237, 244, 274, 276, 277, 279,
    280
유대 97, 139, 143, 191
유대인평의회 234
유럽연합(EU) 155
유바리 시 14
유용성 54, 78, 81
유용성의 연쇄 54, 62
유토피아주의 224
은고주의(clientelism) 154
응집 57, 191, 205

의례 59, 60, 70, 75, 204
의무감 131, 263
의분 242, 247
의인화 58
이기주의 19
이노구치 다카시 283
이누카이 유이치(犬飼裕一) 37
이데 에이사쿠 259
이데올로기 8, 34, 35, 48, 53, 73, 88,
    99, 123, 182, 188, 213, 215, 224,
    226, 228, 232, 235
이라크 52
이마무라 히토시(今村仁司) 12, 175
이민박물관 149
이민자 배척 56
이발소 정치 85
이성(reason) 10, 13, 18, 24, 27-29, 32-
    34, 36, 40, 50, 61, 62, 103, 177, 178,
    180, 181, 199, 224, 229, 237, 238,
    240-242, 247, 249, 252, 306
이스라엘 202, 231
이슬람교도 50
이슬람 원리주의 252
이와오카 나카마사(岩岡中正) 199
이원론 46
이익-비용 72, 73, 75, 78, 79, 81
이중과정이론 28
이집트 201
이타성 68
이타주의 190
이폴리트 텐(Hippolyte Adolphe Taine)
    182
《인간의 조건》 228, 236

인과관계 36, 88, 282, 290, 294
인권 의식 279
인민전선 78
인센티브 138, 158, 237, 273
인심 69, 76
인연 69, 157
인종적 소수자운동 194
인종차별 264
인터넷 90, 135, 273
인터넷 투표 135
인플레이션 142, 207
일당 지배 259
일반교환 164
일반의지 297
일본 8, 12, 24, 35, 37, 48, 51, 52, 56,
    74, 90, 93, 95, 97, 104, 106, 114,
    115, 117-119, 131, 134, 144, 145,
    161, 173, 176, 216, 218, 252, 257-
    260, 263, 266, 267, 269, 272-277,
    280-287, 289, 290, 292, 293
임금인상 151


ㅈ
자기결정권 34
자기 보존 192, 245, 246
자기 주입 191
자민당 8, 43, 94, 106, 259
자발적 결사(voluntary association) 72,
    264
자발적인 조직 263
자본주의 78, 99, 137, 162, 175, 199
자신감 49

자원동원론 196

자원봉사 77, 117, 280

자위대 275

자유 34, 37, 68, 121, 137, 139, 152, 201, 219, 224, 245, 246, 252, 298

《자유로부터의 도피》 99

자유민주주의 222, 266

자유주의 세력 259

자조(自助) 286, 287

자치 69, 122, 201

자코뱅 74

작은 정부 142

잠재 능력 접근법(capabilities approach) 80

잠재력(potential) 69, 200, 227

장기불황 267

장 르누아르 감독 269

장벽(hurdle) 48

장 자크 루소 10, 169, 170, 252, 297

장 피아제 109

재귀적[성찰적] 근대화 47

재스민 혁명 201

재정 14, 257, 258

재정적자 155, 259

재정학 259

재판관 40, 275

잭슨 정권 149

잽(Zap) 204

저출산 235, 274

저항력 55, 217

적대관계 128, 237

전근대 37, 153-155

전근대적인 것 139

전문가 144, 182, 220, 228, 272, 273, 278

전복군중 207

전이 39, 61, 252

전쟁 범죄 56

전제정치 226, 252

전 지구화 49, 216, 235

전체주의 34, 193, 213, 219, 225-230

전체주의 사회 219

전통적 집단 217

전후 정치의 총결산 58

절차 8, 54, 238, 239

접근법 41, 42, 132, 187, 300

접착 효과 136

접촉 68, 103, 185, 204, 206, 209, 210

접촉 공포 206

접합형 266

정권교체 23, 56, 92, 93, 132, 275, 276, 278

정념 7, 29, 38, 40, 47, 59, 66, 170, 177, 199, 208, 237, 238, 240-242, 245, 247, 305-307

정당 28, 35, 48, 66, 67, 72, 73, 85-92, 94, 95, 97, 104-106, 114, 119, 126, 132, 133, 155, 161, 162, 178, 193, 217, 218, 265, 274-279, 283

정당 귀속 의식 104-106

정동 18, 27, 233, 241, 305, 306

《정의론》 293

정제일치(政祭一致) 69

정체성 49, 50, 63, 121

정치가 6, 28, 42, 43, 56, 90, 104, 114, 115, 123, 142-145, 147, 150-161,

163, 173, 181, 183, 237, 274, 278, 279, 283

《정치문화》 87

정치문화론 87

정치사회 37, 114, 121, 144, 184, 306

정치 상징 53, 55, 58-60, 63, 75

정치 엘리트 155, 158, 196, 242, 277

정치의 과학화 34

정치적 기회구조론 196

정치적 담론 57-59, 63

정치적 무관심/냉담 119, 126, 227

정치적 무력감(apathy) 118

정치적 사회화 104, 105, 107, 110, 113-115, 120, 121, 125, 127, 128

정치적 상징 55

정치적 유효성 감각 263

정치적 캐치프레이즈 58

정치적 토의 57

정치적 행위 16, 37, 40, 53, 125, 238

정치지도자 226

정치 참여 7, 11, 27, 50-52, 104, 126, 131, 141, 244, 257, 263, 279, 280-282

정치 참여도 263

정치 참여 의식 16, 119

정치학 7, 15, 30, 34, 36, 37, 39, 41, 43, 87-89, 96, 134, 154, 194, 237, 300, 301

제1차 세계대전 52, 188, 268, 269

제1차 집단 97, 98

'제3기'론 221

제3의 길 58

제도 36, 39, 45, 125, 146, 259, 270, 272, 293-295, 297

J. S. 밀(J. S. Mills) 75, 121, 162, 196, 198

제라르 압펠도르페르(Gérard Apfeldorfer) 137-139

제임스 뷰캐넌 143

제임스 콜맨 262

제퍼슨 대통령 147

제한된 합리성 29, 95

젠더 43

조지 A. 로메로 감독 193, 209

조지 플런키트(George Washington Plunkitt) 149-151

조직론 41

존 로크 101, 199, 309

존 롤스 243, 293, 294

좀비 193, 209

종갓집 제도 266

종교 33, 55, 67-69, 92, 93, 105, 143

《종교 생활의 원초적 형태》 64

좌파 56, 112, 259

죄수의 딜레마 268, 270

주관적 이성 32, 33

주군 의식 274

주디스 슈클라(Judith Nisse Shklar) 220, 223, 250

주민투표 8

주지사 147

주체성 296

중간 조직 266

중국 213, 252, 266

중산층 202, 222, 223

중앙관청 275, 276

증세 258-261, 274, 295

증여 69, 76, 77, 138-140, 151, 152, 157

증여관계 76, 77, 139, 167, 168

증오(hate) 61, 170, 233, 308

증오범죄(hate-crime) 233

지그문트 프로이트 99, 179, 188-192, 198, 206

지방 공무원 276

지배 27, 39, 40, 42, 52, 69, 123, 143, 145, 161, 181, 216-219, 225, 237, 240, 245, 250, 251, 253, 287

지하경제 272

직접민주제/직접민주주의 8, 135

직접세 260

직접적인 정치 참여 51

진보/진보파 11, 33, 59, 150, 218, 223

진지전 268

질병보험 288

집계 민주주의 122

집단심리학 182, 188

집단행동 176, 186, 194, 199, 200, 202-204

집산주의 222

집합재 195

집합행위 195-198, 200, 201, 209, 267, 271

《집합행위론》 194

집합행위의 딜레마 249

징세율 260


ㅊ

찰스 1세 245

찰스 틸리(Charles Tilly) 195, 198

참의원 선거 70, 86

채무-채권 관계 138

처방전 152, 221, 223, 236, 247

1968년 학생운동 105

천재(天災) 214

《철학원론》 247

청원운동 280

체감 치안 235

체르노빌 사고 38

체제 전복 201

촌락 263

총무성 280

최소한의 후회(minimum regret) 136

최적의 수단 79, 81, 123

최종 해결 231

최후의 인간 251

추리(reason) 245

추첨회[抽選会](BINGO) 68

축제군중 207

출현의 공간(space of appearance) 236

취약성 169

친근함(familiarity) 296

친밀권 111, 113, 127


ㅋ

카다피 대통령 52

카리스마 161, 162

칸트 101, 206

카를 만하임(Karl Mannheim) 12, 40, 41, 216-218, 220

칼 폴라니(Karl Polany) 166

캠벨(Angus Campbell) 104
커뮤니케이션 47, 97, 121, 202
커크 선장 30, 31
〈컨테이전(Contagion)〉 209
컬럼비아 대학 그룹 96
컬트집단 218
케네디 정권 24
케네스 애로 267
코민테른 221
콘(Alfie Kohn) 72
콘하우저(W. Kornhauser) 176
콜린 헤이(Colin Hay) 142, 143
쾌락원칙 198
크롬웰 245
〈크리스마스 선물〉 140
크리스티앙 카리옹 감독 269
큰 정부 259
클라스트르(Pierre Clastre) 65, 66
클로드 레비스트로스(Claude Levi
　　Strauss) 164
키트셸트(Herbert Kitschelt) 160-163


ㅌ
타인과의 상호 작용 61
타인과의 신뢰관계 288, 293
《타임(TIME)》 52
타자 9, 11, 13, 16, 17, 49, 50, 62, 63, 77,
　　79, 99, 109, 141, 167, 170, 207-210,
　　228, 230, 236, 241, 249, 252, 262,
　　265, 274, 301, 306-308
타자성 235
타자의 고통 79

타자의 기쁨 79
타자의 희생 208
탈내장화 51
탈세 272
탈정치화 144, 223, 224
태머니 홀 147, 148-154
테드 거 197
테러 52, 57, 173, 183, 226, 227, 229,
　　232-236, 239, 252, 264
테러리스트 224
테러리즘 49, 235
테러와의 전쟁 57, 216
테오도르 아도르노(Theodor Wiesengr-
　　und Adorno) 99
토대 151, 238, 241, 242, 265
토의 민주주의/숙의 민주주의 122,
　　123, 126
토테미즘 64
통치 제도 259
투쟁 18, 56, 69, 164
투표소 6, 87, 131, 133-136, 148, 282
투표율 134-136, 141, 265, 282
투표율 저하 경향 50
투표 행동 이론 95
튀니지 201, 202


ㅍ
파리정치학원 정치연구센터(CEVI-
　　POF) 302
파블로프의 개 230
파스칼 13, 297
파스칼 페리노(Pascal Perrineau) 302

파시스트 264

파시즘 12, 33, 56, 60, 88, 100, 127, 188

파시즘 이데올로기 232

판매자 178

팔레르모 271

패러다임 15, 200, 300

퍼스낼리티 87, 88

페미니즘 242

편익 75, 161, 165, 195, 209, 249

편집증(paranoia) 219

편협한 개인주의 125

평등성 191, 243, 249, 250

평등주의 227

〈포그 오브 워(The Fog of War: Eleven
   Lessons from the Life of Robert S.
   McNamara)〉 25

포드사 25

포르투갈 201, 202, 289

포퓰리즘 49, 242

폭력 34, 53, 57, 152, 160, 192, 214,
   216-218, 226, 230, 233, 235

폴 라자스펠드(Paul F. Lazarsfeld) 98,
   102

폴포트 213

표준 세율 258

퓨리서치센터 286

프랑스 국립사회과학고등연구원 일불
   재단(EHESS Fondation France-
   Japon) 302

프랑스혁명 65, 74

프랜시스 후쿠야마 251, 266, 267

프레임 197, 238

프레카리아트화 69

프로이센-프랑스 전쟁 52

프리드리히 니체 18

《플레이보이》 13

플레이어 270

피에르 부르디외(Pierre Bourdieu) 44-
   46

피에르 카윅 288, 290, 291

피파 노리스(Pippa Norris) 279, 281

필리아(-philia) 127


ㅎ

하마노 사토시(濱野智史) 68

하부구조(물질적 조건) 99

하시모토 류타로 내각 258

하위문화(subculture) 66

하위집단 217

하토야마 유키오(鳩山由紀夫) 23, 24

학살 220, 234

한국 56, 118, 252, 282, 309

한국전쟁 222

한나 아렌트 225, 226-233, 236, 237,
   241, 251

한신·아와지대지진 214

합리성의 상 26

합리적 7-10, 14, 15, 25, 26, 28-31, 34,
   38, 42, 61, 62, 67, 77, 79, 81, 87, 88,
   92, 94, 100, 134, 137, 139, 165, 195,
   197, 200, 234, 237, 240, 243-246,
   248, 267, 293, 296

합리적 선택론 35, 37, 89, 107

합리적인 의사결정 24

합리적인 인간 13, 14, 101, 143

합리적 투표자의 역설 132, 134, 136, 141, 143, 144
합리적 행동주의(rationality-activity) 모델 87
합리적 행위 34, 41, 44
합리주의 33, 87, 143
합리주의적 선택론 143
합목적적 30, 42, 44, 62, 63, 167, 200, 206
항의운동 51, 105, 173, 195, 201, 202, 280
해롤드 라스웰(Harold D. Lasswell) 39, 40, 53, 66
핵무기 222, 269
행동(behavior) 197
행동과학/행동과학혁명 39, 88, 98, 194
행위(action) 197
허버트 블루머(Herbert Blumer) 196
헤르베르트 마르쿠제 198
혁명 65, 74, 78, 105, 196, 201, 208, 213, 221
현상부정 58
현상유지 58
현존재 54
혈세 143, 261
협력/협력관계 9, 28, 56, 230, 234, 239, 240, 262, 268, 269, 271
협조 268-270
형이상학 37, 38
호모 에코노미쿠스 89
호모 폴리티쿠스(정치적 인간) 89
호혜성 262, 283
홀로코스트 230, 232

화음 187, 188, 198
화폐 48, 138, 139, 166, 207
환경 35, 36, 38-42, 45, 54, 69, 79, 85, 88, 94, 104, 105, 110, 119, 120, 125, 196, 248, 252
환경운동 194
효용 73, 92, 94, 143, 250, 272
효율성 144, 265, 266, 288
후견인 154
후루야 준(古矢旬) 222
후미에(踏み絵) 56
후생노동성 292
후생[복리] 143, 248, 267
후쿠다 야스오 93
후쿠시마 원전 144, 240
휴대전화 273
휴먼(human) 27-29
흐루쇼프 222
희망 11, 49, 50, 61, 63, 174, 213, 224, 227
힘러 233

# 정치는 감정에 따라 움직인다

이성의 정치를 뒤집는 감정의 정치학

초판 1쇄 발행 | 2015년 11월 30일

지은이    요시다 도오루
옮긴이    김상운
책임편집    여미숙
디자인    김수정

펴낸곳    바다출판사
발행인    김인호
주소    서울시 마포구 어울마당로5길 17(서교동, 5층)
전화    322-3885(편집), 322-3575(마케팅)
팩스    322-3858
E-mail    badabooks@daum.net
홈페이지    www.badabooks.co.kr
출판등록일    1996년 5월 8일
등록번호    제10-1288호

ISBN   978-89-5561-781-8 93340